欧盟共同外交与安全政策下的差异性一体化研究

赵健哲·著

时事出版社
北京

本书出版得到2025年度国际关系学院“中央高校基本科研业务费”资助（项目编号：3262025T10）

目 录
Contents

绪　论

随着欧洲联盟（以下简称“欧盟”）的深化与扩大，欧盟成员国的数量较最初的欧洲煤钢联营出现了明显增加；成员国之间的一体化程度也得到了显著提升。① 然而与此同时，成员国数量的增加使成员国间的异质性特征逐渐凸显；一体化程度的深化令欧盟在协调成员国立场分歧时的压力逐渐增大。在欧洲主权债务危机等现实威胁的影响下，上述情况直接导致了欧盟的一体化进程放缓，甚至被部分人士认为有停滞的可能。② 有鉴于此，以“多速欧洲”（Multi - speed Europe）、“可变几何欧洲”（Variable Geometry）、“菜单式欧洲”（A la Cart）为代表的一系列差异性一体化设想（Differentiated Integration）被欧盟的政治精英与学者提出，成为欧盟未来发展模式的一种潜在选项。

差异性一体化并非当前欧洲一体化进程中的新现象。其产生与发展一直与一体化进程相互交织在一起：自《罗马条约》起，差异性就开始在共同体的一体化进程中萌发。③ 20 世纪 80 年代中期，《单一欧洲法令》第一次将差异性引入欧洲共同体（以下简称“欧共体”）的基本法中。④ 而自《马斯特里赫特条约》（以下简称《马约》）起，欧盟官方开始逐步承认差异性一体化的存在与合理性，将其纳入欧盟条约之中，主动对其

---

① 本书所指的欧盟深化与扩大是从广义上而言，包含自 1950 年欧洲煤钢联营建立以来的共同体一体化历程。

② 参见 Ireneusz Pawel Karolewski, *Eurosclerosis Redux: Why Shouldn't We Expect Great Changes in the EU*, https://financialobserver.eu/poland/eurosclerosis - redux - why - shouldnt - we - expect - great - changes - in - the - eu/。（上网时间：2018 年 5 月 30 日）

③ Juha Jokela, "Introduction", in Juha Jokela ed., *Multi - speed Europe? Differentiated Integration in the External Relations of the European Union*, Finnish Institute of International Affairs Report, No. 38, 2014, p. 10.

④ Boglarka Koller, "The Takeoff after Lisbon: The Practical and Theoretical Implications of Differentiated Integration in the EU", *World Political Science Reviews*, Vol. 8, No. 1, 2012, p. 3.

进行规范。时至当前，欧洲政界与学界对差异性一体化的讨论日趋频繁，差异性一体化措施也在欧盟的各主要政策领域得以运用。可以认为，差异性已成为当前欧盟的特征之一。①

通过条约对差异性一体化的规范与机制化，在经济与货币联盟、司法与内务合作领域，均建立了具有代表性和示范性的差异性一体化机制（欧元区、申根区）；并且差异性一体化也在上述两个领域派生法（Secondary Law）层面的一系列具体规定中有所体现（如经济与货币联盟领域的欧洲稳定机制、司法与内务合作领域的跨国离婚法律适用规定）。总结而言，上述两个领域的差异性一体化措施多是利用欧盟条约所确立的灵活性条款，在欧盟框架内进行。而在共同外交与安全政策领域，差异性一体化却表现出截然不同的情况：欧盟条约所提出的灵活性条款极少被使用，欧盟条约框架外的成员国间协调却十分频繁。欧盟设计差异性一体化的初衷是调和成员国之间的异质性，保证欧盟一体化的发展速度与水平。但在共同外交与安全政策，这一成员国利益最为敏感、成员国间立场协调最为困难、理论上最需要差异性一体化措施保证一体化水平的领域，欧盟条约中的灵活性条款却鲜有实施。欧盟在共同外交与安全政策领域的差异性一体化究竟有怎样的表现？该领域差异性一体化的现状是如何形成的？当前该领域的差异性一体化措施将对共同外交与安全政策的发展产生怎样的影响？本书将从欧盟外交与安全政策领域差异性一体化的具体表现入手，通过回顾与分析该领域差异性一体化合法性空间和具体措施的形成过程，以判断该领域差异性一体化的发展程度，分析其当前状态的形成原因，并明确相关措施的实施影响。

一、选题意义

作为兼具学术与政治意义的概念，差异性一体化既是欧洲学界对欧盟内部分化现象进行理论解释的积极尝试，也是欧盟政界在英国“脱

① 进行差异性一体化研究的学者，德克·勒芬（Dirk Leuffen）、贝特霍尔德·瑞特博格（Berthold Rittberger）和弗兰克·史美尔芬尼希（Frank Schimmelfennig）认为欧盟可以被视为一个差异性一体化的系统。参见 Dirk Leuffen et al., *Differentiated Integration: Explaining Variation in the European Union*, Palgrave Macmillan, 2013, pp. 1 – 28.

欧”、欧盟凝聚力减弱背景下对欧盟未来发展方向的思考。① 而共同外交与安全政策领域的差异性一体化影响着欧盟的外部整体形象与对外行动效力，因此对此问题的研究具有较强的理论和现实意义。

（一）理论意义

将差异性一体化作为研究对象的学理研究起步于20世纪90年代。相较于传统一体化理论研究，其发展时间较短，仍处于起步阶段。对共同外交与安全政策领域的差异性一体化进行研究的理论意义如下：

首先，对差异性一体化的研究是对传统一体化理论的丰富。差异性一体化理论重视一体化政策对成员国影响的程度差异，并由此认为一体化建设需要灵活性措施以保证整体的发展速度和程度；突破了传统一体化理论对于“一体化政策对成员国的影响具有均质性”的潜在假设，更为贴近欧盟一体化的现实情况。传统一体化理论重点关注成员国自愿让渡部分国家权力以使共同体机构能够代替国家行使某些职能的原因与过程。因此，其对于欧盟一体化进程得到推进与出现停滞这两种现象具有较强的解释力。而对于共同体内部出现成员国意愿分化，但整体一体化进程得以保持的现象，传统一体化理论难以做出有效的解释。差异性一体化则以上述现象作为主要研究对象，可以被视为对传统一体化理论研究现象的补充，有助于完善一体化理论。

其次，对共同外交与安全政策领域差异性一体化的研究有助于修正关于欧盟差异性一体化成因的既有研究。根据现有解释，某一政策领域出现差异性一体化现象，通常是由于成员国之间的相互依存程度较高以及该政策领域的政治化水平较高。② 但欧盟共同外交与安全政策领域出现的情况表明，差异性一体化的出现除与上述因素有关外，还存在其他影响因素。由于差异性一体化的出现涉及大量的成员国与决策行为体，

---

① 对差异性一体化在欧盟政治研究中定位的研究，参见赵晨：《欧盟政治研究：政治理论史的视角》，《国际政治研究》，2016年第6期，第74页。

② Frank Schimmelfennig et al., *The European Union as a System of Differentiated Integration: Interdependence, Politicization and Differentiation*, the Institute for Advanced Studies (IHS) Working Paper, No. 137, 2014, p. 14.

因此对于该问题不便于进行全政策领域的细致研究。[①] 对共同外交与安全政策领域差异性一体化出现原因的针对性研究，将有助于学界对于差异性一体化形成更为准确与客观的认识。

最后，从政策演进与决策的视角研究共同外交与安全政策领域的差异性一体化，将有助于欧盟差异性一体化理论研究议程的推进。有学者提出，目前的差异性一体化研究概念多样，但缺乏系统性的理论思考。[②] 他们认为在明确区分差异性一体化形式的基础上，提出具有理论意义的假设来研究欧盟差异性一体化的成因，将有助于对差异性一体化的繁多概念进行整合。[③] 本书对于共同外交与安全政策领域差异性一体化的研究，在明确区分该领域灵活性条款特征的基础上，将回顾相关条款从提出至具体实践的演进与决策过程。这一研究过程不仅将在微观层面解释不同类型差异性一体化具体措施的形成原因，还将在宏观层面解释不同类型差异性一体化形式产生的原因，与差异性一体化理论研究议程中的概念整合需求相吻合。

（二）现实意义

虽然从理论视角而言，研究差异性一体化的主要目的是为解释欧盟内部的分化问题。但是，差异性一体化现象不仅与欧盟的内部组织结构问题有关，部分受差异性一体化影响的内部问题还将塑造欧盟在对外政策中的表现。[④] 在目前欧盟面临社会、经济、政治多重危机影响的背景下，对于共同外交与安全政策领域差异性一体化的研究也具有较为显著的现实意义。

首先，对欧盟共同外交与安全政策差异性一体化的研究对于欧盟内部建设具有积极意义，它将为欧盟完善该领域的差异性一体化政策工具提供帮助。前文曾提到，本领域的差异性一体化措施将影响欧盟在对外

---

① Alexander Stubb, *Negotiating Flexibility in the European Union: Amsterdam, Nice, and Beyond*, Palgrave Macmillan, 2002, p. 3.

② Katharina Holzinger and Frank Schimmelfennig, "Differentiated Integration in the European Union: Many Concepts, Sparse Theory, Few Data," *Journal of European Public Policy*, Vol. 19, No. 2, 2012, p. 292.

③ Ibid., p. 302.

④ Juha Jokela, "Introduction", pp. 9 – 10.

政策中的表现，以及欧盟在国际社会中的形象与影响力。共同外交与安全政策是欧盟一体化进程中一个较为特殊的一体化领域，虽然《里斯本条约》（以下简称《里约》）取消了三大支柱的划分，但其并未改变这一领域特有的政府间主义合作性质。受此影响，欧盟在该领域差异性一体化的落实情况显示出与其他领域不同的表现。通过分析该领域部分差异性一体化条款得以落实的原因，判断相应具体措施的实施对于其他相似成员国是否具有可借鉴性与可操作性，本研究将为今后共同外交与安全政策领域差异性一体化政策的修改与完善提供依据，使该领域的差异性一体化能够为欧盟对外行动能力与影响力的提升提供切实的支持。

其次，对欧盟共同外交与安全政策差异性一体化的研究将有助于国际社会更好地理解与认识欧盟，对其未来的对外行动能力与领导力有更为准确的预判。2017 年 3 月欧盟委员会发布的《欧洲未来白皮书》和《欧盟全球外交与安全战略一年期实施报告》都明确表示欧盟的未来发展将可能倚重灵活性方式，差异性一体化将在欧盟发展中发挥更显著的作用。① 但共同外交与安全政策领域差异性一体化的程度既会影响欧盟在对外行动中的效率，也会影响欧盟在对外方面的代表性。有学者曾明确指出，欧盟外交政策不存在差异性的可能，但欧盟的对外行动却需要灵活的方式以确保行动力。② 因此，对该问题的研究，特别是评估该领域差异性一体化机制的效果及影响，将有助于国际社会更为准确地认识差异性一体化对欧盟对外行动能力与领导力之间所带来的张力，从而对欧盟未来的对外行动能力与领导力做出更为准确的预判。

二、研究现状

虽然针对欧盟差异性一体化的系统性研究自 20 世纪 90 年代《马约》签署之后才正式起步，但目前国内外对于该问题已有了较为丰富的研究

---

① European Commission, *White Paper on the Future Europe*, https：//ec. europa. eu/commission/white - paper - future - europe - reflections - and - scenarios - eu27_en. （上网时间：2017 年 7 月 31 日）EEAS, *The EU Global Strategy - Year* 1, http：//europa. eu/globalstrategy/sites/globalstrategy/files/full_brochure_year_1. pdf. （上网时间：2017 年 7 月 31 日）

② Alex Warleigh, *Flexibility Integration*：*Which Model for the European Union*, Sheffield Academic Press, 2002, p. 66.

成果。作为对欧盟内部出现的问题的讨论，欧盟差异性一体化研究对于欧盟自身意义重大，对于域外国家意义相对较小。因此，现有的研究成果主要集中在欧洲，我国仅有少数研究成果与此相关。

（一）国外研究现状

欧洲对欧盟差异性一体化的研究大致可以分为四个阶段：（1）对于差异性一体化的早期研究；（2）欧元诞生及欧盟东扩后的差异性一体化研究；（3）《里约》签署后的差异性一体化研究；（4）英国“脱欧”公投后的差异性一体化研究。[①] 欧盟共同外交与安全领域的差异性一体化研究主要集中在第二、第三阶段，其成果可以分为以下三类。

1. 对共同外交与安全政策领域差异性一体化表现形式的研究

史蒂文·布洛克曼斯认为，欧盟共同外交与安全政策下的差异性一体化工具主要有建设性弃权（Constructive Abstention）、有效多数表决（Qualified Majority Voting）以及增强合作机制（Enhanced Cooperation）。由于这些条款启动程序严格，因此它们并没有被经常使用。在欧盟内部出现难以调和的差异性时，成员国仍倾向于采取更为灵活的国家间协调方式。虽然国家间协调并不借助欧盟机构及其法律框架，但该措施实质上已使欧盟在外交政策协调方面出现永久性联盟与暂时性联盟、机制化联盟与松散化联盟、地区性联盟与跨地区联盟这三种明显的事实性差异性表现（De Facto Differentiation）。[②]

乔鲍·托罗认为，在共同安全与防务这一共同外交与安全政策的子领域中，差异性一体化有三种具体表现。它们分别是：由全体成员国做出集体决策、但由部分国家予以执行，由欧盟成员国自由组成暂时的行动联盟、由特定集团执行欧盟防务行动。上述措施仅能在落实共同安全与防务政策决定时使用，且为暂时性质。此外，依据条约规定，建设性弃权也可以在共同安全与防务政策的决策过程时使用，但是其迄今为止尚未被成员国进行实践。最后，《里约》中提出的永久结构性合作（Per-

① Benjamin Leruth et al., *Differentiated Integration and Disintegration in the European Union: State - of - the - Art and Ways for Future Research*, University of Agder ISL Working Paper, No. 1, 2017, p. 3.

② Steven Blockmans, "Differentiation in CFSP", in Steven Blockmans ed., *Differentiated Integration in the EU: From the Inside Looking Out*, Center for European Policy Studies, 2014, pp. 46 - 55.

manent Structural Cooperation）是对防务领域临时性联盟的突破，将可能有效提升欧盟在防务方面的自主行动能力，提高欧盟对内外安全威胁的反应能力。①

不同于上述两人对“差异性一体化表现形式多样”的判断，妮可·凯尼格认为，当前欧盟共同外交与安全领域的差异性一体化只有一种表现，即丹麦在共同外交与安全政策领域对于含有防务意义的共同政策拥有“例外选择权”。并且，她认为欧盟在该领域设计的灵活性条款几乎不可能被使用。②

将史蒂文和乔鲍的研究相结合，就构成了广义上共同外交与安全政策领域差异性一体化表现形式的涵盖范围：既包含条约中明示的灵活性条款，也包括在欧盟法律框架外形成的、具有实际作用的成员国小团体。而妮可的研究则代表了对该领域差异性一体化表现形式较严苛的范围界定：仅包括在条约中得到明示且得到应用的灵活性条款及其实践。其他学者对共同外交与安全政策领域差异性一体化的表现形式虽也有不同的认识，但基本包括在上述三位学者所提及的范围内，还未有新的表现形式被提出，所以在此不做赘述。③

2. 对共同外交与安全政策领域差异性一体化成因的研究

学者们从不同的角度分析了共同外交与安全政策领域差异性一体化的形成原因。例如，蒂莫·贝尔等认为共同外交与安全领域差异性一体化的主要驱动力是经济因素。欧盟成员国对共同外交与安全政策领域，尤其是涉及防务合作的一体化进程较为敏感。然而受经济危机的刺激，成员国（尤其是中小成员国）在防务支出方面的压力明显增加；同时，

---

① Csaba Toro, “Accomodating Differences within the CSDP: Leeway in the Treaty Framework?”, in Steven Blockmans ed., *Differentiated Integration in the EU: From the Inside Looking Out*, pp. 57 – 74.

② Nicole Koenig, *A Differentiated View of Differentiated Integration*, Jacques Delors Institut – Berlin Policy Paper, No. 140, 2015, p. 9.

③ 对这一问题进行的讨论的研究成果还包括：Alex Warleigh, *Flexible Integration: Which Model for the European Union?*, pp. 65 – 67; Timo Behr and Hanna Ojanen, “Differentiated Integration in Security and Defence: The Only Way Forward?”, in Juha Jokela ed, *Multi – speed Europe? Differentiated Integration in the External Relations of the European Union*, pp. 36 – 40; Marise Cremona, “Enhanced Cooperation and the European Foreign and Security and Defense Policy”, in Jose Maria Beneyto et al., *Unity and Flexibility in the Future of the European Union: The Challenge of Enhanced Cooperation*, Madrid: CEU Ediciones, 2009, pp. 73 – 86.

由于美国战略向亚太转向，提高欧盟自身防务需求的要求也随之提高。[①]正是基于现实的经济压力，才使部分成员国接受加速欧洲共同防务政策的建议，进而实现了该领域的差异性一体化。

而阿尔昆·科立克利用政治合作阶段、共同外交与安全政策阶段和共同安全与防务政策阶段差异性表现的典型案例，论证了共同外交与安全政策领域差异性一体化形成与差异性一体化具体措施所具有的公共产品属性之间的关系。他认为，如果决策者提出的差异性一体化措施能够在一体化进程中形成排他但非竞用的集团公共产品时，它将对非合作成员产生较强的向心力，进而完全或部分地在特定政策领域内实现整体一致的一体化。[②] 然而，他在后续的验证过程中也发现，差异性一体化的产生除与灵活性措施的设计初衷有关外，也与具体实施过程中未参与合作成员国的反应有关。相关国家的反应会影响差异性一体化措施的最终实施效果。

德克·勒芬等则用三大经典一体化理论（政府间主义、超国家主义、建构主义）对部分国家为什么在差异性如此明显的领域坚持参与共同外交与安全政策进行了分析，他们认为主要的影响因素有成员国间的相互依存、外交防务领域的主权敏感性、共同体机构的行动能力与倾向、观念对国家合作倾向的影响等。[③] 勒芬等人认为现实政府间主义可以有效地解释最初出现的差异性一体化措施，这些措施的产生主要是基于成员国对于自身利益的考虑与应对突发外部冲击的需要；然而随着差异性一体化措施不断被使用，成员国之后使用此类措施则逐渐受到国家参与差异性一体化合作观念的影响。而共同体机构所具备的将不同政策领域的问题联系起来的能力对成员国参与合作构成了吸引。[④]

乔里恩·霍沃思专注于共同安全与防务政策领域的差异性。他认为，

---

① Timo Behr and Hanna Ojanen, "Differentiated Integration in Security and Defence: The Only Way Forward?", pp. 33 – 42.

② Alkuin Kolliker, *Flexibility and European Unification: The logic of Differentiated Integration*, Rowman & Littlefield Publishers, 2006, pp. 223 – 241.

③ Dirk Leuffen et al., *Differentiated Integration: Explaining Variation in the European Union*, pp. 184 – 220.

④ Dirk Leuffen et al., *Differentiated Integration: Explaining Variation in the European Union*, p. 219.

该领域开展一体化合作之初就存在多方面的成员国间差异。欧盟自2016年起积极利用灵活性措施促进该领域一体化合作，主要存在四个方面的原因：第一，部分成员国意识到，发展防务合作具有极为重要的战略意义。第二，成员国对于实现特定安全与防务政策目标的不同方法组合，已形成较为清晰的成本收益评估。第三，欧盟已设计出利用成员间差异促进一体化合作的机制与程序。第四，欧盟内部已形成具有合法性的政治权威落实上述机制。①

上述四种成因分析中，第一种分析是理性选择分析，主要从成员国自身成本收益的角度考量；第二种分析是公共治理分析，主要从差异性一体化具体措施为参与成员国所提供的集团公共产品属性角度考量；第三种分析是一种综合性分析，从共同体和成员国两个方面考虑了特定差异性一体化措施提出并得以实现过程中，影响成员国选择参与与否的因素；第四种分析同样是一种理性选择分析，但其在强调成员国自身成本收益考量的基础上，增加了对欧盟整体环境变化的重视。然而值得注意的是，上述四种成因分析并不具备充分的可比性，它们对共同外交与安全政策领域差异性一体化表现形式的认识基础不同。

3. 对共同外交与安全政策领域差异性一体化具体案例的研究

虽然共同外交与安全政策领域差异性一体化表现形式在学界仍有争议，但基本形成共识的是，该领域的差异性一体化表现形式必然包含在欧盟条约中得到明示的灵活性条款。因此，本书对共同外交与安全政策领域差异性一体化具体案例的研究，集中于欧盟条约中明确提出的，丹麦在共同防务与安全领域的例外权、共同外交与安全政策领域的建设性弃权、共同外交与安全政策领域的增强合作机制，以及共同安全与防务政策领域的永久结构性合作。

丹麦的例外权实践一直受到欧盟差异性一体化研究学者们的重视。但是，现有研究多集中于丹麦在欧盟共同货币领域的例外权，对其在共同外交与安全政策领域的例外权关注程度有限。部分关于欧盟与丹麦关系的著作对丹麦选择退出欧盟共同防务合作的原因进行了分析。例如，安德斯·维瓦尔认为，导致丹麦做出这一选择的原因是其在外交政策方

---

① Jolyon Howorth, "Differentiation in Security and Defence Policy," *Comparative European Politics*, Vol. 17, No. 2, 2019, p. 266.

面的大西洋主义作风。这种倾向导致丹麦在冷战结束时按照安全上依赖北约、经济上依赖欧盟的定位，在外交与安全政策上积极向美国靠拢，与欧盟共同防务建设保持距离。① 米克尔·奥勒森也认为在冷战结束至2000年的这段时间内，丹麦外交政策倾向的变动一直与美国的外交政策保持着一致，这在一定程度上影响了丹麦对于自身参与欧盟共同防务建设需求的判断。②

针对共同外交与安全政策领域的建设性弃权，多数与此相关的研究以介绍该条款的内容为主。③ 现有研究未对该条款进行更为详尽分析的原因在于，该条款至今仅被塞浦路斯使用过一次，未来该条款被利用的可能性较小。在针对该条款唯一一次应用的相关研究中，部分学者将塞浦路斯的国内政治现状作为其选择建设性弃权的主要原因。如，詹姆斯·林德赛认为塞浦路斯对于欧盟科索沃法治行动抱有疑虑，主要是由于该国拒绝承认科索沃的独立地位。更进一步而言，塞浦路斯担忧北塞浦路斯土耳其族民族分离力量可能会参照科索沃的方式要求独立，影响塞浦路斯的政治稳定。但在欧盟的说服下，塞浦路斯最终选择利用建设性弃权的方式从欧盟科索沃法治行动中退出。④ 这一观点得到了洛克·祖潘契奇等人的支持。⑤

虽然增强合作机制从未在共同外交与安全政策领域内得到实际应用，但由于该条款是目前唯一通用于所有一体化政策领域的灵活性措施，学

---

① Anders Wivel, "A Pace - setter out of Sync? Danish Foreign, Security and Defense Policy and the European Union," in Lee Miles and Anders Wivel, *Denmark and the European Union*, Routledge, 2014, pp. 80 - 81.

② Mikkel Runge Olesen, *Two Danish Activist Foreign Policies? —Changing Perceptions of Threats and "Activism" in Danish Foreign Policy* 1988 - 2011, DIIS Report, No. 16, 2012, pp. 7 - 8, 14 - 15.

③ 参见 Janis Emmanouilidis, *Conceptualizing a Differentiated Europe*, Hellenic Foundation for European and Foreign Policy (ELIAMEP) Policy Paper, No. 10, 2008, p. 19; Timo Behr and Hanna Ojanen, "Differentiated Integration in Security and Defence: The Only Way Forward?", pp. 36; Steven Blockmans, "Differentiation in CFSP", p. 49.

④ James Ker - Lindsay et al eds. , *An Island In Europe: The EU and the Transformation of Cyprus*, I. B. Tauris, 2011, p. 115.

⑤ 参见 Rok Zupancic et al. , "The European Union Rule of Law Mission in Kosovo: An Effective Conflict Prevention and Peace - Building Mission?", *Journal of Balkan and Near Eastern Studies*, Vol. 20, No. 6, 2018, p. 605.

界对于该条款的重视程度相对较高。玛莱斯·克雷莫纳对《尼斯条约》和《里约》中欧盟在外交与安全政策领域的增强合作条款进行了解读。他认为欧盟未在共同外交与安全政策领域使用该条款的主要原因是，该条款并没有满足成员国的目前需要，并且条约为增强合作机制实施所设置的前提条件过于苛刻。[①] 蒂莫·贝尔在介绍欧盟条约框架内的差异性一体化时也介绍了建设性弃权和增强合作机制这两项具体条款。他强调，增强合作机制在出台时即被作为欧盟成员国可以选择的“最后手段”。[②] 这一定位使增强合作机制无法在一体化进程受阻的最初阶段就成为一体化进程的替代性选择，潜在地增加了增强合作机制的使用成本，也使成员国不愿在共同外交与安全政策领域启用该机制。

《里约》中所设计的永久结构性合作（Permanent Structured Cooperation），作为突破欧洲防务合作与一体化困境的重要手段，得到了欧洲安全与防务政策专家的重视。弗雷德里克·纳尔特曾对《欧盟宪法条约》中有关共同安全与防务政策的条款进行研究，其对《欧盟宪法条约》中关于永久结构性合作的条款进行了全面梳理，认为该条款将成为增强合作机制在共同安全与防务政策领域的替代品，有利于欧盟防务能力的整体提升。[③] 斯温·比斯科普长期关注永久结构性合作，认为其具有包容性、协调性、良好的成本收益基础、评价客观、突出参与国家最大优势、计划切实可行这六大附加价值，因而应当被欧盟成员国所重视，需要被切实运用。[④] 由于欧盟全球新战略致力于增强欧盟的防务能力建设，永久结构性合作重新得到了政府与学界的重视。丹尼尔·菲奥特等对永久结构性合作进行了全方位的梳理，认为其是一项雄心勃勃的计划，既具备约束性又保持开放性，是欧盟防务深化合作的重要手段，将促使有意愿合作的国家能够自愿进行投入，对于共同安全与防务政策来说是一次

---

① Marise Cremona, “Enhanced Cooperation and the European Foreign and Security and Defense Policy,” pp. 87 – 88.

② Timo Behr and Hanna Ojanen, “Differentiated Integration in Security and Defence: The Only Way Forward?”, pp. 33 – 42.

③ Frederik Naert, “European Security and Defense in EU Constitutional Treaty,” *Journal of Conflict & Security Laws*, Vol. 10, No. 2, 2005, pp. 202 – 204.

④ Sven Biscop and Jo Coelmont, *Permanent Structured Cooperation in Defense: Building Effective European Armed Force*, Bruges Political Research Papers, No. 15, 2010, pp. 15 – 18.

巨大突破。[①] 随着欧盟成员国正式启动永久结构性合作，对该问题的研究应会越来越深入。

除上述三类对欧盟共同外交与安全政策领域差异性一体化的直接研究外，学界还存在诸多针对欧盟差异性一体化基础概念的研究。它们虽然不直接涉及共同外交与安全领域的差异性一体化，但由于其直接关系着研究者对于差异性一体化的最基本认识，因而也需在此做简要说明。此类研究成果主要有以下两类：（1）概念辨析：欧盟差异性一体化拥有繁多的概念，大量学者都尝试过对什么是欧盟差异性一体化进行界定。例如，芬兰前总理亚历山大·斯图布认为差异性一体化是欧盟缓和成员国异质性特征的重要战略，其通过允许成员国在履行政策方面运用灵活的进程和机制安排以达到落实一体化政策的目标。[②] 肯尼斯·戴森与安杰洛斯·赛珀斯认为差异性一体化表明欧盟将成员国身份进行等级划分的趋势已逐渐明显，未来欧盟更有可能成为一个包含多种类差异一体化措施的大陆。[③] 而让·曼努埃尔·内韦则认为差异性一体化的欧盟就像一颗洋葱，是一个依据政策领域、参与决策者层次和成员决策小集团而划分的碎片化的治理模型。[④]（2）具体表现形式研究：此类研究既包含对欧盟条约中灵活性条款的研究，也包括对差异性一体化具体措施影响的研究。具有代表性的研究成果有亚历山大·斯图布的《欧盟政府间会议关于灵活性原则问题的谈判：〈阿姆斯特丹条约〉、〈尼斯条约〉以及未来》[⑤]，大卫·克拉尔的《多速欧洲与〈里斯本条约〉：机遇还是挑战?》[⑥]，瑞贝卡·阿德勒尼森的《选择性退出一个更为紧密的联盟：对

---

① Daniel Fiott, Antonio Missiroli, Thierry Tardy: *Permanent Structured Cooperation: What's in a Name?*, ISSUE Chaillot Paper, No. 142, November 2017.

② Alexander Stubb, "A Categorization of Differentiated Integration," *Journal of Common Market Studies*, Vol. 34, No. 2, 1996, p. 283.

③ Kenneth Dyson and Angelos Sepos, "Conclusions: Generalizations and Patterns," in Kenneth Dyson and Angelos Sepos eds., *Which Europe? The Politics of Differentiated Integration*, Palgrave Macmillan, 2010, p. 346.

④ Jan – Emmanuel de Neve, "The European Onion? How Differentiated Integration is Reshaping the EU," *Journal of European Integration*, Vol. 29, No. 4, 2007, p. 504.

⑤ Alexander Stubb, *Negotiating Flexibility in the European Union: Amsterdam, Nice and Beyond*, Palgrave, 2002.

⑥ David Kral, *Multi – speed Europe and the Lisbon Treaty: Threat or Opportunity?*, EUROPEUM Institute for European Policy Policy Paper, Nov. 2008.

一体化与主权关系的思考》①、弗兰克·史美尔芬尼希的《欧盟扩大与差异化整合：歧视还是平等待遇?》② 等。

总体而言，国外有关差异性一体化的研究成果十分丰富，但既有研究主要集中在经济与货币联盟以及司法内务合作领域的差异性一体化表现和具体案例分析。针对共同外交与安全政策领域差异性一体化的研究成果相对较少，且多数为针对该领域差异性一体化条款的描述性研究。由于学者们对于该领域差异性一体化的表现形式并没有形成较为一致的认识，因此他们对于该领域差异性一体化成因的分析不尽相同且难以比较。此外，在有关该领域差异性一体化具体措施的研究中，既有研究在分析其成因的过程中着重强调了导致该措施的成员国间差异是什么，却并未说明成员国在自身拥有较强谈判议价能力的共同外交与安全政策领域内，在面对上述差异时，为何会利用差异性一体化方式而非否决权或欧盟框架外的国际合作。既有研究的上述不足是本书希望予以补充与完善之处。

（二）国内研究现状

国内对于差异性一体化的关注相对较晚，将共同外交与安全政策领域的差异性一体化作为研究对象的成果则更为少见。在永久结构性合作启动之前，仅有陈志敏对共同外交与安全政策领域的建设性弃权、有效多数表决和强化合作机制（增强合作机制的前身）三项具有灵活性特征的具体条约条款进行了介绍。他认为上述条款的出现将促进扩大后的欧盟提升其对外政策决策效率。③ 2017 年永久结构性合作被欧盟成员国启动后，一批学者对该机制的内涵、启动成因与影响进行了分析。孔刚将永久结构性合作视为欧盟共同防务建设的法理基础之一，认为该机制的确立为紧张敏感的欧洲防务建设提供了其亟须的灵活性，让共同防务建

① Adler - Nissen, Rebecca, "Opting out of an ever closer union: The Integration Doxa and the Management of Sovereignty," *West European Politics*, Vol. 34, No. 5, 2011.

② Frank Schimmelfennig, "EU Enlargement and Differentiated Integration: Discrimination or Equal Treatment?", *Journal of European Public Policy*, Vol. 21, No. 5, 2014.

③ 陈志敏、〔比〕古斯塔夫·盖拉茨：《欧洲联盟对外政策一体化——不可能的使命?》，北京：时事出版社，2003 年版，第 221—227 页。

设拥有了更大的可能。[①] 房乐宪与狄重光认为，刺激欧盟启动永久结构性合作的直接原因是当前欧盟在应对多重危机过程中所表现出的反应能力不足，但该机制的落实是否能够对成员国防务合作形成约束力还存在不确定性。[②] 陆巍认为，永久结构性合作是欧盟在接受"多速欧洲"发展理念后，为摆脱现有机制束缚、促进防务一体化发展而采取的行动。但受欧盟内部成员间分歧与美国、北约对该合作抱有警惕的影响，其前景并不乐观。[③] 郑春荣与范一杨更为关注永久结构性合作启动对于美欧安全关系的影响。他们认为，虽然永久结构性合作所利用的防务资源与北约存在竞争关系，但其具体进行的能力建设则与北约相互补充，因此该合作的启动有望促进美欧之间在安全议题上的良性互动。[④] 陈洁与袁建军比较了永久结构性合作与增强合作机制的区别，他们认为永久结构性合作，作为欧盟差异性一体化的新进展带有明显的差异性特征，虽然这一特征将有助于促进先行合作的实现，但也意味着该合作的发展将面临较为严峻的挑战。[⑤]

虽然直接关注共同外交与安全政策领域差异性一体化的文献较少，但由于目前差异性特征在欧盟一体化进程中的表现逐渐明显，国内也开始有部分学者针对欧盟差异性一体化现象进行专题研究。例如，陈洁在《欧盟差异性一体化：现状、动因及影响》一文中全面梳理了目前欧盟差异性一体化的主要措施与表现。她认为差异性一体化是欧盟成员国在实现共同目标的过程中，保障各自不同利益诉求的政策和机制，其本质是欧盟成员国个体差异与一体化最终目标间的双赢。[⑥] 丁纯等人利用欧盟成员国的宏观经济数据，采用实证的方法，对欧盟成员国间经济趋异

---

① 孔刚：《欧洲联盟共同防务：当代定位与基本逻辑》，《欧洲研究》，2017 年第 5 期，第 89—92 页。

② 房乐宪、狄重光：《欧盟安全与防务建设新进展：永久结构性合作及其含义》，《当代世界与社会主义》，2018 年第 3 期，第 172 页。

③ 陆巍：《防务一体化的"多速欧洲"实践——永久结构性合作框架评析》，《德国研究》，2018 年第 4 期，第 35 页。

④ 郑春荣、范一杨：《重塑欧美安全关系？——对欧盟"永久结构性合作"机制的解析》，《欧洲研究》，2018 年第 6 期，第 1 页。

⑤ 陈洁、袁建军：《永久结构性合作：欧盟差异性一体化的新进展》，《德国研究》，2019 年第 3 期，第 45 页。

⑥ 陈洁：《欧盟差异性一体化：现状、动因及影响》，《德国研究》，2014 年第 1 期，第 70 页。

的现象予以了证实。他们认为该现象是欧盟提出“多速欧洲”发展方案的主要原因之一，并预测“多速欧洲”的出现既有可能推进一体化发展，也有可能导致欧洲实质上的分裂。① 龙静对欧盟一体化进程中的多次“多速欧洲”思潮与实践进行了回顾与分析。她认为欧盟此轮“多速欧洲”实践的启动将会使中国在对欧经贸关系领域面临更多的挑战，但同时也将使中国与未参与更紧密合作的中东欧成员国拥有更多的合作可能。②

除对差异性一体化现象的综合性研究外，部分学者也对差异性一体化的具体措施进行了研究。例如，陈志敏和朱菊华以《申根条约》为案例，对欧盟框架外合作的欧盟化现象进行了关注，认为框架外合作既发展了欧盟共同政策，又满足了成员国个体差异，呈现出在差异化中满足一体化、在一体化中兼顾差异化的灵活特征。③ 陈洁关注于欧盟增强合作机制的产生原因、运作过程及对欧盟一体化的影响。她认为增强合作机制拓宽了欧盟深化合作的政策领域，有助于推动一体化，但也存在潜在的负面影响，而当前阶段的内外环境将迫使欧盟继续使用这一策略。④

值得注意的是，丁纯与龙静的研究中包含了国内现有差异性一体化相关文献的一个明显特征，即利用“多速欧洲”概念描述欧盟差异性一体化。但是，国内学者对该概念的认识，并不是遵照欧洲学界所形成的差异性一体化概念体系对于“多速欧洲”的严格定义，而是将欧盟现有各类灵活性条款与措施置于宏观抽象的欧洲一体化进程中进行理解的产物。在此种宏观抽象的语境下，欧盟差异性一体化的显著表现即“多速欧洲”模式。因此，虽然国内学者多倾向于使用“多速欧洲”概念，但是其关注的现象实际上是欧洲学者所讨论的差异性一体化。

除对于差异性一体化现象的专题研究外，更多的国内相关研究是在

---

① 丁纯等：《“多速欧洲”的政治经济学分析——基于欧盟成员国发展趋同性的实证分析》，《欧洲研究》，2017年第4期，第1页。

② 龙静：《“多速欧洲”的发展及其对中欧关系的影响》，《和平与发展》，2017年第4期，第81页。

③ 陈志敏、朱菊华：《〈申根协定〉及欧盟共同签证政策的发展：一体化进程中的差异化机制》，《国际观察》，2010年第2期，第59页。

④ 陈洁：《欧盟增强合作机制的产生、运作与影响》，《德国研究》，2013年第2期，第47页。

讨论欧盟未来发展的过程中，对其差异性一体化有所涉及。例如，朱乃新在分析未来欧洲联盟的建设模式选择时认为，一体化与双速化两种选择并非截然对立。在未来的欧洲联盟中，一体化的方向不会发生逆转，双速化亦不可避免。① 叶江认为“双速欧洲”乃至“多速欧洲”是欧债危机对欧盟深层次发展的重要影响。欧债危机正将这种“双速”在法理层面进行确定。② 现代国际关系研究院欧洲课题组在研究主权债务危机对欧盟外交影响的过程中认为，欧盟内部危机所导致的“双速”“多速”现象正在向共同外交领域蔓延，欧盟外交的变数增加。③ 王展鹏认为英国“脱欧”公投之后，“多速欧洲”将在未来欧盟寻找危机解决办法的过程中发挥重要的影响，并且呈现出多类型“差异化发展”的特点。而“多速欧洲”将在民族国家与地区一体化关系调整阶段帮助欧盟重拾公众的信任。④

综上所述，国内对于本问题的研究还处于基础阶段。虽然国内目前已经出现对于差异性一体化现象的专题性研究，但是研究者对于差异性一体化概念体系的理解仍有待深入。并且，国内对于差异性一体化或“多速欧洲”的大多数研究仍是出自对欧盟所面临的危机对于其未来建设影响的考察，少有学者将其作为单独的问题予以细致研究。相比差异性一体化对于一体化发展进程的重要性，国内学者对差异性一体化的关注仍略显不足。

通过对国内外研究现状的回顾可以发现，由于研究视角的不同，现有的欧盟共同外交与安全政策领域差异性一体化研究在表现形式界定与成因分析方面仍未达成统一；由此导致本问题在研究者间出现了一系列观点差异，并难以进行比较。究竟哪一种分析解释更为合理？为减少分歧的可能，本书认为欧盟对共同外交与安全政策领域差异性一体化的研

---

① 朱乃新：《欧洲联盟建设：同步化还是双速化?》，《世界经济与政治论坛》，1993 年第 1 期，第 11 页。

② 叶江：《欧债危机对欧洲联盟深层次影响探析》，《国际展望》，2014 年第 4 期，第 118—122 页。

③ 中国现代国际关系研究院欧洲所课题组：《主权债务危机对欧盟外交的影响》，《现代国际关系》，2012 年第 5 期，第 20—21 页。

④ 王展鹏：《英国脱欧公投与“多速欧洲”的前景》，《欧洲研究》，2016 年第 4 期，第 40—41 页。

究应从被学界广泛承认的欧盟条约中的灵活性条款入手。通过对条约中灵活性条款内容及其具体落实情况的重新梳理，可以得到较为客观的欧盟共同外交与安全政策下差异性一体化的实际情况。实际上，这种方式已在欧盟其他主要政策领域差异性一体化程度研究中得到了应用。鉴于共同外交与安全政策领域可研究案例数量较少，目前针对本领域的该类研究也不多见。随着永久结构性合作这一领域主要差异性一体化措施的启动，对该政策领域进行此类研究的可能性逐渐增加。这为本书提供了进行进一步研究的空间。

三、研究思路

（一）研究假设

在假定欧盟共同外交与安全政策领域差异性一体化是客观存在的基础上，本书假设欧盟共同外交与安全政策合作启动时所包含的差异性以及该领域政府间合作的性质，是导致该政策领域差异性一体化与其他政策领域差异性一体化区别明显的重要原因。目前，该领域主要有丹麦在共同外交与安全政策领域的例外权、塞浦路斯使用建设性弃权以及欧盟25国启动永久结构性合作三种差异性一体化具体表现。从差异性一体化的概念谱系来看，三者属于不同的差异性一体化模式，具有不同的现实特征。该领域的差异性一体化措施对于欧盟共同外交与安全政策发展的影响主要是积极的，但也存在着分化欧盟对外统一形象的潜在危险。

（二）研究视角

本书进行的研究主要从以下两个视角展开。

成员国主体视角：欧盟共同外交与安全政策政府间主义的决策性质与全体一致的决策表决方式，使各成员国对该领域一体化政策的形成具有至关重要的影响。同时，这也使得该领域的差异性一体化明显地表现出超国家主义与政府间主义思想的竞争。欧盟条约中差异性一体化条款的形成主要通过政府间会议（IGC）完成；且上述条款的实施要求成员国主动向欧盟机构提出申请。因此，在梳理共同外交与安全政策框架下差异性一体化措施形成的过程中，应重视成员国对差异性一体化的政策立场与态度，关注成员国倾向对差异性一体化措施形成及启用的影响。但需要说明的是，成员国主体视角将主要用于阐述和分析成员国启动差异性一体化具体措施的过程。在认识差异性一体化的必要性与合理性，以及评估差异性一体化对欧盟共同外交与安全政策的影响时，本书仍是从作为整体的欧盟角度出发。

外交政策分析视角：本书对欧盟共同外交与安全政策差异性一体化现状与成因的分析，将主要着眼于欧盟条约灵活性条款的制订过程和成员国启动部分灵活性条款的决策过程。由此，本书将利用外交政策分析的一系列方法（如传统方法、关联组织与过程分析法）尽可能还原相关具体决策的决策背景、组织环境、各方利益以及官僚机制运作过程，通过获取决策的动态流程，以解释为什么欧盟会提出相应的灵活性条款，为什么特定差异性一体化措施能够在共同外交与安全政策框架下实现。此外，外交政策分析视角还将被用于评估差异性一体化与欧盟共同外交与安全政策的相互影响。从历时性的角度出发，欧盟外交与安全政策差异性一体化是一个逐渐发展的过程，随着共同政策的发展与差异性一体化措施的落实，二者相互影响着对方未来的发展。外交政策分析可以清晰地展现上述两个因素在不同阶段在对方决策过程中的影响强弱，从而体现二者相互影响的趋势与程度。

（三）研究方法

文本分析法：为减少概念分歧，本书仅将欧盟条约中明确提出的灵活性条款及其具体实践作为差异性一体化的表现形式。因此，在阐述与分析欧盟共同外交与安全政策领域差异性一体化现状的过程中，本书将对欧盟条约规定进行详细解读，以了解欧盟差异性一体化表现的准确含义。此外，本书还将对欧盟政策制定过程中的相关会议提案进行分析，考察灵活性条款的实施前提、启动程序与终止程序是否存在变化，以判断欧盟差异性一体化形成过程中，成员国对相关政策工具的定位或实施预期是否发生过变化。

案例研究法：依据本书对于差异性一定的界定，当前欧盟共同外交与安全政策领域差异性一体化表现数量有限。因此，本书对丹麦在共同外交与安全政策下的例外权、塞浦路斯在欧盟科索沃法治行动中使用建设性弃权和欧盟 25 国启动永久结构性合作的过程进行了详细梳理。换言之，本书将目前该领域的差异性一体化表现视为该领域差异性一体化的典型案例，希望通过分析它们的形成原因与实施效果，判断上述案例对于其他类似成员国是否具有借鉴意义。此外，对上述差异性一体化具体措施的案例研究也将间接地反映在共同外交与安全政策领域采用差异性一体化治理方式的必要性程度。

比较研究法：欧盟共同外交与安全政策领域差异性一体化表现涉及欧盟条约中的三项灵活性条款。本书将利用目前学界常用的差异性一体化模式分类，对这三种欧盟差异性一体化表现进行比较。进行比较的目的主要在于两个方面：一是区分三种不同灵活性条款的具体适用情境；二是明确三种不同差异性一体化表现的实施影响。此外，这一比较还将为欧盟之后在该领域的差异性一体化决策与实施提供相应的经验借鉴。

四、本书结构

第一章是对欧盟差异性一体化的概括性介绍。本章将从一般性的差异性一体化入手，逐步框定本书的研究范围，最终聚焦于本书的核心研究议题——欧盟共同外交与安全政策下的差异性一体化，并提出相应的逻辑假设。首先，本章将阐述差异性一体化的概念内涵，以说明什么是差异性一体化，它具有怎样的表现形式。其次，本章将回顾差异性一体化的演进过程，并由此总结差异性一体化的形成逻辑，说明传统上差异性一体化的形成是在一体化进程加深的过程中。其产生受到成员国间具有较强相互依存的影响，旨在缓和成员国间的立场分歧。最后，本章将聚焦于共同外交与安全政策下的差异性一体化，指出该领域的一体化建设基础显示出较为明显的差异性，因此其形成逻辑与此前的差异性一体化有所不同。同时，本章将简要说明该领域差异性一体化的表现形式。为减少概念分歧，本书仅研究在欧盟条约中被明确提出且得到具体实践的条款：例外权、建设性弃权和永久结构性合作。

第二章至第五章是本书的重点内容，主要是对欧盟共同外交与安全政策下差异性一体化的具体表现进行介绍与分析。第二章主要讨论《马约》给予丹麦的“例外选择权”。首先，第二章将对丹麦要求在共同外交与安全政策领域享有“例外权选择”的背景原因进行分析，通过回顾丹麦对欧洲共同体的政策与态度，确定影响丹麦对欧盟政策的因素，并说明丹麦在过往形成的对于欧洲各类合作机制的角色划分是其要求“例外权选择”的重要原因之一。其次，第二章将阐述《马约》确定丹麦“例外权选择”的过程，主要包括丹麦在《马约》谈判中的立场是怎样的，为什么《马约》草案第一次在丹麦进行公投会被否决，之后欧盟与丹麦进行了怎样的沟通与谈判，最终形成的丹麦“例外权选择”包含哪些内容和具有何种特征。最后，第二章将对丹麦获得“例外权选择”后与欧盟共同外交与安全政策的关系进行讨论，阐述获得例外权后的丹麦对于欧盟共同外交与安全政策的参与情况，并对丹麦、欧盟与北约三者之间针对外交与安全政策问题的关系进行分析。

第三章主要讨论《阿约》中提出的“建设性弃权”及塞浦路斯对该条款的使用。首先，本章将对《阿约》提出建设性弃权的宏观背景进行分析，说明欧盟当时面临着较为复杂、棘手的周边安全局势，而欧盟共同外交与安全政策的具体实施也并没有达到预期的目标，因而欧盟十分需要通过某种形式以加强共同外交与安全政策的行动力。其次，本章将具体分析建设性弃权写入《阿约》的过程，阐述《阿约》中建设性弃权的主要内容，并分析其差异性属性。最后，本章将对塞浦路斯在欧盟科索沃法治行动中使用建设性弃权的过程进行讨论，明确欧盟科索沃法治行动与塞浦路斯本国利益之间的冲突，并分析在这种冲突下为何塞浦路斯会使用建设性弃权。此外，这一部分还将分析塞浦路斯使用建设性弃权后对欧盟科索沃法治行动及塞浦路斯之后参与其他欧盟共同外交与安全政策行动是否造成了明显影响，以说明建设性弃权在实施方面的特征。

第四章主要讨论《里约》中确立的“永久结构性合作”以及欧盟 25 国对该合作机制的启动。首先，本章将回顾欧盟永久结构性合作的提出背景，说明当时欧盟共同外交与安全政策已经进入了新的发展阶段，特别是欧盟第一个安全战略的提出对欧盟防务提出了更高的要求。并且，欧盟修宪改革已经为增强欧盟防务合作提供了相关具体建议，尽管修宪改革没有得到落实，但相关建议为欧盟共同防务建设提供了方向指导。其次，本章将阐述《里约》将永久结构性合作纳入条约的过程，判断《里约》是否对欧盟宪法草案中有关共同安全与防务政策的内容进行了改进，并介绍《里约》对于永久结构性合作的规定。最后，本章将分析欧盟 25 国启动永久结构性合作的过程，讨论欧盟在该条款生效近十年之后才启动该条款的原因，阐述该合作机制启动过程中的欧盟机构与成员国互动，并对该机制目前的运行情况进行初步评估。

第五章重点关注欧盟“战略自主”概念提出后，其在外交与安全领域差异性一体化的进一步发展问题。第一部分通过对欧盟国际身份演进的考察意在说明欧盟国际身份的务实化转向，需要欧盟以更具现实性的外交战略与政策工具为实现自身国际身份预期而服务。第二部分尤其关注于欧盟战略自主概念本身的发展，以说明该概念的诞生与欧盟防务自主能力提升，特别是与以“永久结构性合作”为代表的差异性一体化手段应用息息相关。但随着“战略自主”概念的不断丰富，在外交与防务领域使用差异性一体化的需求进一步增强，并且基础条约中所规定的特定灵活性措施已不能满足欧盟战略自主对于短期内迅速实现能力提升的要求，欧盟开始主动设计基于灵活性原则的条约外差异性一体化措施，造成了事实上欧盟对于差异性一体化概念使用的泛化。第三部分重点就“战略自主”与差异性一体化之间的关系进行讨论，核心从欧盟在对外政策中长期存在的一致性与有效性矛盾出发，意在强调差异性一体化对于战略自主能力建设需求的必要性与对欧盟在对外政策中构建统一且有力国际行为体形象的潜在风险与威胁。

第六章旨在总结欧盟外交与安全政策下差异性一体化截至目前所体现出的发展规律，并以此为基础对其未来发展方向做出预测。第一部分主要关注共同外交与安全政策对该领域差异性一体化的影响。该影响主要表现为随着共同外交与安全政策的加强，成员国在利用差异性一体化措施的决策过程中受共同政策的影响逐渐明显。但同时，本书认为共同政策所导致的合作意愿增强，并不能直接解决成员国因合作方式选择分歧而导致的意愿差异。因此，该领域的差异性一体化措施仍将以适应或应对合作意愿差异为主。第二部分主要关注差异性一体化的存在与实施对欧盟共同外交与安全政策的影响。该影响则主要体现为随着差异性一体化的落实，相关措施对于共同外交与安全政策的促进作用越来越显著，并占据差异性一体化影响的主要地位。据此，本书预测未来该领域的差异性一体化措施将主要体现积极作用，但同时仍需注意该措施本身所带有的分化欧盟的可能。

五、可能的创新点与不足之处

本书期望在两个方面有所创新与贡献。

首先，本书希望对于共同外交与安全政策下的差异性一体化进行相对客观的考察。多数有关欧盟外交与安全政策差异性一体化的既有研究都选择了较为宽泛的研究方法，将欧盟框架外的国家间合作包含在内。由于框架外合作没有具体的条约支撑，对于其是否属于差异性一体化的表现形式，学界常出现争议。而本书将从欧盟条约中的灵活性条款出发，选取的差异性一体化具体措施与该条约中的条款相对应。本书希望通过此种方式对欧盟共同外交与安全政策下差异性一体化的发展现状与程度做出客观的评价。

其次，对于差异性一体化概念的再认识。欧洲学界与政界创造了大量的术语用于描述差异性一体化，以至于目前的研究中对于差异性一体化和差异性之间的区别已开始出现混淆。部分著作对差异性一体化的阐述，实际上仅注重了欧盟一体化进程中存在的差异性，并未对如何调和差异性以最终促进一体化进程进行详细讨论。虽然本书也将使用多样的差异性一体化术语，但在分析差异性的同时，将着重强调其在一体化进程中是如何被调和的，从而确保对差异性一体化概念进行更为恰当的使用。

本书存在的不足与局限则在于：第一，核心文献较为薄弱。既有差异性一体化的研究成果多集中于差异性一体化概念辨析和欧元区、申根区等欧盟显著差异性一体化表现的实证分析。由于共同外交与安全政策领域差异性一体化实践有限，目前与本书主题直接相关的文献较少。笔者检索到的资料多为政策报告或书籍中的章节，学术论文相对较少。这导致本书所能依赖的现有研究基础较为薄弱。第二，本研究的理论深度较为有限。本书的主要内容是阐述欧盟共同外交与安全政策领域差异性一体化的现状，以及探究该领域差异性一体化现状的成因。因此，本书针对的仍是欧盟具体政策领域差异性一体化“是什么”和“为什么”的问题。虽然在分析的过程中，本书将尝试对欧盟外交与安全政策差异性一体化形成逻辑的特征进行归纳，并由此得出该领域差异性一体化的发展规律，但在整体上对于现有欧盟一体化理论的利用有限，较少涉及在理论层面的探讨。

第一章/差异性一体化与欧盟共同外交与安全政策：概念界定与演进逻辑

长期以来，欧盟被视为促进地区一体化进程最为成功的区域性超国家组织。借助欧盟法律法规对于成员国权利与义务的明确规定，欧盟得以在成员国与非成员国之间做出清晰的区分。然而，随着成员国数量的增加，欧盟难以要求所有成员国在各领域均遵循统一的标准。由此，欧盟法律法规中开始出现一些新现象：个别条款仅对部分成员国具有约束力，个别条款不仅能够约束欧盟成员国还能够约束非欧盟成员国，个别条款能够使特定成员国免于承担指定义务。上述欧盟法律法规在成员国与非成员国之间界限模糊的现象即差异性一体化。

自20世纪90年代起，欧盟的差异性一体化特征逐渐明显，并受到学界的关注。然而追溯其历史，部分欧洲政治家在20世纪70年代时就已提出带有差异性一体化特征的政治理念。当前，差异性一体化的概念在欧盟政界与学界被广泛使用，内涵丰富，并存在多个难以进行区分的代称。[①] 究竟什么是差异性一体化？它具有哪些表现形式？它是如何形成的？本章旨在通过明确本研究所采用的差异性一体化内涵，以说明本书的讨论范围；并通过对比差异性一体化宏观形成逻辑的特点与欧盟共同外交与安全政策的差异性特征，以预测该领域差异性一体化形成过程中可能存在的特殊性。

---

① 针对差异性一体化的学术研究中，经常会出现对差异性（differentiation）、灵活性（flexibility）、灵活性一体化（flexible integration）几个词汇的混用。

第一节　欧盟差异性一体化的内涵与形式

差异性一体化是一个内涵丰富的概念。相关思想最初由政治家提出，于20世纪90年代开始受到学者的重视。在欧盟条约纳入差异性一体化思想后，该概念又被法律与政策专家进行解释与界定。这导致差异性一体化已经成为一个冗杂着大量术语的概念图谱，既被用于政策磋商，又被用于学术讨论。[①] 目前，学界对差异性一体化的概念辨析仍未形成一个得到普遍认可的概念体系。[②] 由于对差异性一体化的不同认识将造成研究者对于差异性一体化具体表现形式的差别化认定，因此在对具体的差异性一体化现象进行研究之前，笔者将首先阐述本书对于差异性一体化内涵与形式的理解，以说明本书所确定的研究范围的合理性。

一、欧盟差异性一体化的定义

就概念特征而言，差异性一体化是一个泛指概念，是欧盟一体化过程中一系列具体差异性表现的通称。自其受到学界关注以来，已有大量学者尝试对差异性一体化进行较为精确的界定。如亚历山大·斯图布认为差异性一体化是欧盟应对成员国间异质性的一种策略。[③] 阿尔昆·科立克认为差异性一体化是成员国在共同政策领域内拥有不同的权利与义务关系的通称。[④] 亚历克斯·沃雷格认为差异性一体化是指成员国有能力在特定政策领域内选择不参与相关合作。[⑤] 肯尼斯·戴森与安杰洛

---

① Alexander Stubb, *Negotiating Flexibility in the European Union: Amsterdam, Nice and Beyond*, p. 31.

② Georgiana Ciceo, "Hard Core Europe? Possible Scenarios for the Prospect of Differentiated Integration," in Wilfried Loth and Nicolae Paun eds., *Disintegration and Integration in the East – Central Europe* (1919 – *Post* – 1989), Nomos, 2014, p. 315.

③ Alexander Stubb, "A Categorization of Differentiated Integration," p. 283.

④ Alkuin Kolliker, "Bringing Together or Driving Apart the Union? Towards a Theory of Differentiated Integration," *West European Politics*, Vol. 24, No. 4, 2001, p. 127.

⑤ Alex Warleigh, *Flexible Integration: Which Model for the European Union?*, p. 4.

斯·赛珀斯认为差异性一体化是欧洲国家、次国家行为体在共同政策领域内选择以不同速度发展的过程，或迈向不同具体发展目标的过程，抑或选择以不同速度迈向不同具体发展目标的过程。① 德克·勒芬、瑞特博格与弗兰克·史美尔芬尼希认为欧盟自身就是一个差异性一体化的系统：它将集权化水平与超国家权威影响范围存在差异的不同政策领域集中在了一起。② 虽然研究者的界定视角多样，但从上述界定中可以发现，他们基本建立在一个宏观共识之上，即差异性一体化意味着不一致，意味着欧盟成员国在权利、义务、具体目标方面的不一致。

同时，回顾目前对于差异性一体化的界定可以发现，既有定义的分歧主要集中在两个方面：是否应该将欧盟框架外旨在促进一体化的国际合作视为差异性一体化，以及是否应将实践中真实存在但未被欧盟法律所认定的差异性措施视为差异性一体化。值得注意的是，既有定义对于上述两个问题的不同理解并非本质上的对错之分，而是研究者在概念界定时的关注点区别。

具体而言，第一个分歧体现出既有界定对于概念所处情境的认识不一。将框架外合作视为差异性一体化的概念，是在欧洲一体化的情境中理解差异性一体化。它将欧盟一体化作为欧洲一体化的主要形式，认为只要增进合作的差异性措施最终会回归欧盟现有治理框架，即可被纳入差异性一体化的范畴。而将框架外排除于差异性一体化的概念，则是严格按照是否利用欧盟现有框架这一标准对差异性措施的性质进行判定。③ 本书在问题提出时所关注的现象是，在共同外交与安全政策领域，欧盟条约所提供的差异性一体化措施较少获得成员国的实际使用。所以，对于本书而言，更适宜采用对欧盟差异性一体化的严格界定，即仅包括在欧盟框架内的差异性措施。

① Kenneth Dyson and Angelos Sepos, "Differentiation as Design Principle and as Tool in the Political Management of European Integration", in Kenneth Dyson and Angelos Sepos eds., *Which Europe? The Politics of Differentiated Integration*, p. 4.

② Dirk Leuffen et al., *Differentiated Integration: Explaining Variation in the European Union*, p. 10.

③ 有学者将这种区别称为"在欧盟情境中的（in the context of EU）差异性一体化"和"在欧盟中的（in the EU）差异性一体化"，参见 Alkuin Kolliker, "The Function Dimension," in Kenneth Dyson and Angelos Sepos eds., *Which Europe? The Politics of Differentiated Integration*, p. 42.

第二个分歧体现出既有界定就欧盟法律与差异性之间关系的重视程度不一。将实践中真实存在但未被欧盟法律所认可的差异性措施视为差异性一体化的概念，主要关注的是实践中是否存在成员国间在权利与义务水平方面的不一致，较少顾及这种差异性是否与欧盟法律法规的效力有关。而将上述措施排除在外的概念，则不仅强调差异性是实践中的成员国间权利与义务水平不一致，也强调这种不一致是由欧盟法律对不同国家的效力不同而造成的。由于本书关注的是欧盟条约为共同外交与安全政策所预留的灵活性空间使用问题，因而本书更适宜将差异性一体化的范围设定为正式经欧盟法律法规所确认的差异性一体化措施。

此外，需要说明的是，本书所界定的差异性一体化，其实施主体仅限于欧盟成员国。根据德克·勒芬等人的研究，差异性一体化包括内部差异性和外部差异性两种类型。所谓内部差异性是指欧盟内成员国进行小范围强化合作或不参与特定共同政策的情况；外部差异性是指欧盟外成员国经欧盟认可加入共同政策实施过程的情况（如欧洲经济区）。[①] 由于本书关注的现象主要是欧盟成员国对欧盟条约所预留差异性一体化空间的利用，因此受研究目的的影响，本书对差异性一体化的界定将排除外部差异性的情形。

综上，本书将差异性一体化界定为，由成员国间异质性而导致的欧盟法律法规对于所有成员国法律效力不同的情况，是欧盟法律法规对于成员国的差异性安排，即允许部分成员享有不同的权利或义务的现象。[②]

二、欧盟差异性一体化的表现形式

如前所述，差异性一体化是兼具学术性与政策性的概念。作为学术概念，它可以被划分为多种理想化模式，用于分析具体现象。作为政策概念，它也可以依据欧盟法律法规划分出多种具体表现，为学理研究提

---

① Dirk Leuffen et al., *Differentiated Integration: Explaining Variation in the European Union*, p. 17.

② 本书对于差异性一体化的定义表述借鉴了弗兰克·史美尔芬尼希与陈洁的语言组织。参见：Frank Schimmelfennig and Thomas Winzen, "Grand Theories, Differentiated Integration," *Journal of European Public Policy*, Vol. 26, No. 8, 2019, p. 1172；陈洁：《欧盟差异性一体化：现状、动因及影响》，第60页。

供客观事实。因此，本书对欧盟差异性一体化形式的阐述将分为理论性的模式与现实性的表现两类。理论性的模式将成为后文具体差异性一体化表现的分析工具，现实性的表现将成为后文判定欧盟共同外交与安全政策下差异性一体化表现形式的标准。

首先，就学术语境下的差异性一体化模式而言，自时任联邦德国总理勃兰特提出“分段式一体化”（Graduated Integration）的政治设想后，有众多政治家与政治理论家曾提出共同体进行差异性一体化发展的模式与模型。1996 年，亚历山大·斯图布通过对既有理论性模型进行区分，将欧盟差异性一体化的理想化模式分为三类，获得了学界的普遍认可。本书对学术语境下的差异性一体化模式区分，将利用该经典模式划分方式。根据斯图布的观点，欧盟差异性一体化可分为“多速欧洲”“可变几何欧洲”“菜单式欧洲”三大类理想化的形式。三种理想化模式所强调的差异性要素分别是政策落实的速度、特定政策的适用范围以及不同政策的适用范围。

“多速欧洲”是强调政策落实速度区别的差异性一体化模式。其具体是指，在欧盟成员国针对共同政策形成全体认可的统一目标后，一部分能力较强、意愿较强的成员国选择先行达成此目标，而剩余的成员国将视国家自身能力适时达成相应目标。① 含有此特征的政治设想包括“双速欧洲”（Two - Speed Europe）、“分布式一体化”（Step - by - Step）以及“分段式一体化”等。在这种模式下，差异性一体化的参与对象是全体成员国，在目标设定时的决策方式是全体一致同意。欧盟法律法规对成员国做出的差异性安排主要以成员国的能力差异为依据。由于此模式下成员国在整体上保持着较为一致的一体化政治意愿，因而此模式下的成员国间权利与义务水平差异是短期的、暂时的。

“可变几何欧洲”是强调特定政策适用范围区别的差异性一体化模式。其具体是指，欧盟由于承认成员国间在特定政策领域存在无法完全解决的一体化能力与意愿差距，从而允许成员国在该政策领域内区分一体化合作的核心与边缘成员国的情况，并且默许这种区分具备永久存在且不可逆转的可能。② 含有此特征的政治设想包括“同心圆欧洲”（Con-

① Alexander Stubb, “A Categorization of Differentiated Integration,” p. 287.

② Ibid. , p. 287.

centric Circles）、“多层欧洲”（Multi – Tier Europe）以及“受控的差异性”（Restrained Differentiation）等。在这种模式下，有能力、有意愿强化合作的成员国将依据其能力与意愿，设定高于现有政策目标的集体合作目标。由于此目标与欧盟一体化的宏观发展方向一致，因而其能够被欧盟法律所接受。而在该目标被接纳后，欧盟法律将综合全体成员国的能力与意愿做出针对全体成员国的差异性安排。由于成员国在实现新设共同目标方面具有一定程度的合作意愿差异，该模式下的成员国间权利与义务水平差异既可能是暂时的，也可能是长期稳定的。

“菜单式欧洲”是强调不同政策适用范围区别的差异性一体化模式。其具体是指，欧盟成员国在保证实现最基本共同目标的前提下，可以依据自身合作能力与意愿自行选择其希望参与的一体化合作政策领域。[①] 含有此类特征的政治设想包括“自选合作欧洲”（Pick – and – Choose）、“例外权欧洲”（Opt – out）以及“碎片化欧洲”（Bits – and – Pieces）等。在此模式下，成员国所达成的共同目标是各成员国合作能力与意愿共同点的集合，无须成员国为达成共同目标而做出利益调整或妥协。因而，此模式整体的一体化集权水平相对较低。并且，在面对具体的共同政策领域时，成员国之间既存在合作能力差异，也存在合作意愿差异，且合作意愿差异表现得更为明显。由于成员国的选择较少受一体化整体进程或状态的制约与影响，该模式下的成员国间权利与义务水平差异演变为长期、稳定的差异性的可能性更强。

需要说明的是，将差异性一体化的理想化模式划分为上述三类，不仅有利于本书在研究的过程中对不同的差异性一体化现实表现进行区分，还有利于就现实表现对于欧盟的影响提供判断依据。[②] 从对三类差异性一体化理想模式的阐述中可以发现，除“多速欧洲”外，“可变几何欧洲”与“菜单式欧洲”都存在导致欧盟碎片化的风险。基于此种理论预期，本书之后对欧盟差异性一体化现实表现的影响进行判断时，将重点关注带有上述两类特征的差异性一体化表现在现实中是否对欧盟一体化进程形成了切实或潜在的威胁，以及欧盟法律法规是否在允许此类差异

---

① Alexander Stubb, “A Categorization of Differentiated Integration,” p. 288.

② Frank Schimmelfennig and Thomas Winzen, *Ever Looser Union? Differentiated European Integration*, Oxford University Press, 2020, in press, p. 19. (The Page Number is from their Manuscript.)

性一体化措施存在的同时，又为管控其威胁提供了相应的工具。

其次，就政策语境下的差异性一体化表现而言，前文在讨论差异性一体化的内涵时已明确表示，本书所讨论的差异性一体化是指被欧盟法律法规所认可的成员国间权利与义务水平的不一致。因此，本书对于现实政策中差异性一体化形式的阐述，将以欧盟法律法规中的差异性一体化为对象。欧盟法律法规体系可以分为基本法（Primary Law）和派生法（Secondary Law）两个类别；其中，基本法是欧盟法律体系的根基，派生法是旨在实施基本法的法律规范的总称。虽然差异性一体化在两类法律条文中均有所体现，但就二者关系而言，基本法中的相关条款为欧盟差异性一体化提供了法律空间，而派生法中的相关条款是对相应法律空间的具体应用。因此，本书在归纳政策语境下的差异性一体化表现形式时，将以基本法中的差异性一体化条款为分类标准。具体而言，现实政策中的差异性一体化形式可以分为：过渡性条款（Transitional Clause）、例外权（Opt - Out）、增强合作机制、建设性弃权和永久结构性合作五类。

过渡性条款是欧盟基本法律中较为特殊的一类差异性一体化表现形式。这一名称并非出自欧盟基本法律法规，而是学者对欧盟基本法中两类差异性条款的概括。[①] 一类是欧盟基础性条约中要求成员国逐渐实施一体化的条款，如《马斯特里赫特条约》在第109条中规定，欧洲理事会应依据融合度标准（Convergence Criteria），就成员国是否能够进入欧盟经济与货币联盟第三阶段的建设做出判断。另一类是新成员入盟条约中给予新成员实施共同政策过渡期的条款，如在《芬兰入盟条约》中，欧共体针对环保问题、农业问题以及免税商品流通问题为芬兰提供了过渡性安排；在《波兰入盟条约》中，欧共体要求波兰暂缓加入共同农业政策，为现有成员国进行政策调整提供足够的时间，以从容应对新成员国的加入。[②]

“例外选择权”是《马斯特里赫特条约》主要使用的差异性一体化措施。此类差异性一体化条款有着明确的所属成员国指向，并多以条约

① 这一名称是由亚历山大·斯图布提出的，具体参见：Alexander Stubb, *Negotiating Flexibility in the European Union: Amsterdam, Nice and Beyond*, p. 46.

② Alexander Stubb, *Negotiating Flexibility in the European Union: Amsterdam, Nice and Beyond*, p. 46.

附属协议（Protocol）的形式出现。在文本上，此类差异性一体化条款的基本内容为欧盟允许特定成员国在条约生效时不参与其在政府间会议中所声明无意参与的共同政策。英国（未“脱欧”前，下同）与丹麦是利用该措施最为频繁的国家。例如，在《马斯特里赫特条约》的议定书中，英国通过“例外选择权”得以免于参与欧盟共同经济与货币联盟第三阶段的合作。丹麦不仅获得了与英国同样的“例外选择权”，还通过《爱丁堡协定》获得了不参与共同防务、司法与内部安全合作以及欧盟公民身份三个共同政策领域建设的“例外选择权”。

增强合作机制是欧盟在《阿姆斯特丹条约》中提出的差异性一体化措施。其最初被命名为更紧密合作机制（Closer Cooperation），自《尼斯条约》起改称增强合作机制。此条款是欧盟对差异性措施进行机制化的重要尝试。它向全体成员国开放，通过允许部分有能力、有意愿合作的成员国利用欧盟现有机制进行先行合作，以促进一体化进程在整体上得到发展。同时，该合作机制还希望能够对未参与成员产生示范效应，促使此类国家在后续过程中加入该合作，从而最终实现整体一体化水平的提高。目前，此合作机制在四项具体政策中得到了应用，分别为欧盟跨国离婚行政法规（Rome III Regulation）、欧盟单一专利法案（Unitary Patent）、国际夫妻财产权行政法规（Property Regimes Rules of International Couples）以及设立欧盟检察官办公室（EPPO）。①

建设性弃权和永久结构性合作是专属欧盟共同外交与安全政策领域的差异性一体化条款，由于后文（本章第三节）仍将对该领域差异性一体化现实表现做介绍，故此处不做详细说明。

第二节　欧盟差异性一体化的历史演进及形成逻辑

前文曾提到，差异性一体化的概念之所以复杂，与其特殊的历史演进过程有着密切联系。自 20 世纪 70 年代出现的差异性一体化思想，在

① 具体参见：European Parliament, *The Implementation of Enhanced Cooperation in the European Union*, STUDY Request by the AFCO Committee, PE604. 987, October 2018, pp. 28 - 34.

欧洲一体化进程中经历了从政治设想到具体措施再到欧盟法律规范的过程。这一过程不仅能够说明差异性一体化是如何被欧盟所接纳的，还可以揭示欧盟差异性一体化形成的大致逻辑。对于欧盟差异性一体化整体历史演进与形成逻辑的了解，将有助于本书形成对欧盟差异性一体化成因的整体性认识，并以此为依据判断欧盟在共同外交与安全政策中的差异性一体化是否具有特殊性。

一、欧盟差异性一体化的历史演进

在欧盟委员会的《欧洲未来白皮书》将“希望多得者，多劳”作为欧盟未来运行的一种可能模式后，学界与政界就差异性一体化与欧盟未来的关系展开了一系列讨论。[①] 然而从欧洲一体化进程的角度观察，差异性一体化并不是一个新概念。就其在欧洲一体化过程中的发展而言，差异性一体化大致经历了三个主要的发展阶段。

在第一个阶段，差异性一体化作为一种思想，体现在部分欧洲政治家的政治设想之中。1951 年《欧洲煤钢联营条约》签署后，西欧国家开始了以经济为主的功能性一体化合作进程。这一进程不仅帮助共同体成员维持了战后和平，也促进了参与合作国家的集体性经济增长与繁荣。1958 年生效的《罗马条约》将欧共体在经济领域的合作扩大，为建立共同市场提供了基础。在 20 世纪 60 年代，共同体在经济领域运转良好：1962 年欧洲共同市场建设进入第二阶段、1968 年欧共体关税同盟启动、1969 年欧共体海牙会议提出建立欧洲经济与货币联盟的构想。次年，欧共体发布《威尔纳报告》（*Werner Report*），对如何建设欧洲经济与货币联盟提出具体建议。

然而进入 20 世纪 70 年代，受金融危机与石油危机的双重影响，世界经济发展受挫。在此背景下，欧共体的经济一体化发展受到较大阻碍，无力完成经济与货币联盟的建设。特别是受美国结束美元与黄金兑换挂钩等向外转移危机手段的影响，欧共体不仅在经济与货币联盟建设方面

---

① 目前，欧盟地平线 2020（Horizon 2020）研究项目中有三项课题直接与差异性一体化有关：“EU - IDEA：Integration and Differentiation for Efficiency and Accountability，” “EU Differentiation，Dominance and Democracy，” “InDivEU - Integrating Diversity in the European Union”。

遭遇挫折，其稳定各国汇率波动的努力也未取得预期的理想效果。欧共体内开始出现成员国不再借助欧共体合作，转而各行其是，以维护本国利益的现象。①

面对一体化进程的受阻，欧洲的政治家与学者开始思考应对冲击与调整一体化的方案。1974 年，时任联邦德国总理勃兰特提出了"分段式一体化"的方案。其认为危机的出现显示出欧共体成员国在经济领域实际情况的多样性，在此基础上要求所有成员国承担相同的义务较为困难。因此，他建议欧共体内经济较好的成员国应在一体化方面适度加速，条件较差的成员国可依据自身实际情况适时加入合作。② 他认为这种一体化方式将有助于避免一体化整体进程出现停滞的可能。1975 年，比利时首相列奥·廷德曼斯在提交欧共体的报告中也明确提出了实施差异性一体化的建议。他在报告中表示，欧共体没有必要要求所有成员国在所有领域以同样的速度进行一体化。对于能力较强的成员国而言，其有责任在一体化领域尝试先行合作；而能力较弱的成员国也有责任允许其他有意愿加强合作的成员国进行此类尝试。③ 1979 年，联邦德国政治家劳夫·达伦多夫提出了"菜单式欧洲"设想。他认为当时的欧共体在政治上是成功的，但在机制建设上是失败的。严格的一体化政策已成为欧共体进一步一体化的障碍之一。④ 而"菜单式欧洲"将有利于化解这一障碍，欧共体成员国仅需在一体化核心议题上保持一致，在其他领域可以依据本国情况选择最为恰当的合作议题。

在当前看来，上述理念与建议具有一定的前瞻性与合理性；然而在当时，此类设想并未得到成员国的认可与积极回应。欧共体中经济规模较小、综合实力较弱的成员国担心此类措施将割裂共同体成员间的团结，同时影响自身在欧共体内的决策权重，因而对此明确表示拒绝。最终，差异性一体化在此阶段并未能应用于欧共体的一体化实践之中。但值得

---

① 李世安、刘丽云等：《欧洲一体化史》（第二版），石家庄：河北人民出版社，2006 年版，第 95 页。

② 陈洁、袁建军：《德法与欧盟差异性一体化》，《德国研究》，2015 年第 2 期，第 59 页。

③ Leo Tindermans, *European Union*, Bulletin of the European Communities, Supplement 1/76, 1975. p. 20.

④ Alexander Stubb, *Negotiating Flexibility in the European Union: Amsterdam, Nice and Beyond*, p. 35.

肯定的是，上述理念的出现与公布为差异性一体化发展提供了最初的思想基础。

在第二个阶段，差异性一体化作为一种方法，被应用于欧共体合作的具体问题解决过程中。20 世纪 70 年代后期，欧共体通过实施欧洲计算单位等更为严格的经济协调措施逐渐走出经济危机。1979 年“欧洲货币体系”开始实施，欧洲一体化进程逐步恢复。20 世纪 80 年代初，欧共体成员国在经济领域感受到来自其他发达国家与部分发展中国家的竞争压力，开始加快经济一体化发展。受此影响，欧洲一体化建设在 20 世纪 80 年代取得了明显的进展。同期，欧共体先后接纳希腊、西班牙、葡萄牙三个南欧国家成为欧共体成员国。在这一欧共体发展较为顺利的阶段，差异性一体化也有了较为明显的发展。

在思想方面，20 世纪 80 年代又有新的学者提出了带有差异性一体化特征的政治构想。如 1980 年法国学者雅克·德洛尔提出了“可变几何欧洲”的一体化模式；1984 年英国学者克里斯托弗·图根德哈特提出了“同心圆欧洲”的一体化模式。① 并且，这些思想也日益受到共同体机构与成员国政府的重视。1984 年，时任法国总统弗朗索瓦·密特朗在讲话中公开表示，诸如“多速欧洲”与“可变几何欧洲”等差异性一体化对于共同体未来发展而言十分有必要。次年，以詹姆斯·道奇为领导的欧共体理事会专项委员会发布“道奇报告”，认为差异性一体化将促进有关建立单一市场计划的决策与讨论。②

此外，在这一时期更为重要的是，欧洲一体化建设过程中开始出现带有差异性一体化特征的具体实践。1979 年，欧共体利用“欧洲货币体系”政策，第一次在实践中对差异性一体化思想进行了尝试。作为协调成员国货币政策的一体化措施，该机制要求参与该合作的成员必须具备欧共体成员国身份，但同时不强制要求共同体成员国参与此合作。据此，1979 年 3 月，英国选择暂不加入该合作。尽管合作并未获得共同体全体成员国的参与，但启动后的欧洲货币体系依旧对共同体成员国的经济起到了预期的积极影响。该合作的良好效果无疑促进了成员国对于差异性

---

① 陈洁：《从欧债危机看欧盟弹性一体化发展》，《国际论坛》，2013 年第 6 期，第 9 页。

② Alexander Stubb, *Negotiating Flexibility in the European Union: Amsterdam, Nice and Beyond*, p. 36.

一体化态度的改变。可以认为，上述成员国对于差异性一体化的态度转向与此次实践的成功有着密切的关系。

值得注意的是，含有差异性一体化特征的具体措施还开始出现在欧共体法律法规指导下的一体化具体行动中。如1986年2月由欧共体理事会签署的《单一欧洲法案》第15条规定，欧共体成员国可以逐步实施单一市场建设。[①] 虽然条约未明确利用差异性一体化的措辞，但“逐步实施”的条约内容表述，从法律上给予了成员国一定程度的可操作性空间，使其能够以适宜本国客观情况的速度落实欧共体的统一性要求，从而形成了事实上的差异性一体化。此外，在西班牙与葡萄牙的入盟安排中，鉴于两国的加入可能对欧共体既有成员国在农业方面产生冲击，欧共体与两国签署《入盟条约》中为两国加入欧共体关税同盟规定了10年的过渡期，这也形成了事实上的差异性一体化。

总体而言，在20世纪80年代，差异性一体化思想正逐渐被共同体机构与主要成员国所接纳，并通过具体措施开始体现其对一体化的积极意义。

在第三个阶段，差异性一体化作为一种政策规范，体现在欧盟最为重要的条约法规之中。1986年《单一欧洲法案》签署后，欧共体获得了新的发展动力。成员国为实现在1992年完全建立内部共同市场的目标，积极主动参与一体化合作。差异性一体化的讨论逐渐减少。但20世纪80年代末90年代初的世界局势变化，迅速改变了欧盟所处的国际环境。面对苏联解体后世界权力格局的变化与独立后的东欧前苏联国家希望重返欧洲的愿望，欧共体成员国选择通过深化一体化进程以应对局势变化带来的机遇与挑战。受欧共体未来在政策领域与成员国构成两方面均可能出现扩大的影响，差异性一体化再次受到了成员国的重视。

1990年，欧共体成员国举行政府间会议就建立经济与货币联盟和政治联盟进行讨论。由此，差异性一体化被正式引入欧共体条约规范之中。在《马斯特里赫特条约》的制订过程中，受英国与丹麦不愿加入共同经济与货币联盟第三阶段建设的影响，条约最终在附属议定书中明确表示

---

① Alexander Stubb, *Negotiating Flexibility in the European Union: Amsterdam, Nice and Beyond*, p. 47.

同意英国与丹麦暂不加入经济与货币联盟第三阶段。[①] 随后受丹麦在全民公投中否决条约草案的影响，1992 年欧共体在爱丁堡会议中，又给予了丹麦在共同防务、司法与内部安全合作以及欧洲公民身份建设三个领域的例外权。这是共同体第一次在基础法律中明确写明差异性措施，标志着差异性一体化正式得到共同体法律的认可。

1996 年，欧盟召开政府间会议对《马约》实施过程中出现的问题予以改善和解决。由于英国、法国、德国在会前均发表了有关灵活性问题的意见报告（详见第三章），灵活性议题成为此次会议的重要议题之一。经过一系列的讨论，欧盟成员国于 1997 年签署《阿姆斯特丹条约》（以下简称《阿约》）。"更紧密合作机制" 作为欧盟对差异性一体化进行机制化尝试的结果被纳入该条约中。并且，其适用范围不仅包括经济与货币联盟政策领域，还包括司法与内务合作领域。2000 年，欧盟尼斯峰会对《阿约》运行中出现的问题进行调整，并签署《尼斯条约》。在该条约中，"更紧密合作" 被更名为 "增强合作机制"。同时，条约明确了 "增强合作机制" 的实施前提，并将其适用范围扩大至共同外交与安全政策领域。2007 年，欧盟成员国签署《里斯本条约》，欧盟对该合作机制进行了进一步优化与改善。目前，"增强合作机制" 已经成为欧盟差异性一体化的主要代表性措施之一，并应用于跨国离婚、专利保护等具体政策之中。总体而言，当前的差异性一体化已被欧盟法律法规接纳，成为一体化过程中缓和分歧、进行先行合作探索的一种政策工具。同时，成为欧盟的政策工具也在较大程度上保证了差异性一体化合作不会与欧盟一体化的整体进程产生冲突，甚至形成竞争。并且，在差异性一体化被欧盟条约机制化后，其促进欧盟一体化的意图变得更为明显。

二、欧盟差异性一体化的形成逻辑

差异性一体化从初始设想变为具体措施，最终被纳入欧盟政策规范的演进过程，实质上反映的是共同体内差异性一体化从概念提出到获得正式实践的宏观形成过程，从中可以归纳出欧盟差异性一体化形成的宏

① 李世安、刘丽云等，《欧洲一体化史》（第二版），第 130 页。

观逻辑。此外，从历史演进中还可以发现，差异性一体化在20世纪70—80年代已基本完成了思想提出和共同体主要成员国接纳的过程，20世纪90年代及之后的发展是在上述基础上对差异性一体化思想进行制度化的过程。因此，本书认为差异性一体化的形成逻辑在其被欧盟条约规范正式认可前已初步成型。20世纪90年代之后的发展是根据差异性一体化所适用的具体政策领域，对其宏观形成逻辑所做的精细化调整。而能够体现差异性一体化整体特征的，恰恰是差异性一体化的宏观形成逻辑。

概括而言，欧盟差异性一体化的宏观形成逻辑表现为：在共同体成员国决定以强化合作应对外部挑战的大背景下，当欧共体的整体合作因成员国间逐渐显现的能力与意愿差异而难以继续进行时，欧共体机构与成员国选择在一体化框架内利用差异性的行动或政策安排化解相关障碍，推动一体化发展。需要说明的是，此形成逻辑中有三个方面的具体细节值得关注。

首先，在差异性一体化的宏观形成逻辑中，作为原因的异质性主要表现为能力差异。目前，学界普遍认同造成差异性一体化的根源是欧共体成员国间在合作能力与意愿方面的异质性。① 但本书想强调的是，在差异性一体化的形成逻辑中，导致差异性一体化思想与现象出现的更突出原因，是欧共体在成员国数量增加与合作范围扩展后所出现的成员国间合作能力差异。从历史演进中可以看出，20世纪70年代差异性一体化思想的出现，与当时欧共体无法实现汇率稳定和无法继续推进货币联盟建设有着密切关系。而一体化之所以出现上述状况，一方面是由于当时欧共体各成员国的经济能力存在较大的差异，使其难以对成员国间的汇率波动区间进行有效限制；另一方面是由于1973年英国这一“半信半疑”成员国的加入，增加了欧共体就深化经济合作达成统一的难度。在实践方面，1979年出现的第一次差异性一体化具体实践虽是由于英国与该计划的主要推动者联邦德国之间存有明显的观念分歧，② 但在具体措

① Katharina Holzinger and Frank Schimmelfennig, "Differentiated Integration in the European Union: Many Concepts, Sparse Theory, Few Data," p. 299.

② 具体参见赵怀普：《英国与欧洲一体化》，北京：世界知识出版社，2004年版，第201页。

施集中出现的20世纪80年代中，差异性一体化思想在单一市场建设中的运用则主要是由于南欧国家入盟后，欧共体成员国间的经济合作能力差异出现了进一步的扩大，以及单一市场建设要求成员国在更多政策领域开展合作，而成员国在新兴领域的合作能力不一。在20世纪90年代及之后的发展中，除英国与丹麦的例外权显示了明显的合作意愿差异外，成员国在经济与货币联盟、司法与内务合作领域的差异性一体化实践主要是由于欧盟经历两次扩大之后，成员间的合作能力差距被进一步扩大。总体而言，本书不否认差异性一体化的成因既有合作意愿差异，又有合作能力差异；但在差异性一体化思想形成和被主要成员国接纳的过程中，差异性一体化的设想与措施多数是被用于应对成员国间的合作能力差异。[①]

其次，在差异性一体化的宏观形成逻辑中，作为原因的异质性是在一体化过程中逐渐凸显的。如前所述，差异性一体化的根本原因是成员国间的异质性。但观察差异性一体化的演进过程可以发现，成员国面对异质性矛盾时并未选择停止一体化进程，而是利用差异性一体化措施寻求对相应矛盾的缓和。形成这一现象的主要原因在于造成差异性一体化的异质性是在一体化过程中逐渐凸显的。具体而言，在一体化启动时，参与合作的成员国间虽在客观上存在差异，但此时的成员国间异质性与成员国间开展一体化的共同意愿和预期收益相比影响较弱，并不能够对一体化进程造成阻碍。同时，伴随着一体化的实施与发展，成员国与欧共体机构在此进程的影响下开始建立并强化“支持一体化”“寻求一致性”的组织行为规范。[②] 当欧共体随着成员国数量增加、一体化政策领域扩展而异质性逐渐凸显时，上述组织行为规范会影响成员国与欧共体机构针对相关问题的决策。虽然差异性一体化不是欧共体行为规范最希望形成的结果，但与一体化的停滞相比，差异性一体化显然是更能够为欧共体所接受的现实选择。结合历史演进，在差异性一体化的初始设想出现前，欧洲一体化已经历了近20年的良好发展。它不仅为参与成员国

① Thomas Winzen, “From Capacity to Sovereignty: Legislative Politics and Differentiated Integration in the European Union,” *European Journal of Political Research*, Vol. 55, No. 1, 2016, p. 103.

② Frank Schimmelfennig and Thomas Winzen, *Ever Looser Union? Differentiated European Integration*, p. 39.

带来了切实的经济收益，也令成员国对于一体化建立了较强的政治文化认同。因此，当20世纪70年代一体化建设受成员国经济能力差异影响而出现停滞时，欧共体成员并未就此放弃一体化，而是提出以"分段式""多速"等灵活性措施缓和矛盾，探索延续一体化进程的可能。同样，在20世纪80年代建立单一市场过程中，面对南欧成员国相对落后的现实情况，欧共体成员也未放弃建立单一市场的最终目标，而是选择在《单一欧洲法案》中明确规定：委员会在制定具体实施计划时应充分考虑到不同成员国对于实现该目标所需付出的努力程度，允许委员会在基于该考虑的前提下，采取授予部分成员国暂时性背离条约规定目标的行动。[①] 总而言之，随着成员国增加与一体化政策范围扩展，成员国间异质性对于一体化进程产生影响是一种不可避免的现象。但是鉴于成员国间的异质性并非凸显于一体化启动之初，而是在欧盟一体化的进程中逐渐显现，既有一体化进程对于共同体机构和成员国的认同塑造，以及该进程令成员国形成的利用一体化方式解决问题的路径依赖，使共同体机构与成员国更有可能选择利用差异性一体化的方式应对异质性所带来的挑战。

最后，在差异性一体化的宏观形成逻辑中，作为解决办法的差异性一体化措施，其带有明显的促进一体化意图。差异性一体化究竟会对一体化进程造成何种影响，一直是理解差异性一体化过程中的争论焦点。这主要是由于，在差异性一体化的设想与措施中，部分设想具有对成员国进行固定性区分的可能（如"可变几何欧洲"），部分措施是以退出合作的形式实施（如例外权）。本书承认差异性一体化的部分形式的确具有致使一体化进程碎片化的可能。但是，从决策的角度观察，由于一体化的重大决策主要采用全体一致的表决方式，因此随着成员国间异质性的凸显，欧共体成员国间形成统一意见的难度将增强。这将直接影响欧共体一体化的深入。而差异性一体化可以通过两种途径化解上述决策难题，促进成员国达成深化一体化的决策。一种途径是利用差异性一体化将合作能力意愿不强、能力不足的成员国排除在外，使拥有决策权的群

---

① European Communities, *Single European Act*, Bulletin of the European Communities, Supplement 2/86, 1986, p. 11.

体内意见分歧缩小，从而便于共同体达成预期中的合作决定。[1] 虽然此方式最终形成的合作范围与预期相比将有所缩小，但其确保了一体化程度的深化。并且，深化合作的实施将可能通过对其他成员国产生示范效应，由小范围强化合作转变为欧共体成员国集体参与的深度合作。另一种途径主要用于应对由合作能力差异而导致的决策困境。它是在成员国就整体目标达成一致的情况下，利用差异性一体化措施，允许成员国依据自身客观条件自行选择最为恰当的目标落实方式。虽然此方式无法对成员国进行精准的过程管控，但至少可以保证成员国将遵循一体化的宏观发展方向。结合历史演进，20 世纪 70 年代提出的“分段式一体化”与“多速欧洲”政治设想均强调应当允许有能力、有意愿的成员国在一体化领域开展进一步合作，这是对“利用缩小决策主体范围的方式以促进一体化”思想的反映。20 世纪 80 年代《单一欧洲法案》所做出的“成员国应‘逐步’建成内部单一市场”规定，虽无法对成员国落实内部单一市场建设的具体方法进行统一管理，但其帮助成员国达成了建立单一市场的整体性最终目标。而 20 世纪 90 年代《马约》针对共同经贸与货币联盟第三阶段建设设置成员国加入合作标准的行为，虽然造成了成员国是否能够参与合作的区别性身份，但其最终目的是为保证该领域一体化建设的稳固发展。总体而言，作为应对成员国间异质性矛盾的方法，差异性一体化通过承认异质性的存在，满足成员国异质性的要求，最终实现了促进一体化发展的目标。

综上所述，欧盟差异性一体化的形成逻辑表明，形成差异性一体化的根本性原因是成员国间在合作能力与意愿方面的异质性，而合作能力的异质性是二者之中更为重要的原因。与此同时，上述异质性是在一体化的发展过程中逐渐显现的，欧共体成员国在既有一体化进程中所获得的历史经验与成果，导致成员国面对异质性凸显时，倾向于选择以差异性一体化的方式进行应对。而差异性一体化安排，作为应对异质性的主要办法，具有明显的促进一体化倾向。

---

① Frank Schimmelfennig and Thomas Winzen, “Grand Theories, Differentiated Integration,” p. 1178.

第三节　欧盟共同外交与安全政策下的差异性一体化

差异性一体化的历史演进显示出，差异性一体化在 20 世纪 70—80 年代已基本成型，此后经由《马约》与《阿约》被纳入欧盟法律规范，并予以机制化。然而，需要说明的是，《马约》与《阿约》不仅对差异性一体化进行了规范与机制化，还将该思想引入了欧盟的其他两大政策支柱。共同外交与安全政策作为欧盟中异质性特征较为突出的政策领域之一，也获得了实施差异性一体化的相应法律空间。但值得注意的是，差异性一体化的形成逻辑是由欧洲经济一体化进程所塑造的。而共同外交与安全政策同经济与货币联盟政策在合作方式和基础上均存在着较为明显的差异。因此，本节将从共同外交与安全政策的异质性入手，提出共同外交与安全政策领域的异质性特征与既有差异性一体化形成逻辑之间的区别，据此判断外交与安全领域差异性一体化形成逻辑可能存在的特殊性。

一、共同外交与安全政策：以差异性为起点

共同外交与安全政策的提出，无疑是《马约》对于欧盟一体化的重要贡献之一。此前，欧洲共同体成员国曾于 1970 年建立“欧洲政治合作机制”。该机制虽然增强了成员国间外交政策的协调，并尝试组织成员国进行防务安全合作；但其在性质上仍属于欧共体框架外的主权国家间国际合作，对参与成员国约束有限。而《马约》在此基础上提出的共同外交与安全政策，不仅将政治合作正式纳入了一体化的范畴，增强了合作的法律约束力，同时还将共同防务作为该政策发展的最终目标之一，促进了成员国在防务安全一体化领域的探索。本书承认，共同外交与安全政策的提出对于欧盟及欧洲一体化具有积极意义。但观察该政策的实施基础可以发现，欧盟各成员国在外交与安全政策领域的差异性对该政策的实施形成了较为明显的阻碍。具体而言，影响成员国实施共同外交与安全政策的差异性主要体现在能力与意愿两个方面。

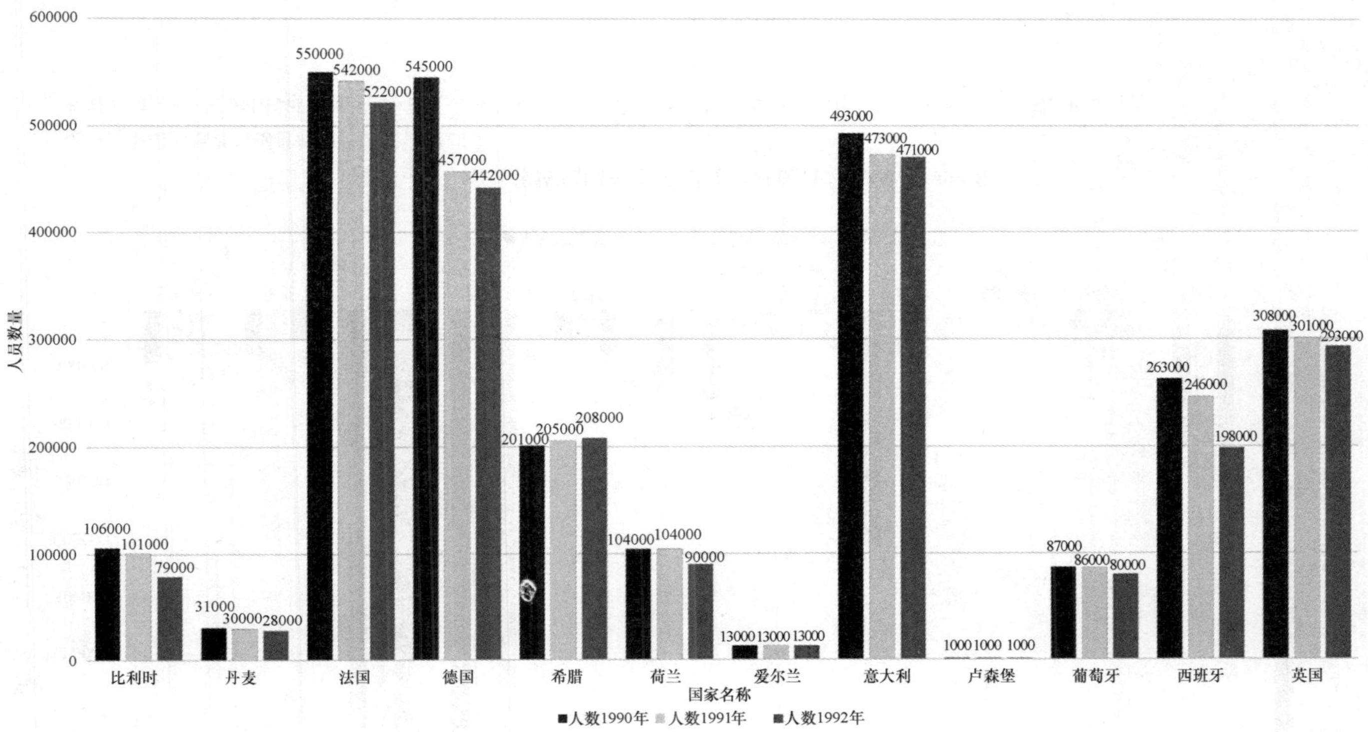

图 1－1　欧共体成员国军事人员数量统计（1990—1992 年）

说明：本图为笔者根据世界银行数据自制。

数据来源：The World Bank，https：//data. worldbank. org/indicator/MS. MIL. TOTL. P1。（上网时间：2020 年 2 月 2 日）

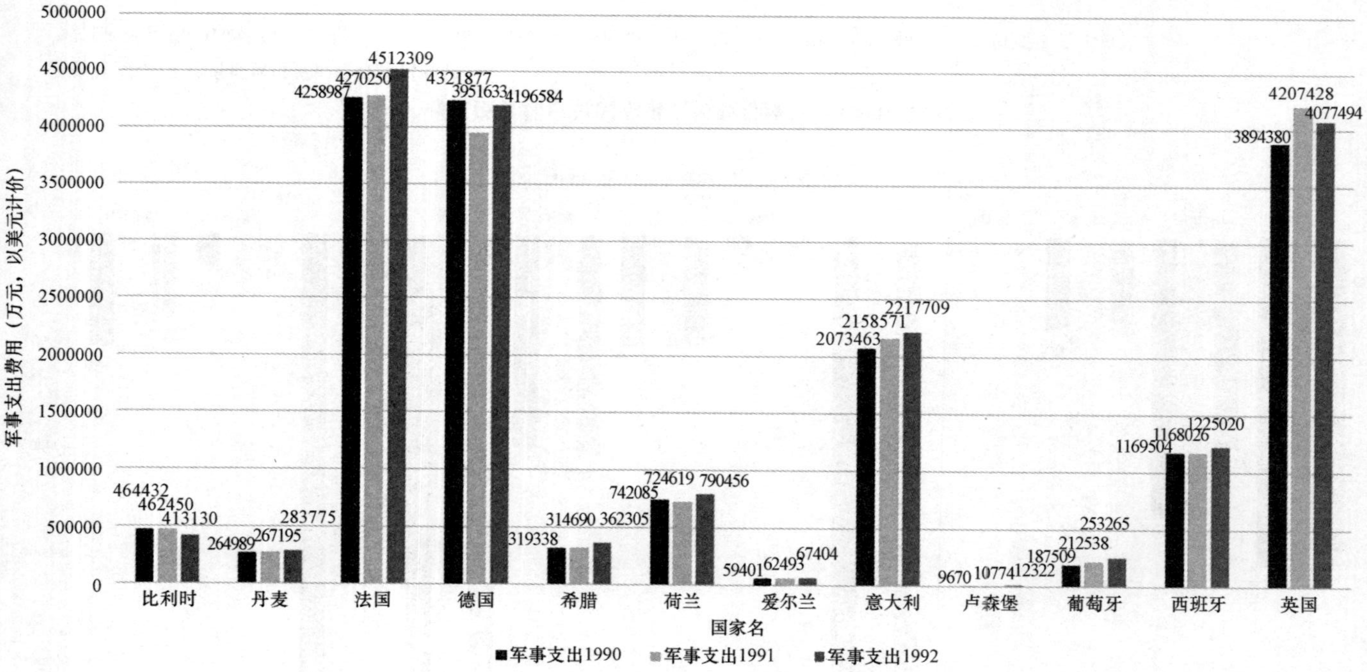

图 1－2　欧共体成员国军事费用支出额统计（1990—1992 年）

说明：本图为笔者根据世界银行数据自制。

数据来源：The World Bank，https：//data. worldbank. org/indicator/MS. MIL. XPND. CD。（上网时间：2020 年 2 月 2 日）

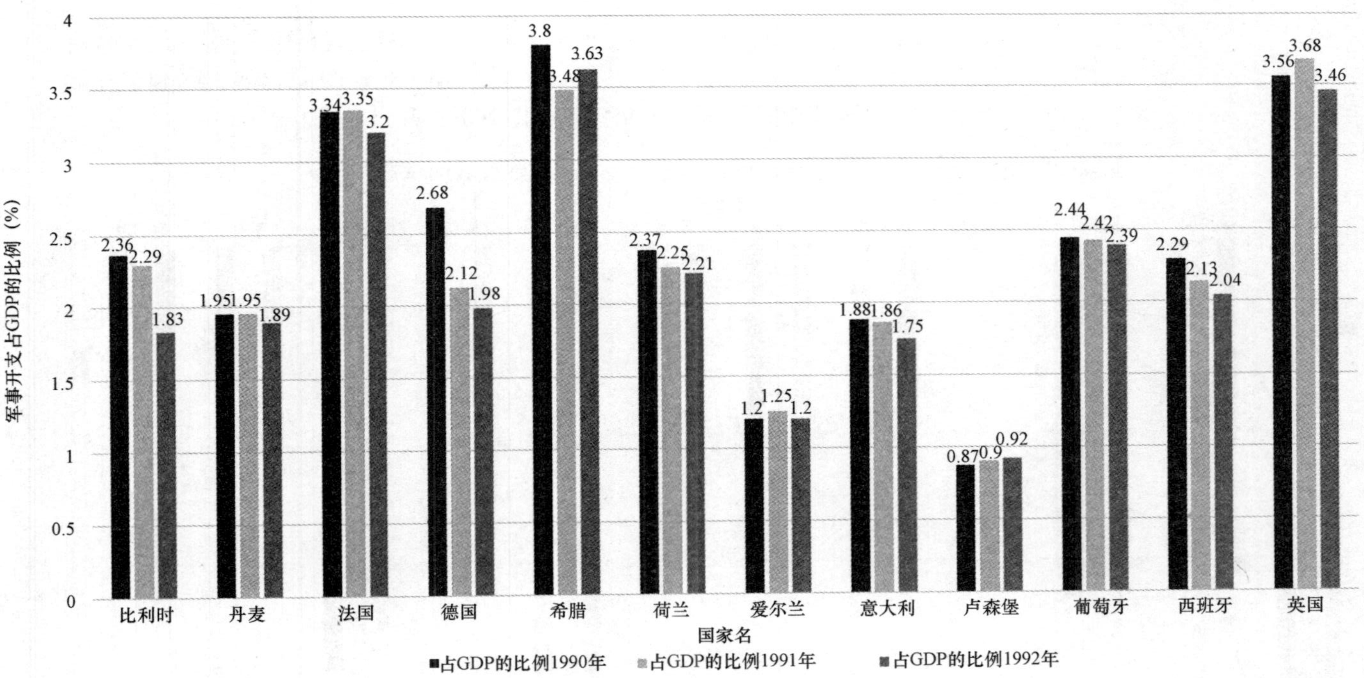

图 1－3　欧共体成员国军事支出占 GDP 比例统计（1990—1992 年）

说明：本图为笔者根据世界银行数据自制。

数据来源：The World Bank，https：//data. worldbank. org/indicator/MS. MIL. XPND. GD. ZS。（上网时间：2020 年 2 月 2 日）

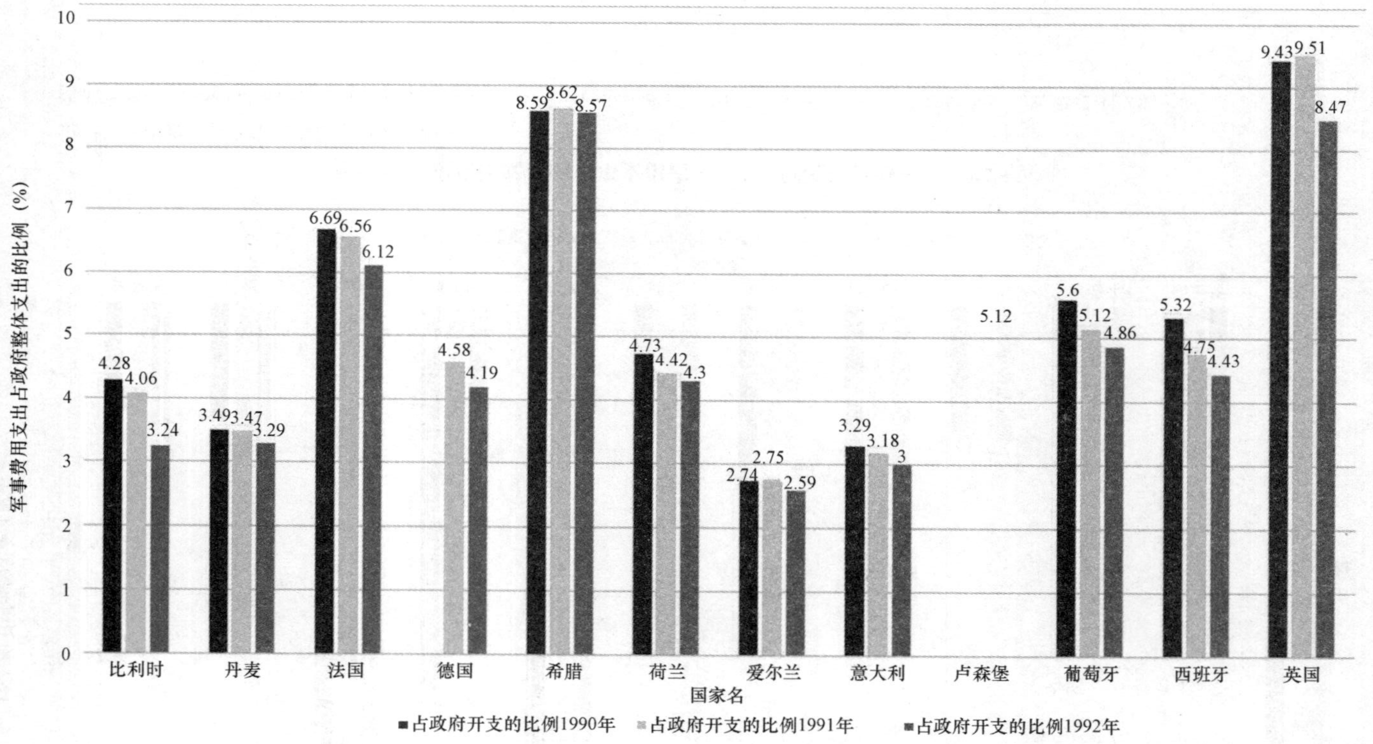

图 1－4　欧共体成员国军事支出占政府总支出比例统计（1990—1992 年）

说明：本图为笔者根据世界银行数据自制。

数据来源：The World Bank，https：//data. worldbank. org/indicator/MS. MIL. XPND. ZS。（上网时间：2020 年 2 月 2 日）

首先，在能力差异方面，共同外交与安全政策启动时，欧盟成员国间存在着明显的合作能力差异。回顾历史，欧洲一体化虽然起步于经济领域，但其根本动因是二战后西欧国家普遍希望实现长期稳定与和平的政治性考量。在随后的一体化过程中，西欧国家也一直在尝试建立独立自主的欧洲安全与防务身份，以实现联盟内外安全的稳定。然而受冷战格局的影响，欧洲的安全一直无法脱离跨大西洋安全体系的保护。[①] 因此在冷战时期，西欧国家在北约框架外建立欧洲集体安全与防务身份的努力，成果有限。但随着 20 世纪 80 年代末 90 年代初东欧剧变与苏联解体的发生，影响西欧安全的最大地缘政治威胁消失，欧洲地区被冷战所掩盖的地区性安全冲突开始凸显。西欧国家获得了建设独立自主的欧洲集体安全与防务身份的难得契机。

虽然欧共体具备了开展集体性合作的契机，但根据当时欧共体成员国的合作能力可以判断，成员国利用此契机实现集体性合作的难度较大。具体而言，此时欧共体的 12 个成员国在多个方面存在着二元对立性的合作能力差异。[②] 若衡量国家体量，欧共体中既包含英国、法国、德国这样的大国，又包含比利时、荷兰、卢森堡这样的小国。若衡量国际影响力，欧共体中既包含法国、英国此种拥有联合国安理会常任理事国席位的政治强国，又包含葡萄牙、希腊等相对政治影响力较弱的国家。[③] 如果说上述两方面的能力差异较为抽象，难以判断它们对成员国加强外交与安全合作造成障碍的可能性程度，那么以下结合相关统计数据所体现的能力差异，则会切实增加欧共体成员国在外交与安全领域加强合作的难度。

第一，成员国之间的军事人员数量与军费开支金额存在较大的差异（图 1－1、图 1－2）。如法国拥有多达 52 万的军事人员，而同期丹麦与爱尔兰的军事人员仅为 2.8 万人和 1.3 万人；英国年军费开支维持在 400 亿美元左右，而同期西班牙年军费开支则是维持在 120 亿美元左右，是英国

---

① Jolyon Howorth, "National Defense and European Security Integration: An Illusion inside a Chimera?", in Jolyon Howorth and Anand Menon eds., *The European Union and National Defense Policy*, Routledge, 1997, p. 11.

② Jolyon Howorth, "Differentiation in Security and Defense Policy," p. 263.

③ 葡萄牙与希腊的举例来自 Angelos Sepos, "Foreign and Security Policies: 'Trilateral' Europe?", in Kenneth Dyson and Angelos Sepos eds., *Which Europe? The Politics of Differentiated Integration*, p. 310.

的1/4左右。军事人员的数量与军费开支的金额意味着国家在安全与防务政策领域能够调动的资源。在各成员国防务资源如此不均的情况下，实现成员国的合作资源贡献量与其合作决策权重之间的平衡，对于合作形成而言十分重要。然而，外交与防务安全作为国家主权最为敏感的部分之一，涉及国家主权在对外层面的排他性、独立性与平等性。由此可以预测，对于部分合作资源有限的成员国而言，它们较为可能不愿接受因自身提供资源有限，而使其作为主权国家的决策能力受到削弱。这一情形将导致欧洲共同体在外交与防务安全领域的一体化合作难以实现。

第二，成员国之间在军事支出占GDP和政府总支出的比例方面也存在较明显的差异（图1－3、图1－4）。就军费开支占GDP比重而言，法国、英国、希腊能够达到占比3%以上，而丹麦、爱尔兰、卢森堡、意大利占比不足2%。就军费开支占政府总支出比重而言，英国、希腊高达8%以上，而丹麦、爱尔兰、意大利不足4%。军费开支在GDP和政府总支出中的占比意味着国家对于军事防务发展的重视程度。上述差异的形成，一方面受到国家所处地缘环境的影响（如希腊的军费支出占比一直保持在高位，与其处于亚欧交接处和地中海沿岸的特殊地理位置关系密切）；另一方面也受到国家利用防务资源的意愿强弱的影响（如爱尔兰受其中立国地位的影响，对于利用武力方式实现政策目标的意愿较低。因此，该国对于防务政策的投入较为有限，主要以满足防御目的为主）。对于未来的欧盟外交与安全合作而言，上述两种因素中的前者将影响成员国选择合作议题的地域性偏好，后者将影响成员国参与集体性行动的主动性程度。它们可能在一定程度上阻碍政策合作的落实。综上，欧盟成员国间在安全与防务领域的明显能力差异，对于共同外交与安全政策的落实，形成了客观的挑战。

其次，在意愿差异方面，共同外交与安全政策启动时，欧共体成员国间也表现出较为显著的合作意愿差异。上文对能力差异的讨论曾提到，在部分情况下，成员国的能力差异是对其意愿差异的一种体现。而在共同外交与安全政策中，除上述已通过军事人员、军费支出外化的意愿差异外，成员国在更为本质性的战略文化层面也存在着制约共同政策形成的潜在主观性差异。

战略文化是由国家自身历史经验所塑造的稳定的信念、规范与价值观，对于国家预设其在外交与安全政策领域的政治目标和行为方式具有重要的影响。[①] 欧盟成员国基于自身不同历史经验形成了多样的战略文化，导致其在参与外交与安全政策合作时的行动目标与方式倾向各异。根据海科·毕尔等人的研究成果，在《马约》签署时，欧共体成员国中主要存在三种战略文化：第一种是以表明自我能力为目标（Manifestation of State）的战略文化，代表性国家是爱尔兰、卢森堡、葡萄牙。此类国家希望通过参与外交与安全合作表明其有能力在国际社会中承担一定的防务与安全角色。但由于其防务资源与能力相对较弱，因此在参与具体行动实现其角色预期的过程中，此类国家对于利用军事手段较为犹豫，更倾向于采用民事手段解决相应问题。[②] 第二种是以增强国家议价能力为目标（International Bargaining）的战略文化，代表性国家是比利时、德国、意大利。此类国家防务资源较为丰富、能力较强，但在外交与安全政策方面没有强烈的直接诉求或政治抱负。其加入外交与安全合作，参与相应领域具体行动的执行，主要是为了利用合作机制整体的互通性，通过在外交与安全领域塑造“合作可靠支持者”的形象，以获取在其他领域磋商中的优势地位。[③] 第三种是以保护国家切实利益与投射国家实力为目标（Protecting and Projecting State Power）的战略文化，代表性国家是英国、法国、希腊。此类国家防务资源较为充分、能力较强，同时在外交与安全政策领域有着切实的直接诉求或强烈的政治抱负。该类国家对于利用军事手段实施具体行动更为积极、主动。尤其是具有强烈政治抱负的国家，它们认为外交和安全与国际秩序的稳定息息相关，其不仅有责任维护欧洲地区的秩序与稳定，也有责任维护欧共体以外地区的秩序与稳定。[④] 不同的战略文化意味着不同的政策定位与目标设定。共同政策的落实需要在上述三种战略文化中寻求共识与妥协，其困难程度十分明显。

此外，在《马约》签署时，欧共体 12 个成员国，除爱尔兰外，均为北约成员国。因此，对于共同外交与安全政策建设而言，如何处理其与北

---

① Heiko Biehl et al, “Introduction,” in Heiko Biehl et al eds. , *Strategic Cultures in Europe: Security and Defense Policy Across the Continent*, Springer VS, 2013, p. 13.

② Heiko Biehl et al, “Conclusion,” in Heiko Biehl et al eds. , *Strategic Cultures in Europe: Security and Defense Policy Across the Continent*, pp. 391 – 392.

③ Heiko Biehl et al, “Conclusion,” in Heiko Biehl et al eds. , *Strategic Cultures in Europe: Security and Defense Policy Across the Continent*, p. 392.

④ Ibid. , p. 393.

约的关系是一个无法避免的议题，二者关系的定位直接影响着共同政策的未来发展方向。针对此问题，对于共同外交与安全政策具有显著影响力的英国、法国、德国之间存在着明显的态度分歧。对于英国而言，基于对国家主权的敏感和由此导致的对多边主义的怀疑，在冷战结束后，其依旧选择支持以北约为主体的欧洲安全建设，反对任何动摇北约在欧洲安全体系中地位的行动，质疑建立共同外交与安全政策和欧洲集体安全与防务身份对国家主权的影响。① 对于法国而言，其视欧洲为一个政治共同体，长期致力于建设欧洲集体身份。作为北约成员国，法国对北约由美国主导并控制的情况不满。由此，在冷战结束后，法国多次提出，欧洲国家应当具备对自身安全负责的能力，北约虽然仍可以存在，但其影响范围不应有扩张。② 对于德国而言，其与法国类似，也将欧洲视为一个政治共同体，但是其认为共同外交与安全政策和北约对于德国的重要性相似，二者之间并非彼此对立的竞争关系，而是相互补充、相互支撑的连锁效应。③ 三国对北约态度的分歧暗示着未来成员国间就共同安全与防务合作的具体合作议题、合作性质以及合作程度的确定将面临潜在的困难，从而影响共同外交与安全政策所预期的共同防务目标的实现。

总体而言，《马约》虽然将“欧洲政治合作机制”升级为欧盟共同外交与安全政策，但是其“共同性”仍十分有限。实际上，该政策的“共同性”有限，从《马约》最终规定共同外交与安全政策依然属于政府间合作性质已有所体现。由于合作议题涉及国家核心主权，政府间合作的性质并不能降低成员国对于合作中可能出现的主权让渡与利益妥协的敏感。因此，对于共同外交与安全政策而言，虽然成员国在该领域存在开展共同合作的需求，但该领域突出的成员国间合作能力与意愿差异是合作能够切实开展与落实面临的首要问题。

---

① Stephanie Hofmann, *European Security in NATO's Shadow*, Cambridge University Press, 2013, pp. 85 – 86.

② Stephanie Hofmann, *European Security in NATO's Shadow*, Cambridge University Press, 2013, p. 90.

③ Ibid. , pp. 94 – 95.

二、共同外交与安全政策领域差异性一体化的特殊性

虽然《马约》并未在共同外交与安全政策领域实施超国家主义方式的合作，但是条约将该政策作为欧盟三大政策支柱之一，已明确地体现出欧盟积极促进该政策领域一体化合作的意愿。面对共同外交与安全政策所显现的差异性，利用差异性一体化措施以促进该领域一体化发展，成为欧盟的一种自然的选择。然而，将欧盟共同外交与安全政策领域的差异性特征与既有差异性一体化形成逻辑的三个具体细节相比照可以发现，该领域差异性一体化的功能、形成可能性和预期影响与既有差异性一体化的形成逻辑存在明显的区别。

首先，比较差异性一体化形成的根本原因可以发现，在既有差异性一体化形成逻辑中，造成差异性一体化的根本性原因虽然兼有成员国间的合作能力与意愿差异，但主要原因是合作能力差异。而在共同外交与安全政策领域内，成员国间的合作意愿差异表现得更为明显，并且在部分情况下，成员国的合作能力差异是其合作意愿差异的外化表现。以能力差异为主要动因的差异性一体化思想，预设成员国之间对于一体化合作的目标已达成共识。在此情况下，差异性一体化的主要功能是为成员国实现共同目标设置合理的时间期限，或允许部分能力更强的成员国先行探索实现更高层次共同目标的可能。而共同外交与安全政策主要表现为合作意愿差异意味着，成员国之间对于共同目标可能仅达成了原则上的一致，在具体实施层面仍有一定的分歧。由于外交与安全政策所涉利益的主权敏感性，成员国之间达成妥协的难度较大。因此，在外交与安全政策领域，差异性一体化的主要功能将由确保成员国得以使用与其能力相匹配的手段实现一体化，转为确保各成员国多样的合作利益均得到尊重。

其次，比较差异性凸显的时间可以发现，在既有差异性一体化形成逻辑中，造成差异性一体化的异质性一般是随着一体化进程逐渐显现的。但在共同外交与安全政策中，成员国之间的异质性特征在一体化启动之初即已显现。根据差异性一体化的形成逻辑，若异质性出现前存在一段发展较良好的一体化进程将有助于成员国塑造“倾向于一体化”的组织文化以及“利用一体化解决问题”的路径依赖；由此，成员国在面对异质性凸显时，

不会轻易选择放弃一体化合作，而会寻求利用差异性一体化解决问题。然而，共同外交与安全政策的实际情况是异质性在一体化进程开始时已经显现。这意味着成员国之间尚未能形成一种“倾向于一体化”的组织文化。虽然在共同外交与安全政策出现前，成员国间已开展了较长时间的“欧洲政治合作”，二者均属于政府间主义方式的合作，但是在合作机制的约束力与最终目标方面，二者存在着明显的区别。由于欧盟在该领域缺少“倾向于一体化”的组织文化，并且成员国此前的行为经验是较为宽松的政府间国际合作与协调，因此在面对差异性时，欧盟成员国将更可能选择约束力较弱的国际合作解决其需应对的问题，或因分歧所涉议题触及国家核心权力，而直接中止一体化。总体而言，在面对异质性矛盾时，欧盟成员国选择差异性一体化作为解决方式的可能性较低。

最后，比较差异性一体化措施对整体一体化的影响可以发现，在既有差异性一体化形成逻辑中，作为异质性矛盾解决办法的差异性一体化安排，其启动之初即体现出明显的促进一体化作用。但在共同外交与安全政策领域内，由于差异性一体化所解决的矛盾主要是合作意愿差异，并且该矛盾凸显于一体化启动之初，因此该领域的差异性一体化措施是否能够在实施之初即体现出明显的促进一体化作用将有待商榷。如前所述，由于差异性特征凸显于一体化进程之初，成员国面对异质性矛盾时尚未形成“倾向于一体化”的组织文化，解决异质性矛盾对于成员国的重要性可能大于推动一体化发展的重要性。若共同体成员能够选择以差异性一体化的方式应对问题，一方面可能是因为欧盟三大政策支柱的互通性，另一方面可能是由于该措施能够满足其解决矛盾的需求。而由于本领域的异质性矛盾主要为合作意愿差异，因此共同体成员所选择的差异性一体化措施必须能够回应与满足不同成员国的合作意愿。在差异性一体化的理想模式中，“菜单式欧洲”与“可变几何欧洲”更为适宜应对此类差异。这两种方式既能保护意愿较强国家的合作意愿，也可保护意愿不足国家不被迫参与合作。并且，它们以合作不损害未参与合作成员国的利益为前提，降低了合作实施产生利益冲突的可能。据此可以认为，“菜单式欧洲”与“可变几何欧洲”有助于化解共同体在该领域所面临的异质性障碍，具有促进一体化的作用。但同时，根据本书对这两种差异性一体化模式的定义，它们均会对共同体成员国在合作中的角色进行固定性区分。而在共同外交与安全政策领域，受合作内容与国家核心权力相挂钩的影响，成员国的合作意愿相对稳定。因此，上述两种方式对成员国所进行的分割将可能如其理论预期所言，成为长期、永久、不可逆的划分。由此，作为将满足成员国间异质性需求视为更重要考量的差异性一体化措施，它们在较大程度上带有将一体化进程碎片化的风险，更有可能对一体化进程造成消极影响。

综上所述，共同外交与安全政策的合作异质性特征与传统差异性一体化形成逻辑中的合作异质性特征之间存在着较为明显的区别。在传统差异性一体化形成逻辑中，作为主要原因的异质性表现为合作能力差异，且随着一体化进程逐渐凸显。但在共同外交与安全政策中，其主要表现出的异质性为合作意愿差异，且在一体化启动之初即已凸显。上述两方面的区别导致在共同外交与安全政策中，成员国在应对异质性矛盾的决策过程中，对维护一体化的重视可能低于对矛盾解决的重视，因此降低了选择差异性一体化的可能性；如若选择差异性一体化方式，则其必须能够满足各方不同的合作意愿。在此情况下，作为解决办法的差异性一体化措施，将难以与既有差异性一体化形成逻辑类似，在措施启动之初即体现出明显的促进一体化作用。

三、共同外交与安全政策下差异性一体化的表现形式

虽然在理论上，共同外交与安全政策下差异性一体化会有如上所述的特殊性，但其是否真实存在，并与上述假设相一致，仍需利用目前该领域差异性一体化的现实表现予以检验。根据本书对于差异性一体化的定义，目前共同外交与安全政策领域的差异性一体化现实表现共有三种，分别是“例外选择权”“建设性弃权”以及“永久结构性合作”。

“例外选择权”在本章第一节已有所介绍。它是《马约》中主要使用的差异性一体化形式。它通过在一体化启动前，给予特定国家不参与某一政策领域一体化合作的权利，以避免成员国间出现合作意愿分歧的可能和全体一致决策无法实现意见统一的困境。在共同外交与安全政策中，丹麦是唯一曾拥有“例外选择权”的成员国。在该国第一次全民公投拒绝批准《马约》草案后，1992 年 12 月召开的欧共体爱丁堡峰会给予了丹麦在共同防务领域的“例外选择权”，允许其不参与任何带有军事意义或影响的共同外交与安全政策决策和行动。

“建设性弃权”是欧盟在《阿约》中提出的差异性一体化模式。该措施面对全体成员国开放，并且仅在共同外交与安全政策领域有效。它通过允许成员国因本国合理利益关切，从某一共同外交与安全政策具体决策中弃权并退出，以避免决策僵局的出现。宣布弃权的成员国将免于承担该共同决定所要求的义务，但是该国在相应问题上的行动不能与该共同决定相冲突。[①] 目前，仅有塞浦路斯于2008年在欧盟启动科索沃法治行动的决定中利用过该条款。

“永久结构性合作”是《里斯本条约》中提出的专属共同安全与防务政策的差异性一体化手段。该措施同样面向于全体成员国，通过允许部分有能力有意愿的成员国强化彼此在防务领域的合作承诺，以实现欧盟对于更具有挑战性的防务任务的应对。该措施将协调参与合作成员国间的防务资源配置、防务行动能力，刺激其增加防务建设开支，最终实现提升欧盟集体防务行动力的目标。[②] 该机制在欧盟外交与安全政策高级代表的推动下，于2017年7月由德国、法国正式牵头提出倡议，于当年年底通过欧盟理事会的批准得以正式启动。

此外需要说明的是，在本章第一节提及的现实表现中，“增强合作机制”也可以适用于共同外交与安全政策领域。但由于该措施的启动条件严格，目前尚未有国家在共同外交与安全政策领域使用过该条款。[③] 在明确欧盟共同外交与安全政策差异性一体化的现实表现后，下文将对上述三个具体表现的法律规范产生、现实应用启动和启动后影响进行详细回顾与分析，从而验证在共同外交与安全政策领域的差异性一体化是否反映出如理论假设所预期的特征。

---

① Timo Behr and Hanna Ojanen, “Differentiated Integration in Security and Defence: The Only Way Forward?”, p. 36.

② Timo Behr and Hanna Ojanen, “Differentiated Integration in Security and Defence: The Only Way Forward?”, p. 37.

③ 参见 Steven Blockmans, *Differentiation in CFSP: Potential and Limits*, IAI (Istituto Affari Internazionali) Policy Paper, March 2017, p. 7.

本章小结

差异性一体化是欧洲一体化进程中一系列差异性安排与措施的统称。此概念内涵丰富，过往研究者从不同的视角提出了多样的界定。而不同界定之间的共识在于，研究者普遍认为差异性一体化代表着成员国间权利与义务水平的不一致。由于本书所观察的对象是欧盟条约法规在共同外交与安全政策领域给予成员国的差异性一体化合法性空间及利用现状，因此本书将差异性一体化界定为，因成员国间异质性而形成的，欧盟法律法规对于成员国权利与义务的差异性安排。由于差异性一体化既是一个学术概念，又是一个政策概念。所以，本书对差异性一体化的表现形式从学术讨论与政策讨论两个层面进行了分类。从学术分析的角度，本书将差异性一体化分为“多速欧洲”“可变几何欧洲”和“菜单式欧洲”三种理想化模式；从政策讨论的角度，本书将差异性一体化归纳为“过渡性条款”“例外选择权”和“增强合作机制”三种表现形式。[①]

作为当前欧盟的重要特征之一，差异性一体化的历史可以追溯至20世纪70年代。它大致经历了初始设想、具体措施、政策规范三个阶段的演进。从它的历史演进过程中可以发现，差异性一体化的形成逻辑在20世纪70—80年代已基本成型，此后的发展主要是结合具体政策领域的精细化改造。概言之，其宏观形成逻辑是，在共同体成员国决定通过加强合作应对挑战的背景下，共同体机构与成员国面对成员国间异质性矛盾逐渐凸显并影响一体化继续进行的情况时，利用差异性安排应对与化解异质性矛盾，以促进一体化发展的过程。在该逻辑中，差异性一体化的动因主要表现为合作能力差异，并且这种差异性是随着一体化进程逐渐显现的，而作为解决手段的差异性一体化安排具有明显的促进一体化作用。

20世纪90年代，差异性一体化的思想被引入欧盟条约所新设定的共同外交与安全政策领域。与既有形成逻辑相对比，该领域的异质性矛

① 实际上，差异性一体化的现实表现目前一共有5种，但由于其余两项是专属共同外交与安全政策的差异性一体化形式，后文将详细介绍，故此处并未对其予以列出。

盾主要表现为合作意愿差异，并且差异性在一体化进程启动之初即已凸显。根据上述区别，本书认为，欧盟在外交与安全政策领域差异性一体化的形成可能较为困难；若实施差异性一体化，则其主要功能将由适应成员国间能力差异变为满足成员国间的合作意愿差异；而实施这种形式的差异性一体化措施将难以直接判断其是否具有明显的促进一体化作用。为验证根据逻辑推演所提出的假设，本书明确了共同外交与安全政策领域的差异性一体化现实表现形式："例外选择权""建设性弃权""永久结构性合作"。后文将对上述具体表现进行详细回顾与分析，以判断共同外交与安全政策的差异性一体化现实表现是否存在如理论推演所预期的特征。

第二章/丹麦在共同外交与安全政策中的“例外选择权”及其实践

“例外选择权”是欧盟（含欧共体时期）差异性一体化较早出现的表现形式之一，如1979年英国从自身经济利益出发决定暂不加入新生效的欧洲货币体系。[①] 在欧共体时期，例外选择权所针对的是一体化的具体措施。然而1993年欧盟《马约》正式生效时，该条约所提出的“例外选择权”则是针对某一类包含特定合作需要的一体化政策。从规定的约束能力角度出发，此类被明确列入欧盟条约的“例外选择权”具有更强的法律约束力。就其作用而言，“例外选择权”的提出为成员国达成共识提供了便利。但与此同时，它也使一体化的总体进程面临潜在的碎片化风险。

丹麦是首个，也是迄今为止唯一一个在防务安全领域曾拥有“例外选择权”的国家。作为欧盟成员中北欧国家和小国的典型代表，丹麦利用“例外选择权”将自身排除在一切有可能形成共同防务行动的共同外交与安全政策之外。而丹麦之所以做出这一选择，与其长期的外交与安全政策有着密切的关系。本章将通过回顾《马约》谈判期间丹麦获得共同防务领域“例外选择权”的历史过程，对丹麦寻求“例外选择权”的原因进行分析。同时，本章还将考察该条款对丹麦之后参与共同外交与安全政策的影响，评估其政策效果。

---

① Alexander Stubb, *Negotiating Flexibility in the European Union: Amsterdam, Nice, and Beyond*, p. 36.

第一节　丹麦的欧盟政策

丹麦地处欧洲大陆北部，离欧陆中心较远，是欧盟中较为特殊的成员国之一。从国家体量的角度考虑，它是欧盟成员国中的小国。从政治发展的角度考虑，它则是欧洲大陆中历史最悠久、最为典型的民族国家之一。[①] 作为远离欧洲大陆权力斗争中心的小国，丹麦有着牢固的中立传统；与此同时，作为长期处于较为和平环境的单一民族国家，丹麦也有着显著的主权与民主意识。上述特征造就了丹麦特殊的对外政策倾向。

一、丹麦对欧盟政策的历史演进

二战后，德国的战败与衰落使丹麦面临的最大地缘政治威胁消除，该国得以自主地选择如何处理与欧洲其他国家的关系。虽然丹麦在二战期间被德国所占领，但由于该国并非战争期间的核心冲突区域，因此其在战后并未像英、法等欧洲主要国家那样，基于对和平的渴望而具有强烈的欧洲联合倾向。在面对二战后欧洲联合思想的兴起时，丹麦主要是从经济利益和实际收益的角度进行决策。[②] 基于恢复与发展自身经济的考量，丹麦积极主动地加入了欧洲地区的早期制度化合作模式：欧洲经济合作组织（OEEC）和欧洲理事会（the Council of Europe）。虽然其选择加入上述联合机制，但是丹麦并不希望功能性合作被进一步深化与拓展，因此一直反对在上述合作中进行国家权力的让渡或集中。

20 世纪 50 年代，由于拒绝参加带有权力让渡可能的合作模式，丹麦陷入对欧政策的困境。1952 年建立的欧洲煤钢联营以及 1958 年建立的欧洲经

① Uffe Ostergaard, "Danish National Identity: Between Multinational Heritage and Small State Nationalism," in Hans Branner and Morten Kelstrup eds., *Denmark's Policy towards Europe after 1945: History, Theory and Options*, Odense University Press, 2000, p. 139.

② Hans Branner and Morten Kelstrup, "Denmark's Policy towards Europe in a Historical and Theoretical Perspective," in Hans Branner and Morten Kelstrup eds., *Denmark's Policy towards Europe after 1945: History, Theory and Options*, p. 16.

济共同体将丹麦最主要的贸易伙伴联邦德国，纳入了更为紧密的制度化经济合作中。同时，丹麦的农民开始对被排除在欧洲共同农业政策之外表示不满。① 这使丹麦开始有需求加入更为紧密的欧洲合作。作为务实的对外行为体，需求的出现意味着政策改变的可能。1957 年，丹麦自由党为回应农民的需求，提出加入欧洲经济共同体的政策主张。②

20 世纪 60 年代初，为抗衡欧洲经济共同体的影响，丹麦加入由英国倡导的欧洲自由贸易联盟（EFTA）。但这并不意味着丹麦放弃了加入欧洲经济共同体的可能。1961 年，英国转变态度，开始寻求申请加入欧洲经济共同体。这一举措对丹麦产生了强烈刺激。英国和联邦德国是当时丹麦最为重要的贸易伙伴，若两国均加入欧洲经济共同体，则丹麦也必须融入其中。因此，丹麦紧随英国的转变，两国同时申请加入欧洲经济共同体。由于法国认为英国的加入可能对新建立的共同市场产生消极影响，丹麦同英国及爱尔兰的入盟申请遭遇了两次否决。直至 1969 年欧共体海牙峰会时，欧共体才重新考虑英国、丹麦、爱尔兰的入盟申请。最终在 1972 年 1 月，英国、丹麦、爱尔兰完成与欧共体的谈判，签署入盟条约，于 1973 年 1 月 1 日正式加入欧洲经济共同体。③

作为强社会国家，公众意见对丹麦政府的政策具有重要影响。虽然丹麦加入了欧共体，但 1972 年针对入盟条约的全民公投表明，丹麦公众对于欧共体的态度并没有形成统一的意见。支持丹麦加入欧共体的投票占比为 63.3%，选民主要来自社会民主党、自由党、社会自由党等传统大党，代表农业、机械化工业和贸易从业者的利益；反对投票占比 36.7%，主要由丹麦社会中以“公民利益”为口号的左翼政党选民组成。④ 值得注意的是，部分政党内部对丹麦加入欧共体的态度存在明显

① Hans Branner and Morten Kelstrup, “Denmark’s Policy towards Europe in a Historical and Theoretical Perspective,” in Hans Branner and Morten Kelstrup eds., *Denmark’s Policy towards Europe after 1945: History, Theory and Options*, p. 16.

② Ibid.

③ 挪威也曾于 1962 年 4 月提出申请加入欧洲经济共同体，并与英国、丹麦、爱尔兰一同参与入盟谈判，并于 1972 年 1 月签署入盟条约；但由于 1972 年 9 月挪威全民公投否决了该条约，挪威未能与其他三国同时加入欧共体。

④ Ander Wivel, “As Akward as They Need to Be: Denmark’s Pragmatic Activist Approach to Europe,” in M. Stegmann McCallion and A. Brianson eds., *Nordic States and European Integration*, Palgrave, 2018, p. 17.

的分歧，其中支持丹麦加入欧共体的派别认为丹麦需要通过加入欧共体以适应欧洲大国的政策调整进而实现自身国家利益；反对的派别则认为丹麦加入机制化的欧洲一体化进程将可能被大国裹挟，从而丧失自身决策的独立性。这种分歧在包括社会民主党、社会自由党在内的传统左翼大党中表现尤为明显。换言之，丹麦的多数政党实质上仍具有较强的疑欧情绪。由此，加入欧共体后的丹麦依旧对一体化持保留态度，对进一步的机制性合作反应敏感。但是，针对有具体参与收益的一体化措施，丹麦则持积极态度，如 1979 年丹麦积极参与欧洲货币体系。①

20 世纪 80 年代初，在联邦德国与法国的共同支持下，欧共体的一体化进程重新开始。虽然此时距离丹麦加入欧共体已有十余年的时间，但其对欧共体的态度未有明显的转变。1984 年 5 月，丹麦议会就丹麦对欧共体改革的立场举行辩论，经过讨论，会议最终采纳社会民主党的意见，反对通过欧洲议会提出的《欧洲联盟条约草案》，反对扩张欧共体机构的现有权能，要求确保目前国家针对欧共体政策决策的否决权。②1984 年 6 月，欧共体首脑峰会决定成立道奇委员会（Dooge Committee）为欧共体机制改革提供建议。受议会辩论结果的影响，丹麦参与该委员会的代表在起草“道奇报告”的过程中提出了多项针对条约改革的保留意见。这些意见的中心思想是反对欧共体更改现有条约内容，丹麦认为改革基础条约无法改变成员国参与合作的政治意愿不足，欧共体目前出现这一局面的主要原因在于条约没有得到完全落实与尊重。③ 丹麦虽然对“道奇报告”提出了诸多保留意见，但欧共体仍以“道奇报告”所提建议为基础，起草了《单一欧洲法案》。1986 年 2 月，《单一欧洲法案》正式被各国签署，由于其为实现内部市场建设将赋予共同体机构更多的权能，并改革共同体有关内部市场改革议题的投票机制，因此该条约在丹麦国内遭到了社会民主党和激进自由党的反对。在此状况下，丹麦总理将是否批准该条约草案交由全民公投决定。在投票前的选民动员中，社会民主党批评该条约没有对丹麦在环境政策方面的高标准予以保护，

---

① Hans Branner and Morten Kelstrup, “Denmark's Policy towards Europe in a Historical and Theoretical Perspective,” p. 18.

② Thomas Pedersen, “Denmark and the European Union,” in Lee Miles ed., *The European Union and Nordic Countries*, Routledge, 1996, p. 86.

③ Thomas Pedersen, “Denmark and the European Union,” p. 87.

并且增加了欧洲议会的权能；激进自由党则反对条约中提出的对外政策合作。[①] 然而公投最终以 56.2% 支持、43.8% 反对批准了《单一欧洲法案》草案。这一结果显示出丹麦公众对于欧共体具体合作所带来收益的肯定，同时也影响了部分政党针对欧共体和一体化的态度。

随着《单一欧洲法案》的实施，丹麦从商品、人员、资本、服务的自由流动中享受到更多切实的经济收益，这使公众对一体化的支持程度逐步提高。丹麦公众态度的改善也在一定程度上影响了丹麦政党的政策立场。虽然党内分歧仍然存在，但丹麦社会民主党和社会自由党在整体上已认可了丹麦的欧共体成员国身份。政党间的主要意见分歧从是否承认欧共体过渡为选择何种方式参与欧洲一体化。这一变化对于丹麦而言，是其加入欧共体、参与欧洲一体化进程的重要成就之一。至 20 世纪 80 年代末，丹麦公众对于丹麦参与欧共体合作的支持程度已稳定在 60%—70%。可以认为，丹麦的共同体成员国身份已经逐渐成为丹麦的重要特征，同时也成为丹麦考虑对外关系时的重要基础。[②]

回顾丹麦对欧共体政策的演进过程可以发现，尽管丹麦加入欧共体的时间较早，但并没有与欧共体和欧洲一体化产生较强的情感联系，其行为一直以务实、具体的可预期收益为出发点。甚至可以认为，丹麦对欧共体所代表的含有超国家合作可能的机制性合作一直持否定的态度，对国家所拥有的自主权十分重视。此外，从政策领域而言，丹麦在欧共体中的合作一直限定在经济政策领域，并且集中于市场、贸易等低级政治领域，对于欧共体的机制性改革与可能触碰高级政治领域的一般性合作抱有反对态度。上述两项主要特征成为丹麦在欧共体中有别于其他成员国的重要标志，同时也使共同体机构与成员国将丹麦视为对欧洲一体化态度较为犹豫的成员国之一。

二、丹麦对欧盟政策的影响因素

丹麦在冷战时期对于欧共体的政策为何会出现上述两项主要特征？下文将从丹麦自身历史经验与政策传统和影响丹麦对欧政策制定的内外

---

① Thomas Pedersen, “Denmark and the European Union,” p. 87.

② Kund J. V. Jespersen, *A History of Denmark* (*Second Edition*), Palgrave, 2011, p. 30.

因素这两个层面，对该问题予以解释。之所以选择上述两个维度，是由于历史作为一种经验依据对国家的政策倾向选择具有明显影响。与此同时，基于历史而形成的政策传统会影响决策者对客观因素的理解与认知，进而影响国家的政策选择。而在具体的决策过程中，国家除会受到历时性因素的明显影响外，还会受到共时性因素的直接影响。国家针对某一问题的决策并非孤立的过程，其本身处于一个完整的决策系统之内，在决策过程中会受与之相关联的系统内其他要素的影响，需要将其决策可能造成的系统性效应纳入考虑之中。

首先，从历史经验与政策传统的角度出发，针对二战后丹麦对欧政策的选择问题，学界普遍认同历史经验是影响该问题的重要因素之一。二战后，丹麦对欧共体和欧洲一体化进程表现出的不积极，与其在1720—1945年间国家实力逐渐下降、政策关注范围逐渐内向化的历史经历联系密切。自1720年丹麦在北方战争中战败，并被瑞典占据部分领土之后，该国在此后的历次战争中均遭遇失败，并相继丢失对挪威、石勒苏益格和荷尔斯泰因等附属国或公国的控制权。① 不仅如此，丹麦同时逐渐丧失了在海军力量方面的优势，不再是波罗的海地区的主导性国家，在国际社会中的影响力逐渐下降。1864年与普鲁士交战期间，丹麦被国际社会所孤立，没有获得任何实际援助。这一情形表明，丹麦已经成为真正意义上的小国。② 在这一过程中，丹麦逐渐放弃了其安全政策中的三项重要政策工具：1720年后丹麦放弃积极介入战争的政策、1814年后丹麦放弃与他国结盟的政策、1870年后丹麦放弃建设有效防务能力的希望。③ 与此同时，丹麦的政策重点开始逐渐向国内议题转移，重视自身经济发展与福利国家建设。由于自身不再具备较强的实力基础，在对外政策上，丹麦转而开始从国际道德的视角看待国际关系，提倡建立国际

① 虽然在1848年，丹麦在平复石勒苏益格和荷尔斯泰因公国动乱的战争中取得了胜利，但并没有获得任何实际收益，仅仅保住了上述两个公国的控制权。

② Hans Branner, "The Danish Foreign Policy Tradition and the European Context," in Hans Branner and Morten Kelstrup eds., *Denmark's Policy towards Europe after* 1945: *History*, *Theory and Options*, p. 193.

③ Hans Branner, "The Danish Foreign Policy Tradition and the European Context," in Hans Branner and Morten Kelstrup eds., *Denmark's Policy towards Europe after* 1945: *History*, *Theory and Options*, p. 195.

性公约，并希望借此实现公平稳定的国际秩序。

上述一系列政策变化持续到了二战后，在丹麦的对欧政策中可以清晰观察到上述转变的影响。由于丹麦将政策重点转向国内经济建设与福利国家建设，良好的经济与较高的国家福利成为丹麦最为重要的国家权力合法性来源。因此，在参与欧共体合作的过程中，一旦合作出现危及丹麦国内福利水平的可能性时，其都会对该合作提出反对意见。而与此同时，一旦合作可产生明确的经济收益与回报时，丹麦又会在合作中扮演积极的角色。虽然丹麦赞同通过达成国际性公约以建立公平稳定的国际秩序，但由于其自身实力弱小，在国际社会中处于小国地位，丹麦并没有意愿主动推动这一进程。同时，丹麦也担心随着合作延伸至政治与防务等高级政治领域，合作机制会重返权力政治的旧有规则。由此，丹麦虽然加入了欧共体，但并没有对于推动一体化进一步深入表现出过多的热情。

在普遍认可丹麦的历史经验影响了其欧共体政策选择的同时，学界对于“丹麦的历史经验塑造了何种对外政策传统”这一问题却看法不一。传统观点认为，丹麦逐渐衰落为欧洲小国的历史使丹麦形成了中立的政策传统。与此同时，中立的政策传统影响了丹麦二战后的政策选择，致使其对于加入各类机制性合作并不完全积极。但是，这种观点受到部分学者的质疑。他们认为虽然二战后丹麦在加入机制性合作的过程中有所迟疑，但最终其仍加入了北约和欧共体等主要欧洲机制性合作机制。因此，对二战后丹麦的欧共体政策产生影响的政策传统并非中立。学者卡斯滕·霍尔布莱德通过对丹麦中立历史的梳理，提出丹麦1720—1945年期间形成了双重的政策传统：因实力下降与自身小国地位，而逐渐形成了小国宿命论；因对外政策倾向调整，而逐渐形成了带有理想色彩的国际主义传统。[①] 其中，小国宿命论是指丹麦作为小国，其将会失去政策制定的主动权，主要以适应周边大国政策调整为主，被动进行决策；国际主义传统则是指丹麦放弃权力政治思想，转而通过强调法治原则，通过呼吁建立国际性公约实现对国际体系的转变。他认为这两种政策传统的相互交织与影响，导致了丹麦在二战后对欧政策方面的犹豫与反复。

---

① 参见 Carsten Holbraad, *Danish Neutrality: A Study in the Foreign Policy of a Small State*, Oxford University Press, 1991.

本书更为赞同霍尔布莱德提出的双重政策传统相互作用的理解。双重政策传统影响丹麦的对欧政策调整。具体而言，小国宿命论与国际主义的双重传统共同促使丹麦在1720—1945年间从国际事务中全面退出。这一时期，国际社会主要表现为大国之间的权力竞争。作为小国的丹麦，从小国宿命论的角度出发，必然需要依据周边大国的政策变化做出调整。而当丹麦面临多样甚至彼此间矛盾的调整需求时，其最佳的办法即保持中立，远离权力冲突。国际主义传统虽然促使丹麦致力于建立国际公约，但在国际社会以战争与冲突为背景的情况下，对于没有较强硬实力作为保障的丹麦而言，该国显然无法实现其理想化的国际秩序建设目标。因此，丹麦只能选择保持中立并避免卷入冲突。

而在二战后，基于和平的国际环境与美国和欧洲大国的支持，丹麦所追求的国际主义政策理想开始具备一定的生存空间。但作为小国，丹麦仍需考虑周边主要大国的政策倾向以决定自身选择。因此，其并没有作为创始成员国加入欧洲煤钢联营，而是在其主要贸易伙伴英国决定加入时，才选择一并加入。需要说明的是，丹麦的入盟决策过程并非仅存在小国宿命论的现实因素考量；国际主义传统也是影响其选择加入共同体的重要促进因素之一。欧共体机制性合作所倡导的通过建立具有强制力的国际性公约以实现稳定与繁荣的目标愿景与丹麦国际主义的政策理想相一致。而丹麦在加入欧共体后对于加深合作的担忧与质疑，又反映出其作为小国对于进一步加强合作致使自身决策主动权受大国影响加深的疑虑。综上，从政策传统上而言，冷战后的丹麦对共同政策是在双重政策传统的交织影响下形成的。

其次，从影响决策的内外因素角度出发，二战后丹麦对欧政策的形成也受到当时丹麦国内外政治经济因素的明显影响。在外部环境变化方面，二战的结束对丹麦所处的地缘政治与经济环境产生了重要的影响。在此之前，德国是丹麦对外政策决策时所主要考虑的外部因素；二战后德国战败，虽然丹麦获得了更大的决策自主，但其需考虑的外部因素更为复杂。

在安全上，二战结束后，美国与苏联两个全球性大国之间的意识形态矛盾凸显，导致全球进入冷战格局。一方面，冷战格局再一次将丹麦置于冲突的前沿。以苏联为代表的社会主义阵营成为丹麦在战后所面临的地缘政治威胁，丹麦仍然处于较强的安全压力之下。另一方面，冷战格局也弱化了西欧国家之间原有的矛盾。冷战在欧洲大陆表现为苏联支持下的东欧社会主义阵营与美国支持下的西欧资本主义阵营之间的对峙。这种局面促使西欧国家加快了寻找保证区域和平方法的速度。在英美两国的主导下，美国提出了以“共同防务”为核心的跨大西洋伙伴关系合作机制，为西欧国家提供安全支援与保障。由于建立斯堪的纳维亚防务联盟的失败和美国对于为丹麦提供安全与防务保护的一再肯定，丹麦出于自身安全考量决定加入北约组织。① 丹麦的北约成员国身份随即成为此后丹麦形成对其他欧洲区域性组织政策过程中的重要考虑因素。

在经济上，欧洲经济一体化是战后欧洲地缘经济环境出现的最重要改变。值得注意的是，欧洲经济一体化不仅意味着降低关税、减少贸易壁垒、促进区域内经济交往与合作，其最终目标是建立带有超国家合作属性的综合性区域一体化合作机制。对于丹麦而言，参与欧洲一体化的利弊难以进行简单的判断。一方面，丹麦经济主要依赖于进出口贸易，而在当时，西欧市场占据了丹麦贸易总量的3/4，其中联邦德国是丹麦最大的贸易伙伴之一；然而另一方面，丹麦在国际贸易中主要以农产品为主，其国内工业发展水平较低，主要依赖于关税以保护其发展中的工业。② 因此，单纯从经济的角度，加入欧洲一体化进程对于丹麦来说利弊兼有。

同时，如前所述，欧洲一体化不仅停留在经济层面，其自建立之初就带有向政治领域延伸的愿景。若丹麦参与欧洲一体化进程，这不仅意味着其支持经济一体化进程，也意味着其接受了合作在未来具有向政治领域延伸的可能。对于丹麦而言，首先，这一发展前景将有可能造成未来欧洲一体化与北约防务合作之间的机制重叠，而由此所产生的问题会直接危及丹麦的安全保障。其次，这一发展前景将与丹麦在1814年放弃结盟战略的客观事实相冲突。该领域一体化将较难获得来自丹麦国内的政治支持。

综上所述，二战后丹麦外部环境变化在一定程度上可以解释丹麦为

---

① 参见姚椿龄：《挪威、丹麦、冰岛加入北约的缘由和经过》，《欧洲》，2000年第3期，第83—87页。

② Hans Branner, "Options and Goals in Danish European Policy Since 1945: Explaining Small State Behavior and Foreign Policy Change," in Hans Branner and Morten Kelstrup eds., *Denmark's Policy towards Europe after 1945: History, Theory and Options*, p. 344.

何在共同体政策方面存在犹豫与反复：加入欧洲一体化进程的确将为以贸易产业为主的丹麦带来明显的经济收益，但其同时也会对丹麦的弱势产业形成冲击，不利于丹麦建立完整的产业体系。此外，共同体深化合作将需要丹麦对不同的欧洲区域性合作机制的功能进行重新定位，这可能危及丹麦既有的防务安全保障。

在内部影响因素方面，丹麦的国家身份以及丹麦公众与政治精英之间的意见整合方式是影响丹麦对欧共体政策的主要因素。丹麦的国家身份由情感性的政治象征和务实性的国家利益两方面构成。[①] 情感性的政治象征是指独立的主权、完整的领土等将丹麦与世界其他国家相区分的政治标志，带有排他性特征。而务实性的国家利益则是丹麦在国家整体目标指导下针对特定政策所形成的具体目标。作为以国际贸易为经济支柱的国家，丹麦在对外政策领域的务实性国家利益总体上表现为参与一切符合本国利益的国际合作，对外保持开放，具有包容性特征。具体就一体化议题而言，从务实收益的角度，丹麦参与欧洲一体化进程将有助于加深其与西欧市场的联系。并且，一体化所提供的贸易便利措施也将有助于促进丹麦国家经济利益的实现。但从国家象征的角度，丹麦参与一体化进程可能将对其国家象征形成一定的冲击。尤其在一体化合作含有超国家主义特征的情况下，由于一体化将涉及成员国的主权让渡，在国家与民族情感上，一体化将对丹麦的国家特有身份形成挑战。综上，丹麦的国家身份无法帮助该国对于一体化形成具有明确倾向性的态度评价。

而丹麦公众与政治精英之间的意见整合方式则又使丹麦的共同体政策决策过程进一步复杂化。如前所述，丹麦是一个强社会国家，公众与政治精英之间的距离较近，在决策过程中强调大众民主。[②] 一方面，公众可以通过全民公投的方式直接影响国家的决策；另一方面，公众也可以通过影响政党进而间接左右政府决策。从国家身份构建的视角观察公众对一体化态度的形成过程可以发现，公众普遍对于一体化可能对国家

---

① 参见 Ulf Hedetoft, *Signs of Nations: Studies in the Political Semiotics of Self and Other in Contemporary Eruopean Nationalism*, Dartmouth Publishing Company, 1995.

② 丹麦在一体化政策决策中坚持大众民主表现为，丹麦在针对欧共体及欧盟的数次重要决策时都采取了全民公投的决策方式。

主权产生的冲击更为敏感，因此他们在初期对一体化的态度较为负面；[①]但随着参与经济一体化的预期收益逐渐被落实，公众受务实性国家利益的影响，对一体化的态度也会有所改观。但是，务实的利益考量无法完全抵消公众受情感性因素影响而形成的较为消极的态度。公众的总体态度倾向让政治精英陷入了选择困境。作为政治精英，其相比于公众对一体化所能带来的经济利益更为敏感，从情感态度上能够更为客观地理解一体化对国家主权带来的冲击。然而，作为议会制国家，政治精英为获得执政的可能，需要直接面对选民的需求。并且，在政治文化上，丹麦强调决策最终应实现公众与政治精英对于相应政策的态度一致。这一过程必然会出现政治精英与公众之间的妥协。由此，公众与政治精英之间的态度分歧与丹麦国家身份的双重性相结合共同造成了丹麦对共同体政策的犹豫不决。在共同体合作仅限于经济一体化时，政治精英与公众较容易达成支持一体化的共识。然而在共同体进行深化一体化的尝试时，公众对主权让渡的敏感性使政治精英难以做出支持共同体强化合作的选择。由此，二战后丹麦的共同体政策会出现前文所述的政策特征。

综上所述，丹麦的共同体政策受到本国历史经验与政策传统以及决策时所处内外环境的双重影响。从历史的角度看，18 世纪以来的丹麦历史促使其逐渐退出国际事务，专注于国内经济、福利等民生性政策。并且，此段历史也为丹麦塑造了两种并行的政策传统：一方面，丹麦因担忧在权力政治模式下自身作为小国将被大国政策所裹挟，因而不愿介入国际政治冲突；另一方面，丹麦为确保本国的独立得以稳固，也希望通过达成国际协议和法律，建设基于秩序的国际社会。因而在面对二战后安全与经济领域出现的欧洲新变化，丹麦做出了有限参与的选择。同时这种选择也与其自身国家身份建构的双重性和本国公众与政治精英之间立场态度整合相关。值得注意的是，上述因素不仅影响了二战后丹麦对欧共体政策的确定，而且伴随着冷战时期丹麦对该政策的实践，更得到一定程度的强化，也成了冷战后丹麦确定对欧盟政策态度时的决策起点。

---

① Ulf Hedetoft, “The Interplay Between Mass and Elite Attitudes to European Integration in Denmark,” in Hans Branner and Morten Kelstrup eds., *Denmark's Policy towards Europe after 1945: History, Theory and Options*, p. 283.

第二节 丹麦在共同外交与安全政策中的“例外选择权”

自1986年《单一欧洲法案》签署通过之后，欧共体进入新的快速发展时期。法案签署后，欧共体不仅加强了经济协调，欧共体成员国间的政治合作也逐渐走向机制化。虽然此时的政治合作并未纳入欧共体框架内，但它的机制化可以表明一体化已开始从经济领域外溢。1990年的两德统一，打破了欧共体成员间的平衡。如何确保统一后的德国不会危及欧洲稳定与安全，成为欧共体中其他国家所要考虑的主要问题之一。最终，强化一体化合作，通过进一步主权让渡将扩大了的国家主权能置于共同管理之下，成为欧共体各国所倾向的选择。① 有鉴于此，在德法两国的主导下，欧共体成员国于1990年6月召开成员国政府间会议，就深化一体化合作展开讨论。

一、丹麦在《马斯特里赫特条约》谈判中的立场

丹麦在应对欧共体有关深化一体化和加入超国家合作因素的讨论方面已具有一定的处理经验。② 在加入欧共体时，丹麦政府对《罗马条约》采用了最为简单的解释方式，在对公众进行入盟公投动员时，仅将其介绍为经济合作机制。因而，丹麦并没有获得公众的授权以回应共同体进一步深化合作、在功能和政策领域外溢的可能。在此情况下，自20世纪80年代起，丹麦一直利用多种方式阻止欧共体进行机构性改革，并成功推迟了欧共体做出是否转向超国家合作最终决定的时间。③ 但是，1990年6月成员国政府间会议将政治联盟纳入正式议程，使丹麦不得不面对

---

① 〔法〕法布里斯·拉哈著，彭姝祎、陈志瑞译：《欧洲一体化史（1945—2004）》，北京：中国社会科学出版社，2005年版，第98页。

② Thomas Pedersen, “Denmark and the European Union,” p. 79.

③ Finn Laursen, “Denmark and European Political Union,” in Finn Laursen and Sophie Vanhoonacker eds., *The Intergovernmental Conference on Political Union: Institutional Reforms, New Policies and International Identity of the European Community*, Martinus Nijhoff Publisher, 1992, p. 65.

这一难题。

会议正式启动前，丹麦政府为确定其立场开始了一系列国内磋商。如前所述，1986 年针对《单一欧洲法案》的公投结果促使丹麦的主要政党对其政策立场进行调整。作为丹麦议会主要政党之一的社会民主党放弃了对丹麦欧共体成员国身份的否认，将其重点转向如何影响丹麦参与一体化的方式。[①] 这一转变为丹麦主要政党之间就如何应对一体化功能外溢与合作深化问题达成统一意见提供了可能性空间。

1990 年欧共体成员国政府间会议召开前夕，丹麦政府（当时由保守人民党、自由党和激进自由党组成）连同社会民主党、中间派民主党以及基督教人民党共同向欧共体提交一份备忘录，以阐明丹麦对于经济与货币联盟和政治联盟的态度。针对政治联盟，丹麦政府与其他主要政党的统一意见是反对将防务政策纳入政治合作的范畴，并保持这一合作领域继续使用全体一致的决策方式。

丹麦在会议之前的态度设定主要是受上文所述政策传统中小国宿命论的影响。虽然 1949 年丹麦通过加入北约被纳入了跨大西洋安全防务体系，但在防务这一以权力政治为主要特征的领域，丹麦依旧担心其可能被动地陷入大国冲突而承受冲突的损失。因此，丹麦并未完全抛弃其政策传统中的中立态度。作为处于美苏冲突前线的小国，1864 年普丹战争的历史记忆使丹麦对自身防务战略的制定十分谨慎。[②] 综合各类因素，丹麦在二战后将缓和矛盾作为其防务政策的出发点。[③] 受此影响，丹麦没有加入之后成立的西欧联盟。从丹麦递交欧共体的备忘录可以看出，当时的丹麦各主要政党对于安全与防务政策都抱有相似的态度：均支持在该政策领域维持现状。但受 1986 年丹麦在《单一欧洲法案》决策过程中被边缘化的影响，丹麦政府中的保守人民党和自由党因担忧再次在

① Torben Worre, “First No, Then Yes: The Danish Referendums on the Maastricht Treaty 1992 and 1993,” *Journal of Common Market Studies*, Vol. 33, No. 2, 1995, p. 247.

② 1864 年普丹战争期间，除部分欧洲国家通过公告的方式对丹麦表示支持外，没有任何一个欧洲国家对丹麦提供实质性的军事帮助。当时的丹麦被国际社会所孤立，没有国家愿意为了丹麦而与普鲁士展开对抗。

③ Klaus Carsten Pedersen, “Denmark and European Security and Defense Policy,” in Alyson J. K. Bailes et al eds., *The Nordic Countries and the European Security and Defense Policy*, Oxford University Press, 2006, p. 41.

决策过程中被边缘化，因而在实际态度上更偏向于支持强化一体化程度。① 这对丹麦在政府间会议进一步讨论过程中出现意见分歧造成了潜在隐患。

在递交备忘录之后，一系列针对欧共体条约中政治联盟内容的修正案提议，于1991年3月20日，政府间会议就政治联盟议题进行讨论时被提出。② 其中，与共同外交与安全政策相关的提案包括：维持该领域全体一致同意的表决规则；防务性质的合作不会对现有欧洲安全联盟结构产生影响；共同外交与安全政策的决策机构应当是欧盟理事会，等等。尽管这些修正案的内容与之前所提交的备忘录在政策倾向与态度方面保持了一致，但仍有来自激进自由党的议员批评上述提案不够明确且存在民主赤字。③ 然而，由于在1990年提前举行的议会选举中激进自由党仅获得了7个席位，因此虽然该党对相关提案存在批评与意见分歧，政府却没有立即对其给予回应。

此后，时任欧共体轮值主席国卢森堡在拟定新条约草案时，接纳了丹麦提出的全部修正案提议。但是，该草案仍超出了丹麦对于一体化发展目标的预期。这主要表现为，条约草案提出将在共同外交与安全政策的落实阶段引入有效多数表决机制，同时将利用西欧联盟以建立欧洲集体防务身份。④ 丹麦不同政党之间针对上述草案内容出现了明显的意见分歧。社会民主党、激进自由党和社会人民党发布联合报告要求维持共同外交与安全政策领域的全体一致同意表决机制，同时反对在欧共体内发展防务合作，并表示丹麦不会成为西欧联盟的成员。但是，时任丹麦外交部长则希望丹麦能够支持欧共体在未来对有效多数表决机制的运用。他认为，如果丹麦反对提高表决机制的效率，将会在之后的谈判中陷入被边缘化的危险。最终，由于上述三个主要反对政党占据议会多数席位，丹麦政府无法获得来自议会的支持以批准卢森堡草案中带有联邦主义色

① Finn Laursen, "Denmark and European Political Union," p. 70.

② Finn Laursen, "Denmark and European Political Union," p. 70.

③ Ibid.

④ Michael J. Baun, *An Imperfect Union: The Maastricht Treaty and the New Politics of European Integration*, Westview Press, 1996, p. 91.

彩的发展目标。①

1991年7月，荷兰接替卢森堡成为新的欧共体轮值主席国，组织欧共体条约修订的政府间会议。在轮值主席国更替之时，1991年6月爆发的南斯拉夫内战影响了成员国对欧共体改革的态度。战争爆发后，欧共体成员普遍认为有必要强化欧共体目前提出的共同外交与安全政策，提高其应对外部安全威胁的能力。1991年10月，英国联合意大利提出建立欧洲防务身份的倡议，将其长期盟友丹麦抛弃在防务合作之外。该联合倡议对丹麦的政治精英产生了明显的震动，迫使其反思本国防务政策。在倡议发布后，社会民主党内部出现了分歧。该党著名政策批评家伊瓦尔·诺加德提出，丹麦应该接受英国与意大利提出的联合倡议。② 此表态显示出了社会民主党改变自身对共同防务政策立场的可能。并且，这种可能性与丹麦执政党的政策倾向相匹配。时任外交部长也借此机会继续向其他政治精英强调，欧共体发展共同防务的趋势已经明确，并且不以丹麦的意志为转移；继续将丹麦排除在防务合作之外将会让其在未来的共同体防务合作中失去话语权。③ 与此同时，国际社会又出现一新动态：时任美国总统布什表示，在保证欧洲自主防务力量不会与北约产生竞争与冲突的情况下，美国不反对欧共体利用西欧联盟发展欧洲防务力量。美国的表态在相当程度上缓解了丹麦的担忧。对丹麦而言，由于冷战期间其一直依赖于跨大西洋防务体系的保护，因此美国的态度是其选择是否参与欧共体防务合作的重要考虑因素之一。美国对欧洲防务合作相对缓和的表态，让社会民主党更易于改变立场，接受欧共体防务合作。

1991年11月8日，荷兰提出新的条约草案。尽管草案中仍然带有在共同外交与安全政策领域使用有效多数表决方式和未来将西欧联盟作为欧洲防务身份建设载体的内容，但社会民主党放弃了之前完全拒绝接受此内容的态度，转而表示将在草案有关内容细节出台之后再对此做出最终决定。丹麦政府对社会民主党的态度转变表示欢迎，并强调新条约中加入了将北约作为欧洲防务核心盟友的内容体现了丹麦在共同外交与

① 1990年丹麦政府提前举行议会选举，最终丹麦社会民主党获得69个席位、激进自由党获得7个席位、社会人民党获得15个席位，三个政党的席位总数占丹麦议会席位总数（179席）的51%。

② Finn Laursen, “Denmark and European Political Union,” p. 73.

③ Finn Laursen, “Denmark and European Political Union,” p. 74.

安全政策领域的利益。由于当时丹麦社会民主党在国民议会占据 1/3 以上的席位，因此政府与丹麦社会民主党之间达成意见和解对于在马斯特里赫特峰会中丹麦形成统一的政策立场至关重要。最终，在社会民主党领袖和政府外交部长会谈讨论后，社会民主党决定接受荷兰拟定的条约草案中有关共同外交与安全政策的内容，理由是该草案确定了北约作为欧洲防务建设重要合作伙伴的地位，并且确认在西欧联盟落实具体防务行动时采取全体一致的表决方式。

在马斯特里赫特峰会期间，讨论后的条约草案基本对丹麦政府针对共同外交与安全政策的所有动议都给予了积极回应，仅在共同外交与安全政策实施阶段使用有效多数表决机制这一问题上留下了一定的可能性。丹麦政府与主要政党对该峰会针对共同外交与安全政策讨论的最终结果表示满意。但值得注意的是，这种满意并非意味着丹麦已经形成统一的意见支持欧共体进一步强化外交与防务合作。其事实上是丹麦政府对于深化一体化问题最终决定的再一次推迟。丹麦主要政党间所达成的共识仅仅是保留各自对共同外交与安全政策的意见，待欧共体完成扩大并提出共同外交与安全政策的具体决定之后再做出最终的决定。

从上述过程可以看出，政府与主要政党之间针对欧共体的外交与防务合作持有不同的态度。社会民主党与其他在野党认为欧共体在外交政策合作中应坚持政府间合作属性，同时应当确保北约在欧洲防务合作中的根本性地位。但是，以保守人民党、自由党为主导的政府则认为，作为小国的丹麦应当积极参与欧共体的各类能力建设以确保自身不会被排除在一体化进程之外。并且，丹麦政府认为加入欧共体后的经验已经表明参与一体化对丹麦而言具有实质性收益。此外，他们还认为，由于共同外交与安全政策属于欧共体的新兴政策领域，参与其中意味着拥有规则制定权。因此，丹麦政府积极主张丹麦应当对共同外交与安全政策中的合作深化持支持态度。

由于丹麦实行议会制君主立宪制，议会享有立法权，对国际组织进行主权让渡的最终决定由议会表决结果决定。因此，议会对政府行为具有一定的约束力，政府也难以违背议会的决定。在《马约》草案讨论过程中，丹麦最终能够参与共同外交与安全政策的主要原因在于，丹麦议会与政府最终达成了意见一致。而在此其中，最为重要的原因之一是社会民主党立场的改变。一方面，社会民主党的立场改变与政府外交部长对丹麦被边缘化风险的持续强调有关；另一方面，英国与意大利在欧洲防务能力建设上的联合倡议以及美国对欧洲共同防务建设的许可对社会民主党的立场转变产生了更为重要的影响。上述两项外部环境变化，对消除社会民主党的防务安全担忧以及证实被边缘化风险，具有实质性意义。总体而言，政治精英间的态度分歧协调，是其自身通过主动适应外部环境变化、进行理性选择而得以实现的。面对在政府间谈判过程中丹麦内部所产生的分歧，政府和在野党均选择将务实性国家利益作为应对分歧的主要依据。需要注意的是，尽管《马约》草案被丹麦政府与议会所接受，但作为议会中第一大党的社会民主党仍对防务合作持有保留意见，这对于丹麦在未来保持对于共同防务的合作态度留下了隐患。

二、丹麦“例外选择权”的确立

丹麦与各成员国在马斯特里赫特峰会期间就条约草案达成了一致。条约草案于 1992 年 2 月经各国政府签署，进入各国国内批准程序。在丹麦议会中，条约草案以 130 票支持、25 票反对的稳定多数而获得通过，并进入全民公投环节。① 对于丹麦而言，这是条约草案生效的最后一关。尽管议会中的多数政党在公投开始前积极动员本党选民支持该草案，但 1992 年 6 月的全民公投以 50.7% 的反对票对 49.3% 的赞成票否决了该条约草案。虽然，支持与反对之间的差距仅为 46847 票，但丹麦全民公投的结果却激起了其他成员国一系列对《马约》草案的反对行动。一时间，欧共体的一体化进程陷入了危机之中。

而对于丹麦国内政治而言，此结果深刻地反映了丹麦政治精英与公众之间对于欧洲一体化议题的意见冲突。民调机构盖洛普与公投调查机构曾对选民态度进行抽样调查，以判断选民对《马约》草案各主要组成部分的态度倾向（表 2 - 1）。

① Palle Svensson, “The Danish Yes to Maastricht and Edinburgh: The EC Referendum of May 1993,” *Scandinavian Political Sciences*, Vol. 17, No. 1, 1994, p. 70.

表 2-1 丹麦选民对《马斯特里赫特条约》（草案）各组成部分的态度

条约主要组成部分	1992 年公投			1993 年公投		
	支持者中的支持率	反对者中的支持率	总体支持率	支持者中的支持率	反对者中的支持率	总体支持率
共同货币	75	13	45	41	8	26
共同央行	79	15	42	51	9	31
共同外交	67	17	42	64	19	44
共同安全与防务	80	32	58	69	25	50
社会政策	97	74	87	95	81	89
欧洲议会立法权	65	11	37	47	14	31
调查总人数	701	671	1372	394	293	739

说明：除最后一行为调查人数外，其余均为两次公投中选民支持率的百分比数，最大为 100%。

数据来源：盖洛普选民晴雨表及公投调查，转引自 Torben Worre, "First No, Then Yes: The Danish Referendums on the Maastricht Treaty 1992 and 1993", *Journal of Common Market Studies*, Vol. 33, No. 2, 1995, p. 253.

从统计结果可以看出，选民在总体上对含有政治合作特征的一体化政策领域支持率均较低。针对共同外交政策，接受调查的 1992 年公投选民的总体支持率为 42%；针对共同防务政策，总体支持率为 58%。这一差别主要是由于，南斯拉夫内战期间欧共体的调停努力以失败告终，让各成员国公民意识到加强防务合作与提升共同体对外行动能力对于保护欧共体外部稳定的重要性。综合观察全部内容，除公投前讨论最为集中的社会政策领域接受程度较高外，公民对于其余领域的新条约草案均有所质疑与担忧。作为较早加入欧共体的成员国之一，丹麦的公众似乎并没有显示出其对一体化有足够的支持。而这一结果实际上与公众对欧共体的身份认知有着密切的关系。

丹麦公众对欧共体的身份认知受二战后其外部环境变化的影响明显。在丹麦加入欧共体时，本国政治精英视欧共体为其"市场政治"的一部分，强调加入欧共体将避免其在未来失去福利政策领域的话语权。① 在

① Thomas Pedersen, "Denmark and the European Union," p. 85.

入盟公投前的政治动员过程中，丹麦各主要政党均将欧共体定义为以经济合作为目标的政府间组织，仅对公众强调其作为欧共体成员身份的经济属性。因此对公众而言，其理解的欧共体是之前以政府间合作为特征的欧洲自由贸易联盟的延续。[①] 同时，在防务与安全政策领域，自加入北约组织之后，丹麦的防务训练得到了增强、防务装备得到了更新，公众对丹麦的防务能力建设感到满意，因此支持丹麦在安全上依赖北约的倾向逐渐明显。[②] 综上，公众对丹麦所参与的北约和欧共体具有清晰的区别性功能认识。这成为 1992 年公投反对条约草案的根本原因之一。在 1990 年欧共体政府间会议之前，丹麦对于欧共体功能外溢至其他政策领域的讨论仅在政治精英间展开，公众也未曾设想欧共体具有发展为政治联盟的可能。在此后多次有关欧共体发展的全民公投中，政治精英在政治动员时依旧以强调经济利益为主。因此，公众在相关公投中的选择也均是从经济视角出发。

长期以来政党与其选民之间在对欧共体认知上保持着较为一致的看法。但在 1992 年的全民公投中，选民立场与其政党立场之间却发生了较大的偏差。[③] 二者之间的不一致对最终公投的失败具有重要影响。而发生这种现象的主要原因是上述政治精英在政府间会议期间对立场的改变较快与公众之间的认知产生了分歧。以议会第一大党社会民主党为例，自丹麦加入欧共体后，该党一直对欧洲一体化持反对意见；该党选民也普遍认可类似的观点，对主权自主独立十分敏感。然而，在 1990—1991 年政府间会议期间，社会民主党逐渐转变其态度，最终在保留自身意见的前提下接受了条约草案有关政治联盟的内容。这一转变向选民传递出与以往相矛盾的信息。由于此前缺少对欧共体具有功能外溢可能的政治宣传，面对这种矛盾，选民难以在短时间内理解政党态度转变的原因，因此仍然按照其既往理解做出决定。这导致政党失败的政治动员最终影响了公投的结果。

在公投结果出现后，如何应对该结果所暗含的公众与政治精英之间

---

① Thomas Pedersen, “Denmark and the European Union,” p. 85.

② Klaus Carsten Pedersen, “Denmark and European Security and Defense Policy,” p. 42.

③ 例如，根据盖洛普的调查数据，仅 33% 的社会民主党选民在公投中与政党立场保持一致。参见 Torben Worre, “First No, Then Yes: The Danish Referendums on the Maastricht Treaty 1992 and 1993,” pp. 245 - 246.

的认知分歧，成为丹麦需解决的首要问题。不同于政治精英间的分歧处理，公众并不具备充分的政治知识与能力以主动适应外部环境的改变并做出合理调整。因此，政治精英在协调公众与其认知分歧过程中担负着更为主要的责任。公投结果公布后，社会人民党、社会民主党和激进自由党联合起草了关于《马约》的“国家协调报告”。该报告成为之后丹麦政府处理《马约》草案批准问题的基础性文件。议会中的三大主要在野党成为协调公众与政治精英之间认知分歧的主导性力量。经过三大主要在野党的讨论，“国家协调报告”基本形成，其主要内容为丹麦要求获得《马约》草案中四个一体化政策领域的“例外选择权”，分别是：共同货币、共同防务、欧洲公民身份以及司法与内部安全事务。

从选民具体态度的抽样调查中可以发现，公众对共同安全与防务政策的支持率相比其他领域较好，但为何在“国家协调报告”中仍会要求在这一领域的例外权？出现该现象原因主要在于两个方面：首先，从国家身份的角度而言，防务合作与国家主权之间存在着紧密的联系。上文曾提到，丹麦本身的国家身份建构中带有情感性的国家象征和务实性的国家利益两个方面。由于丹麦公众一直将欧共体作为经济合作组织，因此政府在决策时主要考虑的是务实性国家利益。但1992年公投所包含的政治合作内容开始涉及主权等情感性国家象征因素。主权让渡或主权自主成为公投前各党派进行政治动员的核心议题之一。共同防务、共同货币以及欧盟公民身份三项合作所涉及的军事防务、货币财政以及司法均是一个独立自主国家最根本的组成要素。因此，选民对上述具体政策领域的主权让渡最为敏感，担心丧失主权和国家身份认同。其次，要求在防务合作领域的“例外选择权”是社会人民党的主要政治诉求之一。该党是“国家协调报告”起草过程中相对更为重要的主导者，“国家协调报告”的文本基础主要来自公投前社会人民党进行政治动员的纲领与意见。[①] 所以，防务领域“例外选择权”的确定也存在部分程度的偶然性，社会人民党作为主要报告起草者影响了报告内容的确定。

“国家协调报告”迅速获得了丹麦政府的接受，并以“欧洲中的丹

---

① Helle Krunke, “People's Vengeance—From Maastricht to Edinburgh: The Danish Solution,” *European Constitutional Law Reviews*, Vol. 1, No. 3, 2005, p. 342.

麦”为题目，作为国家立场文件由丹麦外交部长递交给欧共体各成员国。[①] 面对丹麦公投的反对结果以及由此引发的一系列消极影响，欧共体的议程也做出了相应调整。1992 年 12 月，欧共体爱丁堡峰会举行。面对丹麦等国对主权让渡的担忧，欧共体再次强调了《马约》草案中辅助性原则的作用，并将此原则进一步明确，以表明其对欧共体权力的控制能力。[②] 这在一定程度上缓和了成员国对主权让渡的担忧。在此次会议中，丹麦于 10 月 30 日递交给各成员国的文件成为丹麦要求增加条约附件的提案。欧共体机构与成员国一开始无法对此做出明确回应，因为其不清楚是否可以在不重新进行条约谈判的情况下授予丹麦“例外选择权”。同时，其他成员国已明确表示不会对条约进行再次谈判。[③] 但由于丹麦此时已决定将于 1993 年春季再次就《马约》草案进行公投，因此此次峰会必须针对丹麦问题做出调整，以确保条约草案能够在二次公投中通过。经过会议讨论，在确保丹麦的“例外选择权”不会妨碍总体的一体化进程，并且不会对条约本身做出任何改变的前提下，欧洲理事会中其他各成员国最终与丹麦达成协定，同意给予丹麦在货币、防务、司法和公民权四个领域的特定“例外选择权”，并且在协定中明确说明，这四项例外权不适用于其他国家。

爱丁堡峰会的结果被丹麦政府视为与欧共体谈判的胜利，并直接促使公众对《马约》草案及“爱丁堡协定”的态度发生转变。以“爱丁堡协定”为基础，各主要政党加强了公投前对选民的政治动员：社会民主党加强了对本党态度犹豫选民的游说，社会人民党因新协议满足了其主要政治意图而转变了对《马约》草案的态度。1993 年 5 月，丹麦第二次全民公投以支持票占总票数 57% 的结果，决定接受《马约》草案以及“爱丁堡协定”所确定的条约附加修正案。至此，丹麦正式在共同外交

---

① Palle Svensson, “The Danish Yes to Maastricht and Edinburgh: The EC Referendum of May 1993,” p. 71.

② 辅助性原则是指当某一政策为欧共体与成员国共享权力的范围时，这一政策领域的具体决策由与该事项联系最为密切且受该事项影响最为明显的行为体做出。这实际上确定了在共享权能下，成员国对权力使用的优先权。参见回颖：《欧盟法的辅助性原则及其两面性》，《中外法学》，2015 年第 6 期，第 1617—1621 页。

③ Michael J. Baun, *An Imperfect Union: The Maastricht Treaty and the New Politics of European Integration*, pp. 116 – 117.

与安全政策领域获得对带有防务特征的决策与行动的“例外选择权”。

从《马约》草案签订到“爱丁堡协定”出台，1992年第一次公投的失败是丹麦提出“例外选择权”要求的直接动因。从“例外选择权”的决策过程可以看出，其主要考虑因素来自成员国内部，包括与此议题相关的历史、政策传统、外部环境变化以及自身国家身份认同，并未显示出对欧共体合作价值的过多考量。“例外选择权”实际上是对丹麦主权让渡担忧的一种安慰。但更进一步，公众对于丹麦主权让渡的担忧实质上源于其对欧共体身份的认知。将欧共体界定为经济合作组织的身份认知影响了公众在面对《马约》草案时的判断依据。正如赫德陶福特在阐述丹麦公众与政治精英针对欧洲一体化态度互动时所提到的，一旦将情感性因素加入对现实利益的考量时，公众会不自觉地受情感性因素影响从而做出负面判断。[①] 而对于政治精英而言，虽然其可以发现现实的收益，但受选举政治以及公众态度更易因情感性因素而波动的影响，最终二者之间的立场统一主要表现为政治精英的更明显让步。值得注意的一个现象是，政治精英与公众之间达成一致的过程是以议会中的在野党为推动力量。出现此现象的原因主要在于：一方面，议会相比政府在立法行动中有更强的发言权，同时政党在政治动员时相比政府更具优势，其与选民有更为紧密的联系。另一方面，第一次公投失败显示出政府所持立场并未得到公众的认可，并且对推动一体化态度犹豫的选民并非主要来自组成政府的保守人民党和自由党，因此其也难以对这部分选民形成有效影响。

此外需要说明的是，“例外选择权”的获得并不意味着公众与政治精英之间对欧洲一体化进程达成了统一的认识。虽然《马约》草案及“爱丁堡协定”在第二次公投中获得大多数公民的同意，但从表2－1对1993年公投选民的抽样调查中可以看出，除社会政策外，公民对各具体一体化政策领域的支持率均有所下滑。该条约能够在这种情况下获得通过主要是由于：一方面，“爱丁堡协定”满足了部分对《马约》持不支持态度选民的需求，因此其能够在不支持丹麦进一步参与一体化的情况下依旧同意通过《马约》草案；另一方面，丹麦的第二次公投受到了来

① Ulf Hedetoft, “The Interplay Between Mass and Elite Attitudes to European Integration in Denmark,” pp. 287－288.

自欧共体其他成员国更明显的压力。因此，其公投决策主要是基于担心丹麦被欧洲其他国家边缘化的现实利益，并未较多地估计其是否在情感上能够接受丹麦对一体化政治合作参与的增强。在《马约》生效之后，公众与政治精英之间的认知矛盾仍然影响着丹麦政府对于欧盟一体化的政策倾向。

三、丹麦“例外选择权”的含义

在欧共体爱丁堡峰会的努力下，条约批准进程重新回到欧共体机构与成员国预期的轨道。丹麦第二次公投通过《马约》草案与“爱丁堡协定”后，其他欧共体成员国也相继完成了国内批准程序。1993 年 10 月 29 日，欧共体在布鲁塞尔召开特别峰会庆祝所有成员国完成国内批准程序。1993 年 11 月 1 日，《马斯特里赫特条约》正式生效。丹麦通过“爱丁堡协定”所获得的四项“例外选择权”也随之正式生效。

丹麦的“例外选择权”并未写入《马约》正文，“爱丁堡协定”以“丹麦与欧盟条约”（Denmark and the Treaty on European Union）为题作为《马约》附属国际协定出现。① 该协定共有三部分的具体内容：各成员国政府同意授予丹麦“例外选择权”的决定、欧洲理事会针对部分问题的宣言、丹麦针对部分问题的单方面宣言。与防务政策有关的内容分别出现在协定的第一部分与第二部分。

第一部分中，欧共体其他成员国同意丹麦不加入西欧联盟，仅以观察员身份参与该组织活动。同时，丹麦可以不参与联盟任何带有防务意义的决定起草与落实。但其他成员国同时要求，丹麦不能妨碍其他成员国在防务领域的紧密合作的发展。② 在第二部分中，欧洲理事会声明，根据丹麦在防务领域的“例外选择权”，在丹麦担任理事会轮值主席国期间，一旦会议将讨论有防务意义的决定起草与落实问题时，理事会将

---

① 欧盟《阿姆斯特丹条约》起草时将“丹麦与欧盟条约”协定纳入了正式条约框架。再加之丹麦对《马约》草案的批准是将《马约》草案与“爱丁堡协定”作为整体予以决定，因而本书将“爱丁堡协定”视为广义上《马斯特里赫特条约》的一部分。学界曾对“爱丁堡协定”的法律定位有所争议，参见 Helle Krunke，“People's Vengeance—From Maastricht to Edinburgh: The Danish Solution,” pp. 350 – 351.

② European Council, “Denmark and the Treaty on European Union,” 92/C, 384/01, 1992.

按照一般性主席国更替规则，由候任主席国取代丹麦的轮值主席国地位进行相关问题的讨论。这一规则同样适用于主席国代表欧盟与第三方进行对外交往时。[①] 此外，欧洲理事会明确表示，有关“例外选择权”的决定与现有条约内容相匹配，是依据丹麦的国家关切而制定，因此仅对丹麦有效，不适用于现有其他成员国及未来加入的成员国。

协定有关丹麦在防务政策领域“例外选择权”的表述表现出明显的预先规定的差异性特征。这种差异性一体化形式是“菜单式欧洲”理念的典型代表，它使成员国在保持基本目标一致的情况下可以自由选择具体参与的一体化政策领域。从发展方向上，预先决定的差异性并没有规定这种差异性的最终目标是实现更高程度的一体化。因此，对于一体化未来发展方向而言，其具有潜在的危险性，无法保证更紧密合作的实现。但需要说明的是，预先规定的差异性主要应用于欧共体进行条约修订时，作为对条约修订反对意见的安抚，其对欧共体条约的通过起到了实际的推动作用。因此，对“例外选择权”的性质判定不能仅从其内容进行评价。就丹麦在防务领域的“例外选择权”而言，虽然其对于欧共体防务合作的完整性是一种破坏，但从其对于《马约》草案通过的助推作用角度分析，“例外选择权”帮助《马约》草案得以通过丹麦的国内批准程序，对欧共体整体一体化进程具有积极意义。总体而言，丹麦在防务领域的例外权缓和了欧共体与丹麦之间就主权让渡的矛盾与摩擦，保证了一体化总体上得以继续推进。

具体分析防务政策领域“例外选择权”的表述，首先，从对象上其规定十分具体，仅限于丹麦一国。这从侧面反映出欧共体认为丹麦公投的反对结果是一个独立的问题，并非条约内容存在机制性缺陷。同时，对“例外选择权”主体的严格限定也保证了“例外选择权”不会被更多的成员国所利用。“例外选择权”仅保证最低限度的共同目标，若使用的成员国较多会显著削弱一体化程度。其次，从身份上协定允许丹麦不成为西欧联盟的正式成员，而以观察员国的身份参与西欧联盟的讨论。这一条款使丹麦与欧共体防务与安全政策之间得以留有较为通畅的沟通渠道，保证了丹麦与欧洲安全合作之间的联系不会被完全切断，为信息

---

① European Council, “Denmark and the Treaty on European Union,” 92/C, 384/01, 1992.

麦愿意积极参与共同外交与安全政策的建设。

冷战后丹麦对共同外交与安全政策的参与首先表现为，丹麦对欧盟重视程度的逐渐加深。除上文提及在《马约》生效之初丹麦政府的表态外，1996 年，时任丹麦外交部长尼尔斯·赫尔维格·彼得森明确声明：“丹麦在三个方面依赖于欧盟：首先是确保安全，利用一体化以塑造和平的设想已成为现实，并且成功地通过了历史的考验；其次是解决问题，丹麦目前面临越来越多带有跨国影响的治理问题，需要国际社会合作提供解决方案；最后是宣传观念，丹麦需要利用欧盟在全球层面宣传本国的价值观、捍卫本国的利益。”[①] 由此可以认为，丹麦不再仅关注欧盟所能带来的经济利益，也开始关注欧盟能为丹麦带来的政治与安全利益。2001 年“9·11”事件后，丹麦对欧盟的重视程度又得到进一步加强，2003 年丹麦外交政策议程指出，欧盟是丹麦打击恐怖主义的核心平台。同时，随着全球化的深入，2006 年丹麦全球战略又强调称，欧盟将一直被丹麦视为应对全球化挑战的最重要国际性框架。[②] 尽管 2008 年之后，受主权债务危机等一系列危机影响，欧盟自身合法性受到来自联盟内外的双重挑战，但丹麦依旧将自身的欧盟成员身份视为其实现对外影响力的最佳途径，并坚持维护欧盟与欧洲合作的合法性和有效性。[③] 从丹麦对欧盟政治表态的演进过程可以清晰地观察到丹麦对欧盟的政治承诺在逐渐加强，并且明显与欧盟自身综合性的发展方向相一致。尤其是丹麦对欧盟在打击恐怖主义和应对全球化挑战方面地位的认可，预示着丹麦对欧盟共同外交与安全政策的积极参与。

除政治声明外，丹麦在实际的政策决策与落实过程中也表现出积极的姿态。在共同外交与安全政策的民事方面，丹麦加入了欧盟全部 30 个处理共同外交与安全政策事务的工作组（除欧洲防务局）；由丹麦、瑞典和芬兰组成的北欧联盟成功影响了共同外交与安全政策的内容设定；在东扩问题上，丹麦利用自身地缘政治特性以及时任欧盟理事会轮值主席国身份，积极推动东扩议程，最终于 2002 年其任期结束时成功实现欧

① Anders Wivel, “A Pace - setter Out of Sync? Danish Foreign, Security and Defence Policy and the European Union,” p. 87.

② Ibid., p. 88.

③ The Ministry of Foreign Affairs of Denmark, *Foreign and Security Policy Strategy* 2017 - 2018, June 2017, p. 7.

盟东扩。[①] 面对更具敏感性的防务与安全政策，丹麦利用其对“例外选择权”的较宽泛解释，积极参与符合“例外选择权”要求的欧盟相关合作。从人员安排上，丹麦外交部于2009年重整自身内部结构，以确保有一定数量的外交人员可以全天候地处理与欧盟共同安全与防务政策有关的话题。[②] 从机构参与上，1999年欧盟赫尔辛基峰会决定建立政治与安全委员会、军事委员会和军事参谋部以落实共同欧洲安全与防务政策，丹麦加入了上述全部机构并参加了上述机构的启动会议，讨论建立欧盟快速反应部队的问题。[③] 加入上述机构意味着丹麦可以从宏观上参与共同安全与防务政策的政策规划与设计，这在最大程度上利用了丹麦对“例外选择权”较为宽泛的解释方式。而针对共同安全与防务政策的民事任务，丹麦则主动利用自身资源实际参与具体任务执行，如2003年欧盟马其顿“协和”（Concordia）任务结束并转为民事警察任务后，丹麦立即派遣200名警察参与此项目。[④] 据此可以认为，受丹麦本国对于参与共同外交与安全政策态度积极的影响，丹麦充分利用了其在“例外选择权”下所拥有的参与共同外交与安全政策的合法性空间。在合法性空间内，丹麦对共同外交与安全政策的参与程度与其他具备完全身份的成员国并无显著差异。因此，有学者认为“例外选择权”对丹麦外交与安全政策的影响是象征性的。[⑤]

不可否认，上述表现的确可以证明丹麦在其合法性空间内对共同外交与安全政策的积极参与。但是，随着欧盟共同外交与安全政策，尤其是共同安全与防务政策的发展，丹麦对该领域共同政策的参与将不可避免地触及“例外选择权”的触发条件，而“例外选择权”也将对丹麦在该领域的行动产生切实影响。

在《马约》生效时，防务合作并不直接由欧盟组织进行，而是借助

---

① Anders Wivel, “A Pace - setter Out of Sync? Danish Foreign, Security and Defence Policy and the European Union,” p. 88.

② Gorm Rye Olsen, “How Strong Is Europeanisation, Really? The Danish Defense Administration and the Opt - out from the European Security and Defense Policy,” *Perspectives on European Politics and Society*, Vol. 12, No. 1, 2011, p. 21.

③ Gorm Rye Olsen and Jess Pilegaard, “The Cost of Non - Europe? Denmark and the Common Security and Defense Policy,” p. 347.

④ Ibid., p. 349.

⑤ Ibid., pp. 347 - 348.

西欧联盟的平台。1992 年 6 月，西欧联盟为促进欧盟共同防务通过了《彼得斯堡宣言》，确定成员国将参与旨在完成人道主义任务和救援、维和以及包括为重建和平和管理危机而斗争的军事任务。[①] “彼得斯堡任务”覆盖了所有可用于应对危机的政策工具类型，并且带有明显的防务特征。这使丹麦必须依照“例外选择权”的要求，在具体政策落实中动用其“例外选择权”。从 1993 年《马约》生效到 2003 年欧盟欧洲安全与防务政策完全替代西欧联盟，丹麦共动用 9 次防务合作领域的“例外选择权”，均与“彼得斯堡任务”有关，具体包括从冲突地区撤离欧盟公民，清除杀伤性地雷共同行动，援助阿尔巴尼亚警务行动以及协助克罗地亚扫雷行动等。[②] 观察触发“例外选择权”的具体行动内容可以发现，丹麦对于西欧联盟框架下的安全与防务合作十分谨慎，对于部分属于民事任务（如警务行动）的软性对外行动也动用了“例外选择权”。

1999 年《阿约》生效后，西欧联盟的防务合作权能与职责逐渐被欧盟所吸收，“彼得斯堡任务”全部被划入欧盟欧洲安全与防务政策内。丹麦防务领域“例外选择权”对其参与共同外交与安全政策的影响逐渐凸显。自欧盟共同欧洲安全与防务政策正式落实至 2015 年，丹麦共动用防务“例外选择权”27 次，涉及 12 项具体军事行动以及建立欧洲防务局、管理欧盟军事行动共同开支等具有明显防务意义的机制性安排。[③] 在此阶段，防务领域“例外选择权”对丹麦的消极影响逐渐明朗化。在丹麦与欧盟政策目标相似的情况下，丹麦的“例外选择权”致使其不能参与由欧盟领导的具体防务行动。这与丹麦在政治上重视欧盟的承诺表态相背离，在一定程度上影响了丹麦参与欧盟共同外交与安全政策的可见度与可信度。此外，共同防务与安全政策不仅包含具体的军事与民事危机管理行动，还包括成员国防务能力建设与发展项目。丹麦的“例外选择

---

① 〔意〕福尔维奥·阿蒂纳等著，刘绯等译：《全球政治体系中的欧洲联盟》，北京：中国社会科学出版社，2009 年版，第 33 页。

② Gorm Rye Olsen and Jess Pilegaard, “The Cost of Non – Europe? Denmark and the Common Security and Defense Policy,” p. 347.

③ 行动和机制建设数量与动用“例外选择权”次数的不同主要是由于存在针对一个行动多次动用“例外选择权”的情况，如针对中非共和国军事行动（EUFOR RCA），丹麦共在四份理事会决定中动用“例外选择权”。参见 DIIS, *European Defense Cooperation After The Lisbon Treaty*, DIIS Report, No. 6, 2015, p. 29.

权”也使其无法参与防务能力建设与防务技术合作开发等对主权影响程度较低的共同行动之中。因此，从国家自身防务能力发展而言，防务合作“例外选择权”限制了丹麦借助欧盟的力量实现自身防务能力提升的可能。

值得注意的是，《里斯本条约》对欧盟对外政策进行了进一步整合。其不仅将共同外交与安全政策同原属欧盟委员会的对外经济政策统一了起来，还强调了在应对危机时运用综合性的对外政策方式；这导致超国家性与政府间性、民事方面与军事方面这两条欧盟对外政策中的分界线变得更为模糊。① 这种模糊性触及了成员国主权独立问题，而这是丹麦要求“例外选择权”的主要原因。虽然《里斯本条约》的最终签署体现了政府间性与超国家性之间的妥协，但对外政策的整合使共同外交与安全政策中超国家性因素增加（如针对部分具体问题运用有效多数表决机制、由欧盟对外行动署授权部分成员国代表欧盟开展对外行动），这一变化将导致丹麦对实施欧盟对外政策过程中是否存在主权让渡更为敏感，潜在地强化了其运用“例外选择权”的可能性。同时，综合性的危机应对方式意味着欧盟对外行动中将兼有民事层面与军事层面的任务。这一情形将迫使丹麦因行动中部分带有防务意义而动用“例外选择权”，从而无法完整参与欧盟对外行动，进而影响其行动参与获益和本国政策目标的实现。②

综上所述，虽然前文提到鉴于丹麦利用较为宽泛的“例外选择权”触发条件解释使其能够尽可能参与共同外交与安全政策，导致有学者认为丹麦“例外选择权”的影响是象征性的，但在欧盟对外政策一体化进程不断加深的背景下观察可以发现，丹麦防务领域“例外选择权”对其参与欧盟共同外交与安全政策具体行动的限制越来越明显。在丹麦与欧盟共同外交与安全政策所持政策目标和理念相似的基础上，防务领域的“例外选择权”不仅限制了丹麦参与欧盟对外行动的决策讨论及具体实施，还妨碍了丹麦通过欧盟实现自身的外交与安全政策目标的进程。并

① 有关超国家性与政府间性与民事和军事方面的模糊化，参见陈玉刚：《〈里斯本条约〉后的欧盟政治发展》，《国际观察》，2011 年第 1 期，第 49—50 页；DIIS, *European Defense Cooperation After The Lisbon Treaty*, pp. 12 – 17.

② DIIS, *European Defense Cooperation After The Lisbon Treaty*, p. 31.

且，基于前文所提到的丹麦对欧盟重视逐渐加深以及在实际行动中丹麦动用“例外选择权”的表现，这种矛盾将影响丹麦在欧盟成员国中的可信度。因此，可以认为丹麦在防务领域的“例外选择权”对于丹麦的外交与安全政策而言具有切实的消极影响。

二、“例外选择权”对丹麦与欧盟、北约关系的影响

观察丹麦寻求防务领域“例外选择权”的历史进程可以发现，跨大西洋安全体系是丹麦决策时考虑的重要外部因素之一。虽然在《马约》谈判期间，时任美国总统布什曾表示在保证西欧联盟不与北约产生竞争和冲突的情况下，美国不反对欧盟利用西欧联盟建设欧洲防务力量，但实际上美国对欧盟在安全与防务领域的合作建设仍十分警惕。① 丹麦作为跨大西洋安全体系的受益者，面对部分成员国建立欧洲独立防务力量的愿望，担心此举将引致美国的不满，影响北约履行其为丹麦提供安全保护的承诺。因此，丹麦对于欧盟防务合作一直表现出犹豫的态度。可以认为，丹麦寻求防务领域“例外选择权”的动机之一是向美国表明北约在丹麦安全与防务体系中不可替代的地位。

然而，防务领域“例外选择权”生效之后，北约与欧盟防务建设之间却并未出现丹麦所担忧的情况。作为欧盟防务合作的载体，西欧联盟表现出“北约化”的迹象：法国不再要求将西欧联盟建成完全独立的安全组织，各成员国同意以北约的欧洲支柱作为西欧联盟防务建设的目标。② 而北约则接受了西欧联盟的身份定位，支持与其开展合作。因为对于美国而言，虽然其担忧欧洲独立防务可能削弱其对欧洲防务与安全的影响力，但它也希望欧洲国家能够提升自身防务能力以减轻其所承担的地区防务与安全压力。

1996 年，北约通过决定，允许西欧联盟在北约作为整体不参与某一

---

① 美国在《马约》谈判期间，曾以北约或美国的身份多次要求欧盟注意西欧联盟的身份定位，并通过在北约内签署宣言的形式，保证成员国履行自身成员义务。具体参见赵怀普：《当代美欧关系史》，北京：世界知识出版社，2011 年版，第 245—246 页。

② Bertel Heurlin, “Denmark: A New Activism in Foreign and Security Policy,” in Christopher Hill ed., *The Actor in Europe's Foreign Policy*, Routledge, 1996, p. 179.

危机管理任务的情况下，使用北约的资产与能力应对该危机。在欧盟共同安全与防务政策正式确立之后，北约于2002年与欧盟签署《欧盟—北约关于欧洲共同安全与防务政策的宣言》，简称“柏林附加协定”，将双方关系定位为战略性伙伴关系。在该协定指导下，北约与欧盟之间针对防务合作建立了稳固的沟通渠道与机制，并且在资源共享的基础上强化了双方的情报共享、指挥行动协作。① 虽然此后欧盟独立防务的自主性不断增强，并提出建立独立指挥体系与防务力量的要求，但在维持稳定的沟通机制和针对具体任务的行动协调方面，双方仍旧保持着良性的竞争与合作关系。尤其是2008年金融危机之后，为应对各国防务经费缩减，欧洲防务局与北约都提出了带有共建共享性质的防务能力发展计划。为防止双方的发展计划出现机制重叠，双方负责团队进行了有效沟通，确定了彼此互补的能力发展领域。因此，对于双方关系的未来，由于二者具体防务资源与行动能力方面的互补性，上述竞合关系仍将持续较长的时间。

但是，北约与欧盟的良性竞合关系却让丹麦陷入了政策困境。如前文所述，由于防务领域“例外选择权”的生效，丹麦必须按其规定不参与带有防务意义的欧盟共同外交与安全政策具体行动。但由于冷战后丹麦与欧盟在外交与安全政策目标上的相似性，丹麦不参与欧盟防务行动实质上不利于其政策目标的实现。而“柏林附加协定”的存在，致使部分由北约承担的军事行动转而由欧盟承担，这进一步限制了丹麦自身外交与安全政策的实施。例如，2003年欧盟的“协和”军事行动，其实际上是欧盟接替北约承担马其顿和波斯尼亚—黑塞哥维纳的维和任务。丹麦在北约领导该任务期间参与积极，但因主导力量的变化，在2003年欧盟接管时立即从该行动中撤出。② 北约与欧盟“柏林附加协定”的部分目的在于化解北约之中的欧盟成员国面对欧盟防务行动与北约防务行动重叠时的决策困境。但对于已拥有“例外选择权”的丹麦而言，欧盟借助北约军事资源开展的行动虽带有北约特征，但由于其主导权属于欧盟，

① 殷翔、叶江：《后冷战时期欧盟—北约关系演变探析》，《国际观察》，2010年第1期，第46—47页。

② DIIS, *The Danish Opt Outs From the European Union: Developments Since 2000*, DIIS Executive Summary, 2008, p. 2.

因而丹麦无法参与此类行动；而北约允许欧盟使用其资源开展行动的先决条件是北约不再组织此类行动，因而丹麦无法寄希望于北约开展类似行动以补偿其退出欧盟行动的损失。综上，丹麦在此情况下面临着如下的决策困境：以利用北约资源为借口参与欧盟防务行动虽能实现其对外政策目标但有损欧盟条约的权威性与强制力；但因欧盟主导而不参与借助北约资源的防务行动将导致其无法获得对外行动收益。出于对“例外选择权”法律地位的尊重以及在其他领域利用“例外选择权”的需要，丹麦没有利用欧盟借助北约资产与能力进行防务行动的权属模糊性，坚持动用了“例外选择权”。

虽然防务领域的“例外选择权”限制了丹麦外交与安全政策的实施，并且北约与欧盟之间的良性竞合关系使丹麦并不能通过参与北约行动直接补偿其“例外选择权”的损失，但基于通过军事行动能够有效提升国家国际影响力的理念，丹麦仍积极参与由联合国、北约或意愿联盟国家组织的军事行动，以保证其外交与安全政策利益的实现。[①] 由于北约被丹麦视为其安全政策不可替代的一部分以及北约具有明显的大西洋主义和政府间主义特征，该组织成为丹麦更为重视的军事行动参与平台。在 20 世纪 90 年代，丹麦共参与 5 次北约军事行动，主要目标均为维持与恢复周边动荡地区的和平。[②] 2001 年“9 · 11”事件发生后，丹麦政府发布政治声明表示将全面与美国合作，致力于打击恐怖主义。自此之后，丹麦在一系列军事行动中对美国的立场与态度予以支持。2002 年，丹麦率先加入由美国主导的阿富汗反恐战争，并在次年加入由北约主导的阿富汗反恐行动。2003 年，丹麦加入由美国主导的意愿联盟，直接参与第二次海湾战争。2011 年丹麦加入由美国支持、在北约主导下的利比亚干预行动。截止 2018 年，丹麦在北约当时正在进行中的阿富汗、科索沃、地中海以及空中警务行动中，均提供了人员与装备支持。[③] 基于丹

① Anders Wivel, “A Pace - setter out of Syne? Danish Foreign, Security and Defense Policy and the European Union,” p. 89.

② 五次任务分别针对波斯尼亚—黑塞哥维那、阿尔巴尼亚、马其顿以及科索沃地区。

③ NATO, “Operations and Missions: Past and Present,” https: //www. nato. int/cps/en/natohq/topics_52060. htm?; Danish Ministry of Defense, “Danish NATO Contributions”, https: //fmn. dk/temaer/nato/Documents/2018/Danish - NATO - contributions - 2018. pdf. （上网时间：2019 年 9 月 30 日）。

麦的积极参与，北约也更为重视丹麦在组织中的作用。2009 年，丹麦首相安诺思·福格·拉斯穆森当选北约秘书长，这标志着北约其他成员国对丹麦积极融入北约、参与北约行动的认可。[①] 可以认为，在防务领域“例外选择权”的影响下，北约作为丹麦安全与防务政策基石的作用得到了进一步巩固，丹麦与美国之间的防务安全合作关系也得到了进一步加强。

与此同时，有学者指出，虽然丹麦在多项具体安全与防务政策上支持美国的立场，但从政策理念的角度看，美国政策中所包含的单边主义和先发制人与丹麦所秉持的建立基于规则的国际社会和重视联合国在冲突处理中的领导地位的观念相冲突。[②] 从该观点出发，对于未来丹麦、北约与欧盟在防务政策方面的关系而言，丹麦将在理念冲突的刺激下进一步意识到“例外选择权”对其防务政策的限制性，并可能考虑如何废除此“例外选择权”。这一可能性可以从丹麦针对《里斯本条约》有关在防务领域开展“永久结构性合作”的积极态度中得到部分印证。然而回归目前的三者关系，从丹麦在欧盟与北约存在合作的防务行动中严格利用“例外选择权”的事实中可以发现，防务领域的“例外选择权”使丹麦在外交与安全政策中对北约与欧盟的功能进行了显著的区分：在民事任务上依靠欧盟，在军事任务上依靠北约。尽管丹麦利用自身对“例外选择权”的宽泛解释尽可能地参与了共同安全与防务政策，但丹麦对于北约和欧盟的既有功能区分目前仍未打破。

三、丹麦对防务领域“例外选择权”的放弃及动因

如前所述，丹麦寻求防务领域“例外选择权”在较大程度上是因自身的中立主义传统和本国政治精英与社会公众对于“欧洲一体化进程和欧盟政体具有政治、经济等综合属性”存在认知差异。丹麦政府与欧盟机构之间针对“构建和平稳定欧洲地区安全格局与秩序的重要性”“区域合作对保障欧洲地区安全具有积极价值”等实施欧盟共同外交与安全

---

① Knud J. V. Jespersen, *A History of Denmark* (*Second Edition*), p. 34.

② Anders Wivel, “A Pace - setter out of Syne? Danish Foreign, Security and Defense Policy and the European Union,” p. 92.

政策，特别是欧盟共同安全与防务政策的重要观点和关键判断上并不存在冲突。尽管丹麦通过对防务领域“例外选择权”的模糊性解释以及积极参与共同外交与安全政策中非带有防务意义和成分的活动来加强自身与欧盟机构及其他成员国在外交与安全领域的合作，但防务领域的“例外选择权”始终制约着丹麦参与欧洲地区传统安全合作的程度，其无法参加欧盟部长理事会中的防长会议，无法直接参与或资助欧盟的军事性质活动，也无法参加当前对欧洲国家而言具有重要发展意义的联合军事能力建设项目之中。① 特别是随着国际社会地缘政治竞争加剧，丹麦对于防务领域“例外选择权”对其自身开展外交与防务合作的制约感日益增强。

2022 年 2 月爆发的俄乌冲突严重冲击欧洲地区既有安全格局，欧洲国家尤其是具有深厚中立传统的北欧国家所面临的安全威胁与挑战加剧，这导致其纷纷迅速积极调整自身安全战略与具体政策取向。在俄乌冲突爆发前，丹麦的中立传统相对瑞典、芬兰就已明显减弱，其作为创始成员国加入北约，并在自身例外权未做出明确禁止性规定的共同外交与安全政策灰色地带积极活动。在俄乌冲突爆发后，瑞典、芬兰于 2022 年 5 月宣布寻求加入北约，丹麦也试图借助这一外部冲击解决长期影响其有效参与欧盟共同外交与安全政策的制度约束。

2022 年 6 月 1 日，丹麦政府针对本国是否需要加入共同安全与防务政策举行全民公投，最终此次公投以 66.9% 的民众支持废除丹麦在防务领域的“例外选择权”而结束。② 这意味着丹麦长达 30 年在防务领域的“例外选择权”被取消，其可以正式完全参与欧盟共同外交与安全政策，特别是欧盟共同安全与防务政策的全部决策与行动。丹麦首相梅特·弗雷泽里克森虽然在获悉公投结果后表示该结果是丹麦对于俄乌冲突态度的重要信号，但实际上这一结果对丹麦自身加强防务建设的努力意义更为重大，其与当年 3 月丹麦大幅增加自身国防建设公共支出的决策相配

① France 24, *Denmark Votes to Join EU Common Defense after* 30 *Years of Opting out*, FRANCE 24, 1st June 2022, https://www.france24.com/en/europe/20220601 – denmark – to – hold – referendum – on – scrapping – eu – defence – opt – out.（上网时间：2022 年 6 月 15 日）

② Charlie Campbell, *Denmark Just Reversed* 30 *Years of Euroskeptic Defense Policy – Thanks to Russia*, TIME, 1st June 2022, https://time.com/6183159/denmark – referendum – defense – eu – russia/.（上网时间：2022 年 6 月 15 日）

合，将有效联动丹麦所拥有的内外资源，提升丹麦在国防领域的物质基础与行动能力。①

本章小结

"例外选择权"是最早出现在欧盟条约中的差异性一体化表现形式。它缓和了条约起草过程中成员国间的矛盾，帮助欧洲共同体得以顺利转变为欧洲联盟，实现一体化政策领域的扩展与程度的深化。但同时，它也使得部分国家在一体化进程中获得了一定的特权，影响了特定一体化政策领域政策水平的一致性。虽然在《马约》提出共同外交与安全政策之前，欧洲政治合作（EPC）已开展二十余年，但共同外交与安全政策所体现出的一体化与制度化可能性，对于各成员国而言仍具有较大的冲击。

对于丹麦而言，尽管其在二战后放弃了中立的安全政策传统，加入了跨大西洋安全体系，并于1973年加入了欧共体，积极参与欧洲经济合作，但受过往战争历史经验以及小国宿命论政策传统的影响，丹麦十分重视自身所拥有的国家主权，对以欧共体为主导的安全与防务合作以及进一步超国家导向的一体化，都未给予积极回应。同时，鉴于在二战结束初期丹麦已将北约确定为其安全政策的主要依靠，丹麦一直将欧共体视为其与欧洲其他国家展开经济合作的主要载体。因此，在冷战时期，丹麦积极参与欧共体的务实经济合作，但对机制性的一体化建设一直犹豫不决。对于欧共体多次有关政治合作的讨论，丹麦政府则利用多种手段拖延其明确表态的时间。综上，从政策传统的角度，丹麦接受共同外交与安全政策，尤其是未来可能出现的共同防务政策的可能性较小。

观察《马约》谈判与批准的具体过程可以发现，丹麦政治精英之间以及政治精英与公众之间对欧洲共同体的认知差异是丹麦寻求防务领域

① Adrienne Murray, *Denmark Votes to Drop EU Defence Opt - out in 'Historical' Referendum*, BBC, 2nd June 2022, https://www.bbc.com/news/world-europe-61644663.（上网时间：2022年6月15日）

例外权的主要原因。1990 年欧共体政府间会议将政治联盟议题提上正式议程，使丹麦无法逃避对该议题的讨论。在政府间会议期间，丹麦政治精英内部出现维持现状和支持深化两种意见。要求维持现状的政治精英主要基于维护国家主权自主和维护北约及跨大西洋安全体系在丹麦外交与安全政策中地位的考虑；而要求支持深化的政治精英则主要基于担心丹麦将被欧洲一体化所边缘化，并且丧失影响共同外交与安全政策规则制定的考虑。最终受英国和美国相继表示支持共同体政治联盟建设的双重外部刺激，丹麦政治精英基于务实的利益考量，实现了意见统一，决定支持丹麦参与共同外交与安全政策。

然而，丹麦全民公投却对条约草案予以了否决。对于丹麦公众而言，在《马约》草案前的历次公投中，政府在政治动员时始终以强调参与欧共体一体化的经济收益为主，使公众仅将欧共体作为经济合作平台，并未意识到欧共体的共同政策范围具有扩散的可能。而《马约》草案不仅表明欧共体的一体化将可能扩展至其他政策领域，还表明这一进程将可能涉及国家核心主权的部分让渡。这与公众由历史经验和政策传统所形成的国家认同情感相排斥。在此情况下，作为一个强社会国家，丹麦政治精英在面对自身认知与公众认知的冲突时，更多地以调整自身立场，迎合公众情感需求为主。在此过程中，受防务政策的主权敏感性以及主导政党自身立场倾向的双重影响，共同防务成为丹麦要求“例外选择权”的领域之一。

在欧共体层面，丹麦寻求“例外选择权”的要求并未遭遇明显阻碍。在要求全体一致同意的条约修改过程中，单个成员国的议价能力明显增强；在保证丹麦不会利用“例外选择权”阻碍其他成员国深化一体化的前提条件下，与条约通过相比，给予丹麦“例外选择权”对其他成员国参与一体化并无显著影响。因此可以发现，“例外选择权”的形成过程主要是提出“例外选择权”要求的成员国其内部的博弈过程。此外，由于起草《马约》时共同外交与安全政策并未开始落实，所以丹麦的决策过程中并未出现明显针对共同外交与安全政策收益的考虑，主要仍是基于自身过往的经验与政策传统。

通过给予丹麦“例外选择权”，丹麦第二次全民公投通过了《马约》草案。1993 年，《马约》正式生效，丹麦在防务领域的“例外选择权”也随之生效。冷战结束后，丹麦受其国际主义政策传统影响在外交与安全政策上更为积极主动。其在欧盟防务领域的“例外选择权”逐渐成为丹麦借助欧盟实施自身外交与安全政策的障碍。但丹麦通过对“例外选择权”条款较为宽泛的解释，得以尽可能地参与欧盟共同外交与安全政策，尤其是民事性质的欧盟共同安全与防务政策。然而，不可避免地受防务领域“例外选择权”的影响，丹麦在安全尤其是防务安全政策上出现了更为依赖北约及美国的表现。虽然，欧盟共同安全与防务政策与丹麦的政策目标更为契合，但在“例外选择权”下的丹麦仍旧对欧盟和北约存有明显的功能区分。

对于欧共体的一体化进程而言，丹麦防务领域的“例外选择权”确保了欧盟其他成员能够顺利开展共同外交与安全政策，使一体化进程不会因丹麦强烈的主权意识而停滞。虽然丹麦的“例外选择权”影响了共同外交与安全政策在成员间的一致性，但由于“例外选择权”属于针对特定国家、特定政策领域在政策落实之前预先规定的差异性，所以在条约确定后，其不具备向其他成员国开放的可能性。并且在条约修订期间，利用“例外选择权”缓和成员国间矛盾被视为“最后的手段”，因此将此差异性一体化形式用于多数成员国的可能性十分有限。所以，“例外选择权”对于欧盟政策一致性的影响是受控的。但值得注意的是，“例外选择权”在政策目标导向方面并没有规定拥有“例外选择权”的国家应最终回归欧盟一体化政策领域。换言之，由“例外选择权”条款所获得的差异性并不是暂时的，可能是固定不变的。由此，“例外选择权”对于欧盟一体化未来发展的影响可能会维持较长的时间。

第三章/“建设性弃权”与塞浦路斯的实践

“例外选择权”被纳入欧盟条约意味着差异性一体化得到了欧盟的正式承认。但从机制化的角度而言，“例外选择权”是条约谈判期间对特定国家提出的特定需求的回应，相应条款并不具备可复制性。欧盟若希望进一步规范成员国对差异性一体化措施的使用，需要设计更具一般性和能够对全体成员国开放的差异性一体化条款。建设性弃权即是欧盟在共同外交与安全政策领域内使差异性一体化条款具备普适性的初步尝试。

实际上，设计灵活性条款是《阿约》起草过程中的一项重要议程。但值得注意的是，建设性弃权仅适用于共同外交与安全政策领域，而《阿约》中提出的另一项灵活性条款“更紧密合作”则通用于其他一体化政策领域。自《阿约》生效至今，鲜有国家利用建设性弃权。目前，仅有塞浦路斯在欧盟科索沃法治行动中动用过该条款。为何《阿约》会对共同外交与安全政策做出特殊的差异性一体化条款设计？而塞浦路斯对该条款的动用是基于何种考虑？本章将通过对《阿约》提出建设性弃权和塞浦路斯利用该条款两个决策过程的回顾，分析形成上述结果的成因，以及塞浦路斯动用该条款对其自身和共同外交与安全政策的影响。

第一节 “建设性弃权”出台的背景

冷战结束对于欧洲一体化而言具有重要影响，它在一定程度上改变了欧洲合作的现实基础，并为欧洲一体化提供了新的动力。[①]《马约》提出共同外交与安全政策的主要目的之一，就是适应冷战结束之后国际环境的变化。尽管《马约》完成了对共同外交与安全政策制度框架与政策工具的设计，并在生效后取得了一定的成效，但是《马约》所设计的机制仍不足以应对冷战后欧盟所面临的主要挑战。具体而言，欧盟所处国际环境的复杂化以及《马约》框架下欧盟对外行动能力的有限，是部分成员国希望修改条约进一步提升共同外交与安全政策有效性的主要动因。

一、20 世纪 90 年代初的欧洲安全挑战

欧洲既是 20 世纪 80 年代末冷战结束进程的重要组成部分，也是受冷战结束冲击最为明显的地区之一。东欧国家政治体制转变、两德统一、苏联解体，让欧盟所面临的传统安全威胁显著降低。但与此同时，原本掩盖于意识形态冲突之下的各类区域性矛盾在冷战后凸显，欧洲安全局势变得更为复杂。基于欧盟与欧洲紧密的地缘关系，化解冷战后欧洲地区的安全威胁成为欧盟共同外交与安全政策所需解决的首要问题之一。具体而言，20 世纪 90 年代欧洲地区的安全威胁主要有两个明显表现：转型国家的政治与经济不稳定和西巴尔干地区由民族矛盾而引发的武装冲突。

自 1989 年起，波兰等 6 个原属社会主义阵营的东欧国家相继发生了政治革命，放弃了马列主义的指导地位，转而在政治上实施西方的民主政治体制，在经济上实施市场经济制度。[②] 虽然上述变革在一定程度上是东欧国家长期受西方“和平演变”影响的结果，相应国家对于变革的发生也有一定的思想基础，但由于此变革过程迅速且程度剧烈，改变后的政治与经济体制未能立即与相应国家的现实基础相适应，上述转型国家内出现了一系列的政治与经济不稳定现象。

在政治上，冷战后东欧国家普遍将政党制度改为多党制。短时间内，各国出现了大批政党，这些政党的规模与制度化水平参差不齐。转型之

---

① 参见陈志敏、〔比〕古斯塔夫·盖拉茨：《欧洲联盟对外政策一体化——不可能的使命?》，时事出版社，2003 年版，第 31—38 页。

② 这六个国家分别是：波兰、民主德国、匈牙利、捷克斯洛伐克、罗马尼亚和保加利亚。

初，在民主选举中获得多数支持的仍是在剧变过程中起主导作用的政党。然而随着局势的发展，各国的政党局面出现进一步的变化：处于优势地位的大型政党出现了进一步分化，新的政治力量逐渐壮大并登上主流政治舞台。[①] 例如，罗马尼亚救国阵线组织分裂为由扬·伊利埃斯库领导的社会民主党和彼得·罗曼领导的民主党。[②] 1990年保加利亚保护土耳其族权益的“争取权利和自由运动”通过选举进入议会。[③] 可以认为，多党制的确立让东欧各国内持不同利益诉求的社会团体在政治决策中都有了明确代表其利益的参与者。

一方面，多党制有助于有效覆盖全部社会利益需求，使最终决策结果能够获得更多的社会认可；但另一方面，这种碎片化的局面拖延了决策结果的形成过程，部分国家中由于政党之间无法达成共识甚至出现了政策无法形成的情况。例如，变革后的捷克斯洛伐克由于捷克与斯洛伐克两族的政治精英均重点强调本族利益，不愿接受对方对权力划分的方案，最终导致捷克斯洛伐克无法形成两族共处的政治方案。[④] 换言之，对于变革后的东欧国家而言，由于长期以来议会立法职能不完善，其在面对多党竞争、立场对立的情形时难以有效缓和各方冲突、保证决策议程不被搁置。

此外，由于变革之初议会民主政治制度尚不健全，部分东欧国家也出现了主要领导人执政方式不民主的现象，如斯洛伐克总理梅洽尔、罗马尼亚总理沃克罗尤等。[⑤] 然而，由于议会的监督职能尚未巩固，此类问题多以公众抗议示威等“街头政治”的方式或提前举行总统或议会选

---

① 郭洁：《东欧的政治变迁——从剧变到转型》，《国际政治研究》，2010年第1期，第131页。

② 〔罗〕Bac Dorin Paul、任云飞译：《中欧大背景下的罗马尼亚转型研究》，《广州社会主义学院学报》，2012年第3期，第102页。

③ 参见赵彩燕：《保加利亚的政治转型和民族和解》，《当代世界社会主义问题》，2016年第1期，第93页。

④ 参见姜琍：《试论转型进程对捷克斯洛伐克联邦解体的影响》，《俄罗斯东欧中亚研究》，2013年第5期，第18页。

⑤ 参见姜琍：《捷克与斯洛伐克政治、经济和外交转型比较研究》，《欧洲研究》，2010年第1期，第102页；〔罗〕Bac Dorin Paul 著，任云飞译：《中欧大背景下的罗马尼亚转型研究》，第102页。

举的方式予以解决。[1] 频繁的政府更迭以及在此过程中政见不同者之间的冲突削弱了东欧转型国家的政治稳定，同时对其民主巩固进程而言也是一种考验。

在经济上，东欧国家纷纷采取了“休克疗法”以期实现从计划经济向市场经济的迅速转变。该方式对经济的改造主要包括三方面的具体内容：市场自由化、宏观经济稳定化以及产权私有化。其中，市场自由化主要是指取消对商品销售的管控，商品定价权交还给市场；宏观经济稳定化是指通过紧缩的财政与货币政策遏制通货膨胀，产权私有化是指对国有经济企业进行私有化改造。上述行动在短时间内迅速充裕了各国的商品供应、抑制了各国的通货膨胀、提升了私有经济对国家经济发展的贡献率。[2] 然而，这种快速的经济转型也给东欧各国的经济与社会发展带来了一定的副作用。

“休克疗法”在迅速遏制通货膨胀的同时，也带来了明显的经济衰退。1990—1994 年，多数转型国家的经济状况基本跌至谷底，工农业产量总体下滑了 20% ~50%，通货膨胀率又迅速飙升至 3 ~4 位数。[3] 同时，宏观经济的衰退对各国公民的具体日常生活也造成了直接的影响。失业率上升与物价上涨这两种消极变化，严重影响了公民的基本生活质量，从而造成了公众对社会的不满。由于政治的不稳定，“休克疗法”所带来的副作用无法通过政府有效的社会政策予以缓和，导致公众间贫富差距逐渐扩大，进一步加剧了公众对政府的不满。此外，在国有经济部门私有化的过程中，由于民主政治监督的不健全，部分国家出现了政府官员贪污与腐败的现象，如 1992—1996 年在罗马尼亚发生了由政府所造成的私有化丑闻与欺诈。[4] 总而言之，“休克疗法”一方面促使东欧国家在短时间内实现了经济制度转型，另一方面却对各国经济增长和公民日常生活带来部分负面影响。

对于欧盟而言，东欧国家的政治与经济不稳定对其带来的隐患主要表现在两个方面：首先，东欧国家转型初期的政治与经济不稳定，导致

---

① 参见高继文：《东欧国家向多党议会制转型中的政治态势》，《当代世界社会主义问题》，1995 年第 1 期，第 18 页。

② 郭洁：《东欧的政治变迁——从剧变到转型》，第 135—136 页。

③ 郭洁：《东欧的政治变迁——从剧变到转型》，第 136 页。

④ 〔罗〕Bac Dorin Paul、任云飞译：《中欧大背景下的罗马尼亚转型研究》，第 102 页。

部分东欧国家公民借助非法手段进入欧盟国家以寻求更稳定与良好的生活。这引发欧盟与东欧国家边界地区以非法越境为代表的跨国有组织犯罪行为增长，危害欧盟边境安全。其次，更为重要的是，上述转型国家均抱有加入欧盟的迫切愿望。而其目前的政治与经济不稳定，不仅有可能影响欧盟整体的经济增长速度，还可能危及欧盟内成员国的政治与经济稳定。因此，东欧转型国家的政治与经济不稳定对于欧盟的安全形成了一定的挑战。

与转型国家的政治、经济不稳定相比，西巴尔干地区民族武装冲突对于欧盟的安全有着更为实际与重大的挑战。苏联的解体使共同体以外的欧洲地区出现了明显的“权力真空”，在苏联时期未能有效解决的国家间领土冲突、民族冲突、宗教冲突在此环境下出现了集中爆发。虽然位于巴尔干地区的南斯拉夫社会主义联邦共和国（以下简称南斯拉夫）在冷战时期已脱离了苏联的管控，但东欧剧变、苏联解体也对该国产生了明显的影响。

由于南斯拉夫所处的巴尔干地区具有突出的地缘战略价值，因此该地区在近代发生了数次战争与人口迁徙，民族与宗教情况复杂。[①] 冷战时期，南斯拉夫领导人铁托通过民族平等政策保持着该国的团结与稳定。但该政策并未解决南斯拉夫各组成部分间的民族与宗教矛盾，在经济上占据优势的克罗地亚、斯洛文尼亚仍不满于塞尔维亚对于政治主导权的掌控。[②] 铁托去世后，南斯拉夫各加盟共和国的分离情绪逐渐高涨。受东欧剧变的影响，1990 年南斯拉夫各加盟共和国纷纷举行民主选举，共产党仅在塞尔维亚及黑山获得胜利。上述两国受“大塞尔维亚主义”的影响，要求维持南斯拉夫的联邦制并沿用国名旧称。但其他加盟共和国纷纷在选举后寻求独立。1991 年 6 月，克罗地亚和斯洛文尼亚宣布独立。塞尔维亚对此不予承认并派遣以塞族为主体的南斯拉夫军队入侵上述两国。由此，前南斯拉夫地区开始了由民族、宗教矛盾而引致的一系列地区武装冲突。

---

① 南斯拉夫社会主义联邦共和国共包含塞尔维亚、克罗地亚、斯洛文尼亚、马其顿和黑山 5 个主要民族，信奉的宗教有东正教、罗马天主教、伊斯兰教 3 种。

② John W. Young and John Kent, *International Relations Since* 1945: *A Global History*, Oxford University Press, 2013, p. 463.

由于斯洛文尼亚国内民族单一，且在冲突过程中表现出充足的防务应对能力，因此南斯拉夫军队于当年 7 月放弃了对该国独立的武力镇压。[①] 但对于克罗地亚，由于其境内有部分塞尔维亚族聚居，在克罗地亚政府与当地塞尔维亚族发生流血冲突后，南斯拉夫以维护克境内塞尔维亚族权利为由，派出志愿军武力干预当地民族冲突。克罗地亚境内塞尔维亚族聚居区的冲突随即愈演愈烈。

受克罗地亚、斯洛文尼亚独立的影响，波斯尼亚—黑塞哥维那（以下简称波黑）以及马其顿也开始寻求独立。由于马其顿民族较为单一，其独立进程并未出现较大内部波动，但在多民族的波黑境内，独立问题激起了严重的民族矛盾。1989 年，波黑境内的穆斯林族、塞尔维亚族和克罗地亚族相继成立自己的政党。[②] 针对独立问题，穆斯林民主行动党和克罗地亚民主共同体主张独立，而塞尔维亚民主党则要求留在南斯拉夫联邦内。1992 年波黑宣布独立，波黑境内的塞尔维亚族对此表示不满。同年 3 月，波黑境内民族间武装冲突爆发。次月，塞尔维亚族在南斯拉夫军队的支持下与穆斯林和克罗地亚族开始全面交火。波黑境内迅速出现以争夺领土为目的的民族间全面内战。战争至 1995 年结束，共造成 20 余万人丧生，270 万人成为难民，经济损失 1000 亿美元。[③]

此外，在塞尔维亚积极干预其他加盟共和国民族矛盾的同时，其内部也出现了民族分离情绪。1989 年，以阿尔巴尼亚族为主的科索沃自治省不满斯洛博丹·米洛舍维奇取消科索沃自治省地位的决定，塞尔维亚族与阿尔巴尼亚族之间冲突升级。1992 年，阿尔巴尼亚民族主义人士在科索沃建立议会与行政机构，宣布成为独立国家。塞尔维亚对此表示不予承认。但是受波黑战争的影响，科索沃地区的民族冲突并未出现扩大。

总体而言，受民主化与市场化影响，在南斯拉夫社会主义联邦共和国解体过程中，各加盟共和国间及其内部长期被压制的民族与宗教冲突逐渐激化，由民族激进分子发起的武装冲突愈演愈烈，导致该地区局部

① John W. Young and John Kent, *International Relations Since 1945: A Global History*, Oxford University Press, 2013, p. 463.

② 穆斯林族成立由伊泽特贝戈维奇领导的穆斯林民主行动党，塞尔维亚族成立由卡拉季奇领导的塞尔维亚民主党，克罗地亚族成立由克留伊奇领导的克罗地亚民主共同体。

③ 肖月、朱立群主编：《简明国际关系史（1945—2002）》，北京：世界知识出版社，2003 年版，第 356 页。

战争不断。对于世界而言，南斯拉夫地区激烈的民族冲突与局部战争破坏了世界对于冷战后世界更加和平的期望。[①] 而对于欧盟而言，南斯拉夫地区的民族冲突与局部战争危及了欧盟在冷战后实现政治与经济发展所需的稳定环境，增加了欧洲地区发展态势的不确定性与风险性。同时，该地区的民族冲突与局部战争除造成显著人员伤亡与经济损失外，还致使该地区社会失序、大量平民变为战争难民。由此而引起的有组织犯罪与难民安置问题对刚刚成立的欧盟而言是更为棘手的挑战。

冷战后欧盟强化自身建设转型的目标之一，即掌握冷战后欧洲新秩序的主导权。然而，东欧转型国家的政治经济不稳定以及南斯拉夫地区的民族武装冲突在政治、经济、安全、防务等各个领域挑战了欧盟所需的安全环境。并且，它们不仅对欧盟顺利掌握欧洲地区秩序建设的主导权提出了不小的挑战，还对欧盟自身的政治稳定与进一步扩大造成了明显的威胁。可以认为，20 世纪 90 年代初欧洲地区的安全挑战与威胁，让欧盟意识到其进一步发展所面临的外部现实环境并不乐观。

二、欧盟共同外交与安全政策机制的缺陷

面对外部环境中突出的安全威胁与挑战，在设计《马约》的过程中，欧盟成员国明确地提出了发展有关应对与解决安全问题能力的要求。然而由于成员国对未来欧盟一体化发展方向的不同倾向，《马约》所确定的共同外交与安全政策最终成为政府间主义者与超国家主义者之间妥协的产物。这种妥协不仅意味着欧盟共同外交与安全政策将难以达到各方对该政策的心理预期，其实际上还代表着对欧盟对外行动能力在一定程度上的限制。具体而言，欧盟对外行动能力的有限性不仅直观地体现在《马约》对共同外交与安全政策的规定中，还可以从《马约》后欧盟实际对外行动的表现中得到印证。

在条约设计方面，作为妥协的产物，《马约》虽然搭建了欧盟共同外交与安全政策机制的基本框架，并将防务安全合作纳入一体化进程，但从合作的程度而言，《马约》并未向共同外交与安全政策中注入足够

---

① 〔挪〕盖尔·伦德斯塔德著、张云雷译：《战后国际关系史》（第六版），北京：中国人民大学出版社，2014 年版，第 88—89 页。

的超国家性。欧盟共同外交与安全政策的政府间合作属性，意味着在该领域共同体的行动以成员国的政治意愿为先决条件，影响了欧盟作为独立行为体在对外事务中发挥影响的效力。正如克里斯多夫·希尔教授在提出“能力—期望差距”（Capability - Expectations Gap）时所指出的，《马约》下的共同外交与安全政策仍未能够将欧盟建设为团结紧密的对外行动系统，并具备对外行动所需要的所有能力。①

从决策机制的角度看，《马约》所提出的决策程序为共同外交与安全政策的实施设置了较高的标准。条约规定共同外交与安全政策属于政府间合作性质，在决策时需遵循全体一致原则［Article J. 8（2）］。该决策规则增加了欧盟形成统一政策的难度。尽管条约允许欧盟在落实共同行动的各个环节中使用特定多数表决规则［Article J. 3（2）］，但其又将带有防务安全特征的决策议程排除在外［Article J. 4（3）］，因此特定多数投票对于促进欧盟在外交与安全政策领域形成统一意见与行动的意义并不明显。全体一致意味着各成员国具有一票否决权。否决权不仅确保了成员国对于外交与安全事务的控制权，甚至在一定程度上增加了国家在共同外交与安全政策决策过程中的议价能力。由于谈判能力的增强，成员国对自身利益做出妥协与让步的意愿将会有所降低，从而影响了共同政策的出台。尽管限制共同外交与安全政策的主要原因是成员国之间的利益分歧，但全体一致的决策规则在一定程度上放大了成员国间差异对于共同政策形成的消极影响。

从行动能力的角度看，《马约》中提出的政策工具操作性较弱，并且保证政策实施的资源不足。虽然条约规定了共同外交与安全政策的总体目标与政策工具，但是上述规定都表现出过于宽泛的特征。条约对于总体目标的规定（Article J. 1）覆盖维护共同利益、促进和平与安全、强化合作、巩固民主等所有政策领域，但并未说明上述目标的具体内涵，无法区分上述目标中的重点。条约对于政策工具的规定（Article J. 2）仅说明了共同立场、联合行动两项政策工具的形式，没有说明如何具体操作上述政策工具以实现条约中所规定的基本目标。尤其是其中有关落实联合行动决策程序的规定，其对于前提条件的说明过于模糊，导致联合

① Christopher Hill, “The Capability - Expectations Gap, or Conceptualizing Europe's International Role,” *Journal of Common Market Studies*, Vol. 31, No. 3, 1993, p. 318.

行动难以及时得到具体实施。此外，就行动的资源而言，条约规定共同外交与安全政策的管理经费由欧盟预算支付，其行动经费既可通过全体一致决议由欧盟预算支付，也可通过讨论由成员国按比分配予以承担。受成员国对于具体行动的利益考量并不完全一致的影响，成员国就开支分配达成一致意见可能需耗费较长的时间。而利用欧盟预算将自动导致欧盟机构的介入，从而削弱共同外交与安全政策的政府间性。[①] 因此，利用欧盟预算执行联合行动也可能遭到部分成员国阻挠。综上，共同外交与安全政策的落实，受条约设计的影响，较为可能面临财政支持不足的情况。

总的来说，《马约》共同外交与安全政策政府间性的设定，导致欧盟的外交与安全政策较大程度上受限于各成员国自身的政治合作意愿。条约的决策程序设计提升了形成共同政策的难度，条约对政策工具的规定缺乏可操作性，对于财政支持的规定不利于共同政策行动资金的获取。所以，《马约》对于共同外交与安全政策的设计为其能力的不足埋下了隐患。

上述《马约》对于共同外交与安全政策的设计缺陷，在客观上为合作意愿较弱的成员国提供了延缓或阻碍共同外交与安全政策落实的机会。而在具体实践过程中，共同外交与安全政策在条约规则上的漏洞，直接影响了欧盟联合行动的实施。前南斯拉夫地区发生的波黑危机，既是20世纪90年代欧盟在欧洲及周边地区面临的最大安全挑战，也是欧盟共同外交与安全政策在出台后的首次实质性检验。欧盟应对该危机的过程，充分反映了《马约》下的共同外交与安全政策在具体实施过程中的能力有限。

需要说明的是，欧盟并非从共同外交与安全政策生效时才开始着手应对波黑危机。在《马约》生效前，欧盟已动用自身的对外经济手段对前南斯拉夫地区的动乱进行干预。由于波黑危机发生时《马约》草案已结束谈判，因此在1992年至1993年11月的危机应对过程中，虽然共同外交与安全政策尚未生效，但该政策对于欧盟与成员国的危机应对已产

① 李世安、刘丽云著：《欧洲一体化史》（第二版），第224页。

生了一定的影响。[①] 面对波黑危机，达成《马约》草案不久的欧盟成员国对于充当危机的调解者充满信心。

1992 年 8 月，欧共体与联合国共同主持召开南斯拉夫问题伦敦会议，双方各任命一名代表担任共同主席，寻求对波黑内战的政治解决。1992 年 9 月，会议共同主席在日内瓦建立南斯拉夫问题国际调解委员会。该委员会于 1993 年 1 月和 8 月先后提出“万斯—欧文计划”以及“欧文—斯托尔滕贝格计划”，但上述两方案先后因波黑塞尔维亚族和穆斯林族对领土划分方案的不满而失败。1993 年 11 月，欧盟提出解决南斯拉夫问题的一揽子和平计划，但又因波黑内战的升级而最终失败。[②] 上述调解历程可以说明，单纯依靠外交手段难以实现冲突调停。应对危机除需缓和该地区不同种族间的矛盾与敌意外，还需致力于抑制该地区武装冲突的升级。

然而对于抑制冲突升级，欧盟实际作为有限。虽然波黑内战爆发后欧盟迅速发表声明要求南斯拉夫各加盟共和国保持克制，不得入侵其他加盟共和国的领土，应保持现有的边界划分；但在声明发表后，欧盟却缺乏有效的行动手段监督与保证此要求得到南斯拉夫各加盟共和国的遵守。在呼吁各方全面停火的过程中，欧盟所采用的手段依然是经济刺激或制裁，对于动用军事手段抑制冲突升级仍十分犹豫。这一方面是由于利用军事手段落实共同外交与安全政策的细节性措施在 1993—1995 年期间仍在商讨中，但更重要的则是欧盟各成员国对南斯拉夫各加盟共和国抱有不同的政治倾向。[③] 欧盟主要成员国（英、法、德）基于其与塞尔维亚和克罗地亚的历史关系，对于波黑内战中交战的哪一方应当承担更多的责任持有不同的意见。[④] 在全体一致同意的决策规则下，主要成员国之间的立场分歧意味着各方难以形成共同政策与统一行动。因此，除欧盟成员国以各自国家的名义参与联合国维和部队外，欧盟层面一直未

① Robert Dover, “The EU and Bosnian Civil War 1992 - 1995: The Capabilities - Expectations Gap at the Heart of EU Foreign Policy,” *European Security*, Vol. 14, No. 3, 2005, p. 301.

② 方连庆等主编：《国际关系史》（战后卷）（下册），北京：北京大学出版社，2006 年版，第 799 页。

③ Robert Dover, “The EU and Bosnian Civil War 1992 - 1995: The Capabilities - Expectations Gap at the Heart of EU Foreign Policy”, pp. 306 - 307.

④ Ibid.

能采取军事干预手段应对波黑内部的武装冲突。

1994 年，波黑内战局势进一步升级，受塞尔维亚支持的波黑塞尔维亚族武装开始围攻波黑首都萨拉热窝，并使用军事手段恐吓城市中的平民。据此，欧盟内外对于采取军事手段迫使塞尔维亚族停止进攻行为的要求愈发强烈。欧盟由此转变态度，开始支持采取军事措施干预危机。而鉴于此前其难以形成统一的军事应对方案，欧盟最终将解决问题的主导权交予联合国及美国。最终在美国的主导下，波黑内战各方于 1995 年底实现全面停火。从欧盟应对波黑危机的过程可以看出，由于共同外交与安全政策缺乏一定的灵活性与可操作性，欧盟仍未能实现从单纯的民事经济力量到综合性国际行为体的转型。虽然欧盟提出了多个版本的政治解决方案，并采用经济制裁、禁运等手段要求交战各方停火，但是由于其未能实施有效的军事干预手段，为其他措施手段提供支持，欧盟对波黑危机的应对最终反映出的，是共同外交与安全政策对于实际问题解决的无力。

总体而言，20 世纪 90 年代的欧洲安全局势对欧盟提出了一系列挑战，迫切需要其建立有效的共同外交与安全政策予以应对。但是，由于《马约》下的共同外交与安全政策在决策程序与运行机制上缺乏灵活性和可操作性，欧盟难以在面临实际问题时制定与实施强有力的共同外交与安全行动。如此的“能力—期望差距”让欧盟开始反思《马约》共同外交与安全政策所存在的问题。因此，自 1994 年起，除进一步加强欧盟成员国外交与安全政策协调外，欧盟也开始寻求从条约规范设计的角度对建立更为有效的共同外交与安全政策做进一步的探索与尝试。

第二节 《阿姆斯特丹条约》引入“建设性弃权”

欧盟在应对波黑危机过程中的无力直观地反映了《马约》所建立的欧盟共同外交与安全政策的缺陷。同时，面对东欧转型国家的入盟意愿以及与入盟标准的逐渐接近，如何保证扩大后的欧盟能够有效运转成为欧盟必须予以重视的问题。在此背景下，解决共同外交与安全政策决策程序和运行机制方面的问题，提高其有效性，成为欧盟机构及成员国的共同目标。1994 年 7 月，时任欧盟轮值主席国德国宣布，欧盟将于 1996 年举行政府间会议审议与修改《马约》。由此，欧盟正式着手对欧盟共同外交与安全政策进行改革与完善。

一、《阿姆斯特丹条约》草案设计与“建设性弃权”的引入

1994 年 6 月，欧盟举行科孚（Corfu）峰会，决定成立由卡洛斯·韦斯坦多普为领导的专家“评估小组”，评估与审议《马约》存在的问题，为政府间会议的议程设置提供建议与方案。这次会议标志着 1996 年政府间会议筹备的正式开始。作为欧盟亟待解决的问题之一，有关灵活性的讨论贯穿于政府间会议从筹备至最终签署条约的各个阶段。

从科孚峰会至 1996 年 3 月的欧盟都灵峰会，是 1996—1997 年政府间会议的议程设置阶段。[①] 在此阶段，欧盟成员国间对于灵活性问题的讨论重点在于是否需要将灵活性议题作为政府间会议的议程之一。科孚峰会结束后，除专家“评估小组”在反思《马约》存在的问题、寻找改善《马约》的方案外，欧盟各主要成员国也在思考如何进一步改造与完善欧盟。

1994 年 9 月，德国知名政治家沃尔夫冈·朔伊布勒和卡尔·拉默斯联合发表《对欧洲政策的反思》一文，向欧盟成员国提议进一步强化欧盟的核心，并尽可能将灵活性机制化。[②] 针对共同外交与安全政策，该文呼吁强化欧盟在外交与安全政策领域的能力，并指出政治联盟的核心是防务联盟，希望通过灵活性方式加强防务联盟建设，以化解欧盟目前存在的合作因部分国家否决权的制约而无法深入的困境。[③] 此文对于此后有关灵活性的讨论以及将灵活性问题纳入政府间会议议程起到了奠基作用。并且，该文也表明德国对于将灵活性议题引入共同外交与安全政策的讨论具有较强的意愿。

上文的发表引起了欧盟其他主要成员国对灵活性问题的讨论。英国

---

① Alexander Stubb, *Negotiating Flexibility in the European Union: Amsterdam, Nice and Beyond*, p. 59.

② Ibid., p. 62.

③ Ibid.

首相约翰·梅杰与法国总理爱德华·巴拉迪尔，分别在当年的9月与11月提出了本国对灵活性问题的看法。虽然对于具体实施灵活性的方式存在分歧，但英国与法国都认可灵活性对于扩大后的欧盟具有重要意义，是保证欧盟继续有效运行的重要工具。除主要成员国外，欧盟机构也对灵活性予以了关注。在欧盟机构递交给专家“评估小组”的报告中，来自欧盟委员会和欧洲议会的报告都提出未来扩大后的欧盟需要重视灵活性问题的存在，并确保灵活性不会对欧盟一体化进程产生消极影响。①

1995年6月至12月，专家“评估小组”先后举行了14次会议磋商，灵活性虽未成为独立的会议主题，但9次出现在会议讨论之中。②专家“评估小组”对该问题的多次讨论反映了灵活性对于欧盟应对当前各类挑战的必要性，以及其对于帮助欧盟完善政策目标与原则设计的重要性。1995年12月，专家“评估小组”发布最终报告。该报告充分肯定了讨论灵活性的重要性，认为灵活性可以作为欧盟决策的“最后选项”被引入欧盟条约之中，但需保证其仅为暂时性制度安排，并且对全体成员国开放。③ 针对共同外交与安全政策，该报告认为在该领域引入灵活性有助于减少部分潜在消极态度国家对此领域政策实施的阻碍，是保证共同外交与安全政策实施的可行方案。④ 此外，值得注意的是，在该报告中，“建设性弃权”作为一系列旨在提升共同外交与安全政策决策效率的临时性决策安排建议之一被提出。⑤ 这是“建设性弃权”概念的首次出现。总体而言，该报告的内容意味着有关灵活性的讨论将成为1996年政府间会议中必不可少的议题之一。

1995年12月的欧洲理事会马德里峰会决定于1996年3月正式启动

① European Commission, *Report on the Operation of the Treaty on European Union*, 1995, p. 67; CVCE, *European Parliament Resolution of* 17 *May* 1995 *on the Operation of the Treaty on European Union with a View to the* 1996 *Intergovernmental Conference*, Published online in 2013, p. 8.

② Alexander Stubb, *Negotiating Flexibility in the European Union: Amsterdam, Nice and Beyond*, p. 67.

③ Antonio Missiroli, *CFSP, Defense and Flexibility*, Chaillot Paper from the Institute for Security Studies of Western European Union, No. 38, 2000, p. 7.

④ Alexander Stubb, *Negotiating Flexibility in the European Union: Amsterdam, Nice and Beyond*, p. 67.

⑤ CVCE, *Report by the Reflection Group: A Strategy for Europe* (*Brussels*, 5 *December* 1995), published online in 2013, p. 40.

政府间会议。各成员国开始谨慎确定其对会议相关议题的立场。在此期间，针对灵活性问题的讨论开始从笼统的成员国对灵活性态度转向对具体灵活性形式与措施的态度。1995 年 12 月，法国总统雅克·希拉克与德国总理赫尔姆特·科尔发表联名公开信，提出了“更紧密合作”的灵活性形式。该措施将建立在欧盟法律框架内，并向全体成员国保持开放。法德两国领导人认为，未来欧盟不应反对此种形式的灵活性措施。次年 2 月，法国外交部长赫尔维·德·沙雷特与德国外交部长克劳斯·金克尔发表联名信，提出了将“例外选择权”机制化的设想，以确保不愿参与合作的国家不会被迫参与合作。[①] 上述两种具体措施选择代表着两种不同出发点：“更紧密合作”针对有能力且有意愿进一步深化合作的国家，其目的是不阻碍此类国家深化合作的意愿；机制化的“例外选择权”则针对意愿或能力不足以支持其继续参与合作的国家，其目的是不强迫成员国违背本国利益与意愿被迫参与合作。这两种政策选择成为成员国在此后对灵活性表现形式进行讨论的起点与依据，在一定程度上可以认为它们是新条约灵活性措施的雏形。

经过一系列的讨论，各国逐渐在政府间会议举行之前明确了本国对灵活性措施的态度。其大致表现为：有望成为欧盟核心的国家对于加强合作型的差异性一体化措施大多持支持态度；而在一体化进程中较为边缘化的国家则反对此种灵活性形式。而对于“例外选择权”这种退出机制而言，认为自身未来不会采用此灵活性措施的部分国家予以了反对。[②] 具体至共同外交与安全政策，专家“评估小组”的报告针对有效落实共同外交与安全政策提出了两项可能将会纳入灵活性措施的建议：一是改革共同外交与安全政策的决策程序以提高决策效率；二是加强欧盟与西欧联盟的联系从而提升其安全与防务能力。受此影响，成员国对灵活性措施的意见大致分为两派：法国、德国、意大利、比利时、卢森堡、荷兰、西班牙、葡萄牙、希腊支持强化合作型的差异性一体化措施；英国、丹麦、爱尔兰、芬兰、瑞典和奥地利则希望能增加实施差异性一体化措

① Alexander Stubb, *Negotiating Flexibility in the European Union: Amsterdam, Nice and Beyond*, p. 68.

② Ibid., pp. 69 – 70.

施的约束条件，以防止其被过度使用。[1] 需要说明的是，此时成员国的倾向决定主要从是否参与防务合作的角度出发。对于如何改革决策程序，成员国的态度倾向多样，尚未形成明确的区别划分。

在以上议程设置阶段，对灵活性的频繁讨论主要通过非欧盟渠道进行。1996 年 3 月欧盟都灵会议正式授权在政府间会议中讨论灵活性议题。由此，欧盟机构与成员国开始在欧盟框架下探索对灵活性进行机制化规范的可能。从都灵会议起至 1996 年 12 月的欧盟都柏林会议，是 1996—1997 年政府间会议的政策形成阶段。[2] 在该阶段对共同外交与安全政策灵活性议题的讨论主要围绕灵活性措施的形式选择。

在会议之初，时任轮值主席国意大利向会议提交了两份有关灵活性问题的背景文件。虽然文件本身对于灵活性的讨论仍较为宽泛，但其已开始引导成员国思考一些具有实践意义的问题。例如，欧盟应选择采取统一的、适用于所有政策领域的灵活性规则，还是根据具体情况在不同政策下有所区别的灵活性规则？灵活性的使用范围与应用规则应当如何确定？在政府间会议的初期（即意大利任轮值主席国时期），各成员国对于灵活性问题仍然处于从笼统态度到明确立场的探索过程中，因此对于上述问题，成员国无法给出明确的答案。但受此影响，主要成员国对于在哪些政策领域可以设置灵活性措施提出了本国的初步立场。具体就共同外交与安全政策而言，之前被视为潜在核心国家的法国、德国、意大利、比利时、卢森堡、西班牙和荷兰支持在共同外交与安全政策领域实施以深化合作为目的的更紧密合作措施；芬兰、瑞典反对实施更紧密合作措施；丹麦支持实施根据具体情况而定的灵活性措施；而英国、希腊、葡萄牙则反对在此领域实施任何形式的灵活性措施。[3]

1996 年 6 月，爱尔兰接任欧盟轮值主席国，并接受意大利的建议将灵活性纳入 7 月在科克郡举行的欧盟外长非正式会议的议程。在各方立场逐渐明确化的背景下，此次会议提出了采取何种决策机制触发灵活性安排的问题，标志着对灵活性的讨论进入了一个新的阶段，开始涉及机

① Alexander Stubb, *Negotiating Flexibility in the European Union: Amsterdam, Nice and Beyond*, p. 72.

② Ibid. , p. 58.

③ Ibid. , pp. 75 – 76.

制建设等具有可操作性的细节问题。1996 年 9 月，在布鲁塞尔会议上，爱尔兰发布灵活性条款草案（CONF3914）供成员国代表讨论。该草案提出，在共同外交与安全政策领域触发灵活性措施需经全体一致同意。会议最终并未明确对此条款的态度，但就灵活性措施本身，多数成员国认为共同外交与安全政策领域适合纳入灵活性措施。① 需要说明的是，爱尔兰所给出的条款草案并非为欧盟成员国提供对相关问题的最终答案，而是为成员国对自身立场的进一步明确提供基础。实际上，在政府间会议提出灵活性问题时，欧盟机构与成员国便意识到该问题将是政府间会议中最敏感与最难解决的议程之一。② 因此，在议程设置与政策形成阶段的大部分文件其作用并非为灵活性议题提供答案，而是引导成员国对此问题的讨论方向。

1996 年 10 月，爱尔兰在都柏林召开欧盟领导人非正式会议以推进政府间会议的讨论。此次会议的成果是，成员国均基本接受了在条约中纳入灵活性条款的建议，未来成员国有关灵活性的讨论将聚焦于选择恰当的灵活性措施并确定其运行机制。非正式会议后，法德两国发表第三份联合备忘录推动对灵活性议题的讨论，提出不应该有成员国具备一票否决权以阻碍灵活性措施的落实。同年 11 月，欧盟成员国举行部长级会议对新条约与灵活性措施进行讨论。讨论依据轮值主席国提交的背景文件进行，然而在该文件中，却没有提及有关在共同外交与安全政策领域实施加强合作型灵活性措施的问题。出现这一现象的主要原因是，作为轮值主席国的爱尔兰对在共同外交与安全领域使用灵活性措施存有疑虑。它担心加强合作型的防务合作措施将有可能损害爱尔兰的中立国地位，或把与其类似的一系列具有中立身份的成员国边缘化。③

在爱尔兰任期的最后阶段，其着手起草修订新条约的大纲。需要说明的是，这一阶段大纲设计的主要目的在于总结前期讨论所形成的共识，明确各成员国的利益诉求与优先议程，将各国均可以接受的、已开始成

---

① Alexander Stubb, *Negotiating Flexibility in the European Union: Amsterdam, Nice and Beyond*, p. 78.

② Antonio Missiroli, *CFSP, Defense and Flexibility*, p. 8.

③ Alexander Stubb, *Negotiating Flexibility in the European Union: Amsterdam, Nice and Beyond*, p. 80.

型的条约内容进行整合，并将其作为会议最后政策确定阶段的基础。[①]虽然成员国均同意在条约中纳入灵活性，但由于对选择何种形式的灵活性措施仍争议不断，因此爱尔兰认为会议对灵活性的讨论仍未成熟，并未将灵活性以条款的形式列入大纲之中。不过，大纲的第5章（CONF 2500；Section V）对现有关于灵活性问题的结果与共识进行了总结，并提出了下一步需要解决的问题。大纲提出政府间会议在下一阶段需要对灵活性措施的触发机制、启动要求以及适用政策范围做进一步明确。[②]

然而，值得注意的是，作为灵活性的一种表现形式，“建设性弃权”的初步条款却被纳入了爱尔兰起草的修约大纲。不过，该条款并未被归入灵活性议题，而是作为共同外交与安全政策决策程序优化的一部分。[③]这一情况说明政府间会议对“建设性弃权”的考量并非单纯从灵活性的角度出发。实际上，在谈判之初，以法、德为代表的部分成员国已提出，希望能够扩大特定多数表决规则在共同外交与安全政策的使用，以规避单个成员国利用否决权制约欧盟的对外行动能力。不仅如此，为增强共同外交与安全政策的行动力，上述国家还希望能够加强成员国间在防务领域的合作。但是这一加强共同外交与安全政策决策和提升共同防务能力的诉求可能危及英国和具有中立地位成员国的利益。所以，英国及北欧国家反对上述诉求。最终，在芬兰和瑞典联合提出的和解方案下，成员国间同意以“建设性弃权”的方式，既满足提高共同外交与安全政策效力的需求，又保证成员国不会被迫进入其不愿参与的合作。[④]

纵观这一阶段，在法、德的主导下，政府间会议对灵活性的讨论实际上聚焦于如何消除现有障碍、实现部分国家对欧洲一体化深化的积极灵活性措施，并不愿过多讨论以“例外选择权”“建设性弃权”为代表的消极灵活性措施。其原因在于修约的主要目的是加强欧盟建设、提升

---

① Bobby McDonagh, *Original Sin in a Brave New World: An Account of the Negotiation of the Treaty of Amsterdam*, Institute of European Affairs, 1998, p. 105. 转自 Alexander Stubb, *Negotiating Flexibility in the European Union: Amsterdam, Nice and Beyond*, p. 80.

② 具体参见 CONF 2500, *The European Union Today and Tomorrow: Dublin II*, Irish Presidency, 5 December 1996, pp. 127 – 132.

③ 具体参见 CONF 2500, *The European Union Today and Tomorrow: Dublin II*, p. 75.

④ Andrew Moravcsik and Kalypso Nicolaidis, *Explaining the Treaty of Amsterdam: Interests, Influence, Institutions*, Journal of Common Market, Vol. 37, No. 1, 1999, pp. 71, 75.

欧盟能力，而以“更紧密合作”为代表的强化合作措施是能够更为直接实现该目标的方式。由此，在各个政策领域中，潜在“核心”成员国都致力于引导政府间会议深入讨论积极灵活性措施。并且，受过往欧盟对外实践的刺激，以法、德为代表的欧盟成员国对于共同外交与安全政策灵活性的讨论重点一直都集中于防务政策领域。对于该领域，具备对外行动的能力是其更为看重的议事日程。由于外交政策决策效率提升并非灵活性这一主题下的核心议程，这也就导致有关灵活性的讨论中较少看到对于“建设性弃权”的讨论。

以爱尔兰修约大纲为基础，1997 年 1 月荷兰接任欧盟轮值主席国，开始了政府间会议最后一阶段的讨论与决策。会议至此，各方对于达成新协议都承受着较大的压力。对于主要成员国而言，达成新协议是英、法、德在面对国内竞选时的重要砝码；对于欧盟而言，达成新协议是欧盟顺利进行东扩接纳中东欧成员的必要准备。因此，在欧盟都柏林会议期间，荷兰作为新任轮值主席国获得了欧洲理事会的充分授权，以争取在 1997 年 6 月完成条约修订。

面对灵活性议题，荷兰认为其难以推进的原因在于灵活性与共同外交与安全政策和司法与内务合作的关系。对此，荷兰对未来灵活性的要求是，灵活性的存在不能损害共同外交与安全政策和司法与内务合作的现有特征与共同性。在这一原则的指导下，1997 年 2 月，荷兰公布其第一份灵活性议题条约草案。在该草案中，荷兰质疑在共同外交与安全政策中设置独立灵活性条款的必要性，认为修约大纲中提出的“建设性弃权”与既有关于允许成员国在北约和西欧联盟框架下加强防务合作的条款（《马约》的 J. 4）已经为成员国提供了足够的灵活性空间。[①] 虽然文件做出如上判断的主要原因是荷兰本国对于在共同外交与安全政策领域实施灵活性的质疑，但这一文件无疑强化了反对在该领域实施更紧密合作措施国家的立场。文件发表后，爱尔兰、英国、丹麦、瑞典、奥地利与希腊明确表示认同荷兰的观点，认为“建设性弃权”足以满足共同外交与安全政策领域所需要的灵活性；比利时与卢森堡对此表示中立，认为在无法实现更紧密合作的情况下，“建设性弃权”是满足该领域灵活

---

① Alexander Stubb, *Negotiating Flexibility in the European Union: Amsterdam, Nice and Beyond*, p. 86.

性的次优选择。①

然而，法国、德国、意大利、西班牙、葡萄牙和芬兰仍然认为更紧密合作对于共同外交与安全政策的实施而言是必要的。要求在该领域实施更紧密合作和将西欧联盟纳入欧盟的提议，共同组成了对欧盟外交与安全政策能力提升的方案。并且，更紧密合作是在“将西欧联盟纳入欧盟”提案遭遇挫折时的保护措施，以确保联盟防务能力可以得到加强的渠道。因此，在荷兰发布的第二份有关灵活性的提案中，对灵活性触发机制的讨论，仍旧带有在共同外交与安全政策领域开展更紧密合作的可能，并规定在该领域灵活性措施的触发程序应为全体一致同意。1997 年 3 月，在欧盟外长会议中有关将西欧联盟纳入欧盟的讨论反映出成员国对深入发展联盟防务能力方面政治意愿不足后，比利时与卢森堡转变态度，认为在共同外交与安全政策内仍需更紧密合作措施以满足成员国就深化合作灵活性的需求。

1997 年 4 月，是否有必要将更紧密合作措施纳入共同外交与安全政策已成为灵活性讨论的焦点问题。除比利时与卢森堡转变态度支持更紧密合作外，其余国家仍旧没有出现思想变化。但是，对西欧联盟纳入欧盟讨论中所表现出的成员国发展防务共同体意愿的不足，已经开始影响法、德对于在该领域推动更紧密合作的积极程度。这是因为从该讨论中可以发现，在瑞典与芬兰提出将“彼得斯堡任务”纳入欧盟的建议后，欧盟大部分成员国认为这种以民事危机管理行动为主的对外安全行动合作已足以满足当前欧盟的需要。如若大部分成员国无意愿加强欧盟整体防务能力，以加强防务合作为主要目的的更紧密合作在该政策领域也就无法成形。

1997 年 5 月，英国政府换届，以托尼·布莱尔为首相的新政府对一体化态度积极。这一变化又在一定程度上降低了实施更紧密合作的必要性。虽然英国在政府间会议上的立场并未发生鲜明的改变，但欧盟其他国家可以确定的是，英国不会以否决权作为砝码，阻碍得到大多数认可的政策得以实现。就共同外交与安全政策而言，在“建设性弃权”为无合作意愿国家留有退出渠道的情况下，英国利用否决权阻碍共同外交与

---

① Alexander Stubb, *Negotiating Flexibility in the European Union: Amsterdam, Nice and Beyond*, p. 90.

安全政策合作的可能性较低，由此也就无须利用更紧密合作的方式以避开英国。

1997 年 6 月，政府间会议进入最后的讨论阶段，有关灵活性的条款大致定型。由于法国发现当前条约对灵活性的约束条件已无法满足其借助灵活性措施建立核心国家集团的意愿，它也开始不再对实施更紧密合作提出更多要求。同时，德国对当前条约草案中有关灵活性的条款表示满意。法、德两国的不再坚持，让一直处于僵持状态的共同外交与安全政策领域灵活性问题在 7 月的阿姆斯特丹峰会中得到了最终解决。会议中，英国、希腊、奥地利三国建议在共同外交与安全政策领域仅设置"建设性弃权"措施，删除"更紧密合作"。① 此建议获得了轮值主席国荷兰的同意，在无其他国家反对的情况下，该建议正式生效。最终，经过对条约草案的整理，1997 年 10 月 2 日，欧盟各成员国外交部长签署了《阿姆斯特丹条约》。该条约最终将"建设性弃权"作为共同外交与安全政策下差异性一体化形式。

回顾此过程，"建设性弃权"在议程设置与政策形成阶段均不是有关灵活性讨论的重点。这是由于在会议之初，主要成员国对于灵活性有着较高的期望，希望将它作为深化合作的工具。在共同外交与安全政策领域，深化一体化的重要内容之一就是增强防务合作，为欧盟提供行动力。但考虑到部分成员国对防务政策的主权敏感性，建设性弃权作为一种保护合作意愿不足国家的措施，既能满足此类国家不被迫参与合作的需求，又能在一定程度上降低有意愿合作国家在决策时所面临的阻碍，因此其能够获得了各方的同意，成为最早形成条款的灵活性措施。而其之所以成为共同外交与安全政策领域唯一的灵活性措施，根本原因是成员国对于进一步深化防务合作的政治意愿有限。"更紧密合作"为成员国所提供的灵活性明显大于当前大多数成员国所拥有的防务合作政治动力，而对该条款担忧的国家是基于自身现实的国家利益。因此，在推动力不足、反对意见稳固的情况下，"更紧密合作"条款最终未能保留在条约草案中。

---

① Alexander Stubb, *Negotiating Flexibility in the European Union: Amsterdam, Nice and Beyond*, p. 100.

二、“建设性弃权”的含义

1999 年 5 月 1 日《阿约》生效，在讨论中并未作为重点的“建设性弃权”成为共同外交与安全政策下灵活性的代表性措施。与《马约》的例外权条款不同，“建设性弃权”直接被写入了《阿约》的正文之中。条约的 J. 13（根据《阿约》的编码）条款对“建设性弃权”做出如下规定：

欧洲理事会有关共同外交与安全政策的决策将以全体一致同意的规则进行。但成员国的弃权将不会阻碍上述决定的落实。如成员国有意在投票中弃权，应当在理事会发表正式决定以声明弃权。如此，声明弃权的成员国将免于执行理事会决定，但同意该决定仍以联盟的名义得到执行。此外，根据相互团结的原则，宣布弃权的国家不应做出有损或阻碍联盟执行该决定的行为，而联盟其他国家也需尊重弃权国家的立场。如果宣布弃权国家占投票总数的 1/3，决定将无法落实。①

与“例外选择权”类似，“建设性弃权”也属于“菜单式欧洲”理念的典型代表。借助“建设性弃权”，成员国可以依据自身合作意愿与能力，选择退出某一特定共同决定的落实过程。但是与“例外选择权”预先规定的差异性不同，“建设性弃权”是一种“一事一议”的差异性（Case - by - case Differentiation）。动用“例外选择权”意味着成员国与欧盟之间就未来共同体发展方向与机制建设存在一定的分歧，而触发“建设性弃权”则只能表明成员国与欧盟之间仅就目前面临的具体问题存在分歧或差异。“建设性弃权”针对的是欧盟对外政策中的具体共同决定，而非某一政策领域。它充分考虑了成员国在不同议题背景下对是否参与合作问题的具体利益考量，实际上给予了成员国更宽松的选择空间，避免了成员国因个别特殊利益而整体性退出某一政策领域的可能。对于欧盟而言，除弃权声明所针对的具体议题外，“建设性弃权”并不限制弃权国对该政策领域其他具体行动的参与。因此，相较于“例外选择权”，“建设性弃权”对于联盟政策共同性的负面影响较弱。

---

① European Union, *European Union Treaty of Amsterdam*, Office of Official Publications of the European Communities, 1997, p. 14.

通过条约表述还可以明确的是：首先，“建设性弃权”并不针对任何特定国家，而是作为一般性条款向所有成员国开放，各成员国均可依据自身情况选择是否触发弃权。其次，弃权的触发机制是成员国直接在投票时向理事会做出正式声明。仅就程序而言，条约并未对成员国触发弃权设置明显的障碍，在操作上较为简单。最后，声明弃权并非对成员国义务的全部免除。成员国虽然免于执行共同决定，但本质上其仍需保护共同决定的实施，不能损害共同决定的效力。而对于其他执行共同决定的成员国而言，其也具有保护声明弃权国家利益的义务。

前文曾提到，在制订条约的过程中，“建设性弃权”更多地被视为对合作意愿不足国家的保护性措施。但在条约对其的表述中，欧盟更为强调的是“建设性弃权”为促进共同外交与安全政策决策所发挥的积极作用。弃权的存在使成员国在必要的情况下，可以利用该措施破解决策时因少数成员国与其他成员国立场不一致而导致的僵局。[①] 在有能力与意愿合作成员国占大多数的情况下，“建设性弃权”将具备类似于更紧密合作的功能，实现部分成员国在欧盟框架内的进一步深化合作。同时，条约对利用“建设性弃权”中撤销共同决定提出了较高的动议标准，在一定程度上保护了有望达成的共同决定不会因个别成员国的弃权而废止。相比“更紧密合作”，“建设性弃权”实施难度更低，更有可能实现使一体化在一定程度上得到深化的目标。

此外，动用“建设性弃权”并不完全等同于反对共同决定。尽管条约规定弃权国家免于执行共同决定，但其仍需认可该决定是以联盟的名义做出，对整个联盟都具备效力，并且其之后不能做出与共同决定相冲突的行为。实质上，这一规定仅免除了弃权国家在欧盟内落实共同决定的义务，但仍要求其履行在联盟外与第三方交往时落实共同决定的义务。如若弃权成员国据此执行，从立场的角度，弃权成员国与共同决定之间的立场不是对立关系，而是在同一倾向上的程度差异关系。如此，“建设性弃权”尽可能降低了弃权对欧盟对外政策一致性的影响。从形式上，虽然“建设性弃权”是一种退出机制，然而从条约规定上看，成员国的退出并不明显破坏政策的共同性，并使大多数成员国之间的合作成

---

① Steven Blockmans, *Differentiation in CFSP: Potentials and Limits*, p. 4.

为可能。这种以消极差异性一体化形式实现积极差异性一体化作用的表现，正是“建设性弃权”的特征所在。

然而，这一特征实际上对“建设性弃权”的触发提出了较高的要求。如前所述，条约并未从程序的角度对“建设性弃权”的触发设置较高的标准。但实际上，条约中的相互团结原则限制了成员国触发“建设性弃权”的可能性。由于弃权国家仍需承认共同决定对联盟有效，并且在行为上不能与其相抵触，这种要求实质上预设了成员国动用弃权的理据范围，即其应主要出于能力或意愿不足，而非利益冲突。由此，适合触发弃权的情形应是相关国家对共同决定所提供的利益诉求较低或没有诉求。① 在此情况下，参与合作虽不能为成员国带来明显的收益，但令成员国利益受损的可能性较小。而触发弃权，虽然并不会对决策造成阻碍，并且仍在原则上保证了联盟的共同性，但其实际上依旧削弱了欧盟的集体行动能力，从成员国与欧盟关系的角度看，这一选择是对成员国间关系的疏离。因此，对于成员国而言，利用“建设性弃权”会对其欧盟成员身份造成一定的负面影响，且收益未知。在如此的“收益—损失”比较下，成员国触发“建设性弃权”的可能性较小。换言之，当成员国与即将达成的共同决定存在利益矛盾时，成员国应更倾向于选择反对而非弃权；当成员国对潜在共同决定的利益诉求较低或无诉求时，成员国应更倾向于参与合作。如此，“建设性弃权”条款本身的内涵已预示了其在未来将较少获得成员国的利用。

第三节 塞浦路斯的“建设性弃权”实践

如上所述，虽然“建设性弃权”在共同外交与安全政策领域为灵活性预留了法律空间，但弃权成员国需尊重共同决定合法性，并在同第三国交往时不与之相对立的要求，提高了成员国触发“建设性弃权”的难

---

① 参见 Robert Bottner and Ramses Wessel, “Article 31 [Procedures for the Adoption of CFSP Decisions],” in Hermann – Josef Blanke and Stelio Mangiameli eds, *The Treaty on European Union (TEU): A Commentary*, Springer, 2013, p. 1058.

度。因此，该条款颁布后并未在实践中得到成员国的重视。迄今为止，仅有塞浦路斯于2008年，针对欧盟科索沃法治行动的共同决定动用过该条款。作为“建设性弃权”唯一的现实应用，对塞浦路斯启用“建设性弃权”的决策过程回顾，一方面可以明确究竟在何种情况下成员国会选择“建设性弃权”；另一方面也可以从实践的角度，进一步修正对“建设性弃权”鲜有使用的原因解释。

一、欧盟的“科索沃法治行动”

科索沃原是塞尔维亚共和国境内的一个自治省，主体民族是阿尔巴尼亚族（以下简称阿族），占当地人口的70%左右。自20世纪60年代起，科索沃阿族群体一直在寻求民族独立。20世纪80年代后期，斯洛博丹·米洛舍维奇当选塞尔维亚共和国领导人后，取消了科索沃自治省地位，对科索沃地区的民族独立势力与运动进行镇压。1991年11月，科索沃地区阿族民族主义人士宣布科索沃独立，并于次年正式宣布成立“科索沃共和国”。1994年，阿族极端分子建立“科索沃解放军”组织，开展对塞尔维亚警察和平民的恐怖袭击活动，致使科索沃地区动乱不断。①

1998年，“科索沃解放军”加大了对塞尔维亚警察部队的袭击，同时塞尔维亚军警也对此进行了大规模反击。这导致科索沃地区动荡加剧、伤亡不断，大量平民被迫流亡海外。为防止科索沃地区冲突演化为更为剧烈的内战，联合国、欧盟、北约等国际力量纷纷开始介入该危机。通过和平磋商、经济制裁与军事施压等手段的干预，1999年6月，联合国安理会通过1244号决议，决定实施《朗布依埃协议》要点，促使科索沃地区实现全面停火。此后，南联盟军队退出科索沃地区，局势暂时得到了控制。

联合国安理会第1244号决议为国际社会在冲突缓和后对科索沃地区进行管理与重建提供了法律基础。根据决议规定，在南联盟军队从科索沃地区撤出后，联合国将在该地区部署国际安全与民事存在，以监督停

---

① 肖月、朱立群主编：《简明国际关系史（1945—2002）》，第358页。

火、维持地区和平、协助建立科索沃地区自治机构、恢复地区秩序、进行经济重建，并推动科索沃地位问题的政治解决。[①] 同时，决议还特别提及欢迎欧盟为恢复科索沃及其周边地区的稳定和经济发展提供解决方案。[②] 可以认为，国际社会对于欧盟参与科索沃地区战后恢复与重建寄予了厚望。从欧盟角度，参与战后科索沃地区民事危机管理既是对欧盟共同外交与安全政策的检验与能力的构建，也符合欧盟将自身塑造为全球性力量的主观意愿。因此，欧盟对联合国的请求予以了积极回应，开始介入该地区的战后和平塑造与经济恢复进程，并逐渐成为这一进程的关键行为体。

在联合国的主导下，科索沃地区的和平重建与经济恢复有序进行。2002 年，首个科索沃地区临时自治机构建立，该地区要求进行最终地位谈判的诉求增强。对此，联合国设定了一系列治理标准，声明在科索沃达到上述要求后将适时开启谈判。2004 年 3 月，因不满科索沃最终地位谈判长时间未能确定，该地区爆发了严重暴乱。国际安全与民事存在对此次暴乱予以强烈谴责的同时，也强烈地意识到解决科索沃最终地位问题的必要性。科索沃政治地位谈判最终被国际社会推上议事日程。

在承担科索沃经济重建任务之后，欧盟一直密切关注着科索沃地区的形势。2003 年 6 月，欧盟理事会明确表示欧盟将在任何有关科索沃地位的讨论中扮演主要角色。暴乱发生后，欧盟及其主要成员国（德国、法国、意大利、英国）作为稳定西巴尔干地区的主要国际力量，一方面严厉谴责暴乱事件，另一方面也积极谋求在科索沃问题处理中发挥更重要的作用。暴乱之后，欧盟外交与安全政策高级代表哈维尔·索拉纳积极游说联合国任命欧盟原马其顿问题特别代表索伦·彼得森为新的联合国科索沃行动负责人。索伦·彼得森上任后，在其主导下，参与科索沃行动的国际组织经过商讨，于 2004 年底达成有关未来国际组织参与科索沃行动的国际协议：联合国将减少其在科索沃地区的存在，北约和欧安组织的存在维持不变，欧盟将加强其存在。[③]

---

① 联合国安全理事会：《第 1244（1999）号决议》，1999 年 6 月 10 日，第 2—4 页。

② 联合国安全理事会：《第 1244（1999）号决议》，第 4 页。

③ Hylke Dijkstra, *Policy - making in EU Defense and Security: An Institutional Perspective*, Palgrave Macmillan, 2013, p. 169.

2005年6月，欧盟外交与安全政策高级代表哈维尔·索拉纳与欧盟委员会扩大事务委员奥利·雷恩发表联合报告，阐明未来欧盟在科索沃地区的角色与作用。该报告提出，未来欧盟对科索沃地区事务的参与将会有所侧重，将其资源集中投入到保护少数族裔权利、法治等欧盟所认定的核心政策领域。① 2005年12月，哈维尔·索拉纳与奥利·雷恩发表第二份联合报告，在重申将法治作为重点关注政策领域的基础上，提出将利用欧盟共同安全与防务政策工具支持该领域问题解决的设想。② 由此，欧盟公开表明了其在科索沃地区进行法治行动的可能。

2005年10月，联合国正式启动科索沃最终地位谈判进程，并任命芬兰前总统马尔蒂·阿赫蒂萨利为秘书长特使。欧盟及其主要成员国也积极参与到该进程中。为对科索沃地区问题有更为客观的了解，为欧盟决策提供充分的依据，2006年5月，欧盟向科索沃地区派遣长期行动规划团队（Planning Team），对相关问题予以调查。4个月后，规划团队发布了第一份行动建议报告，为欧盟实施科索沃法治行动提供了三种行动方案：轻度介入、中度介入和重度介入。③ 欧盟最初倾向于选择轻度介入的行动方案，即欧盟将作为国际民事存在的一部分，尽可能少地向该地区派遣人员与物资，主要以指导训练为主，避免直接进行一线实践。2007年3月，联合国特使马尔蒂·阿赫蒂萨利提交报告，建议在科索沃地区实施“监督下的独立”。这一建议遭到了俄罗斯与塞尔维亚的反对。最终，联合国安理会无法就此问题达成决议。该结果改变了欧盟的最初计划，导致欧盟最终选择了重度介入方案，并根据维护科索沃地区稳定的需要，大量增加了警察、司法、海关部门所需要的专家与行动力量人数。需要说明的是，欧盟确定科索沃法治行动的规模与介入程度是以联合国安理会就科索沃最终地位问题所达成的协议为前提的。欧盟科索沃法治行动的目的是重建与加强科索沃地区的司法秩序，而这一秩序需要以该地区内稳定的政治环境为基础。因此，在科索沃政治环境不明朗的情况下，欧盟需要投入更多的力量在维持稳定的基础上，恢复司法秩序。

---

① Hylke Dijkstra, *Policy - making in EU Defense and Security: An Institutional Perspective*, p. 170.

② Hylke Dijkstra, *Policy - making in EU Defense and Security: An Institutional Perspective*, p. 172.

③ 区分介入程度的指标主要包括派遣的人数、直接参与一线行动的程度。具体参见：Ibid. , p. 174.

在联合国安理会的讨论陷入僵局之后，联合国安理会要求“俄罗斯—欧盟—美国”组成外交三巨头在安理会外继续寻求统一各方意见的方案。① 2007 年 6 月，在欧盟的组织下，相关方继续就科索沃问题下一步的解决方案进行讨论。然而由于各方态度强硬，会议最终于当年年底无果而终。这意味着，国际社会通过磋商谈判协助科索沃地区达成最终地位协定的努力彻底失败。在此背景下，2008 年 1 月，欧盟向成员国发布了针对科索沃地区恢复法治议题的欧盟共同行动草案。该草案表明欧盟将可能选择在科索沃地区最终地位协定未能达成的情况下，继续实施稳定科索沃地区的民事危机管理行动。

二、塞浦路斯在“科索沃法治行动”中的“建设性弃权”

欧盟科索沃法治行动的目的是协助科索沃地区临时自治机构实现其司法机构与法律执行机构的功能完善，维持与促进该地区的法治、安全与社会秩序稳定。对于在此地区有大量投资的欧盟而言，该行动将降低欧盟投资项目的安全风险。同时，该行动还有助于欧盟安全行为体形象的塑造。据此，成员国间虽然就是否承认科索沃的政治地位存在分歧，但对于加强欧盟在该地区的力量投入基本持支持态度。但是，联合国安理会未就科索沃政治地位问题达成一致，导致欧盟科索沃法治行动失去了其预期的联合国授权。这一情况令塞浦路斯对于是否参与该行动的思考产生动摇。

实际上，令其态度产生动摇的根本原因源自塞浦路斯自身的民族问题。自 1974 年塞浦路斯内战结束后，塞浦路斯一直处于民族与领土争端中，至今仍处于事实上的分治状态，该国土耳其族民族主义人士在塞浦路斯北部成立了北塞浦路斯土耳其共和国。内战后，国际社会与塞浦路斯内部各方曾提出多项政治解决方案，但未有一项能够获得双方认同并付诸实施。目前，北塞土族政权与塞浦路斯之间设有通畅的沟通渠道，但通过政治解决方案结束民族间分治的可能性仍然较小。

然而幸运的是，塞浦路斯的民族问题并未对其加入欧盟形成较大的

① Giovanni Grevi, “EULEX Kosovo,” in Giovanni Grevi et al eds. , *European Security and Defense Policy: the First* 10 *Years* (1999 - 2009), EU Institute of Security Studies, 2009, p. 355.

阻碍。1999年12月，欧盟宣布，塞浦路斯出台民族问题政治解决方案不是其以完整国家领土范围加入欧盟的前提条件。[①] 尽管如此，该国的民族分治问题仍引起了如法国等欧盟主要成员国对塞浦路斯加入欧盟的担忧与反对。最终，2003年4月16日，塞浦路斯入盟条约签署，塞浦路斯成为欧盟正式成员。值得注意的是，塞浦路斯是以完整国家身份加入欧盟，这意味着欧盟不认可塞浦路斯北部土耳其族群独立的合法性。一般而言，欧盟中的小国普遍支持落实严格基于规则的欧盟外交政策，以增强自身在外交实践中的议价能力，扩宽自身的信息来源渠道，克服其对大国的单方面依赖。[②] 因此在加入欧盟后，塞浦路斯在共同外交与安全政策以及共同安全与防务政策中一直扮演着积极的角色。同时，塞浦路斯也利用自身欧盟成员身份将塞浦路斯民族问题中的国家利益外化为欧盟立场。例如，对于土耳其的入盟问题，受塞浦路斯影响，欧盟一直将土耳其停止对北塞土族政权的物质支持，作为允许土耳其入盟的前提条件之一。

科索沃地位问题与塞浦路斯民族问题有着诸多相似之处。起因均为民族冲突与分歧，要求独立的族群均为单方面宣布独立，原属国均不接受民族自治地区的独立声明。因此，对于塞浦路斯而言，如何处理科索沃问题将可能为未来如何处理本国民族问题提供先例与参考。在科索沃政治地位未定的情况下，欧盟科索沃法治行动落实“监督下的独立”方案，其本质上是一种对科索沃地区在事实上独立的承认。如果塞浦路斯参与该行动意味着支持科索沃地区独立，将对其解决北塞土族政权问题造成明显的负面影响。由此，对于塞浦路斯而言，面对欧盟科索沃法治行动时，其需解决的问题是如何回应对于欧盟具有明显收益但可能危及本国利益的行动要求。

针对科索沃政治地位问题，塞浦路斯已明确表示反对承认其独立。据此可以确定，塞浦路斯面对欧盟科索沃法治行动的整体态度倾向应是消极或否定的。特别是在欧盟科索沃法治行动未获得联合国授权的情况

---

① Angelos Sepos, *The Europeanization of Cyprus: Polity, Policies and Politics*, Palgrave Macmillan, 2008, p. 44.

② Michael Smith, "Rules, Transgovernmentalism, and the Expansion of European Political Cooperation," in Wanye Sandoltz and Alee Stone Sweet eds., *European Integration and Supranational Governance*, Oxford University Press, 1998, p. 318.

下，塞浦路斯无法忽视该行动可能对科索沃事实独立形成的潜在承认。因此，对于塞浦路斯而言，在欧洲理事会就塞浦路斯法治行动进行决策时，它的政策选项主要是两种：投票否决或投票弃权。分析上述两种政策选项的潜在后果与影响可以发现，对于塞浦路斯而言，投票否决将比投票弃权付出更大的代价，而二者收益相似。

具体就投票否决而言，塞浦路斯如做出这一行为将导致欧盟科索沃法治行动计划无法实施。在此选择下，塞浦路斯保持了其对科索沃地区单方面宣布独立的不支持态度，并与其解决国内民族冲突的政策倾向相一致，因此否决行为将显示出塞浦路斯解决本国民族问题的决心。同时，否决行为也可以表明，塞浦路斯可以在国家利益与联盟多数国家需求之间存在分歧时，对欧盟整体决策施加影响，保证本国不会被迫参与集体性行为。此外，由于塞尔维亚是塞浦路斯在外交政策方面的传统合作伙伴，并且两国信奉相同的宗教，在宗教文化上有诸多相似之处，塞浦路斯的否决行为还可以表明其对塞尔维亚立场的支持。

但否决行为所付出的代价是塞浦路斯对欧盟外交政策承诺的减弱。如前所述，欧盟科索沃法治行动是欧盟对科索沃问题的进一步介入。对于欧盟而言，这次行动在两个方面对其具有重要意义：首先，该行动将有助于稳定欧盟周边地区的政治与社会环境。周边地区的稳定将从根源上降低欧盟发生如难民偷渡、跨国有组织犯罪等内部安全问题的可能。其次，该行动是对欧盟共同安全与防务政策（特别是民事行动）的能力与效果的有效检验。在南斯拉夫危机期间，欧盟未能发挥其预想的对外行动能力，甚至有批评者称，在没有美国与北约领导的情况下，欧盟共同对外行动将彻底失败。[①] 针对科索沃地位承认问题，由于成员国分歧明显，欧盟已无法作为统一的行为体声明共同立场。若此次共同行动计划的落空，它将对欧盟统一对外行为体形象造成进一步打击。

此外，共同行动的失败不仅将影响欧盟共同外交政策的形象，还会导致欧盟及其他成员国对塞浦路斯对欧盟忠诚度的质疑。在入盟谈判时，欧盟已明确要求新成员国应积极调整自身国内政策，与欧盟标准相衔接，并全面接受欧盟已形成的规范与价值观念。法治是欧盟针对冲突后重建

---

① Labinot Greicevci, “EU Actorness in International Affairs: The Case of EULEX Mission in Kosovo,” *Perspectives on European Politics and Society*, Vol. 12, No. 3, 2011, p. 286.

的核心理念。[①] 若塞浦路斯选择否决该行动，将可能被视为对欧盟共同外交与安全政策冲突后管理理念的否认。并且，否决行为所带来的负面冲击甚至可能会危及塞浦路斯所重视的民族问题。科索沃法治行动草案建立在欧盟理事会和欧盟委员会共同认可的基础上，并得到了多数主要成员国的支持。塞浦路斯的否决将可能刺激个别成员国利用塞浦路斯国内问题对其不合作行为予以报复。恰如塞浦路斯在入盟谈判最后阶段与英国之间的摩擦，导致英国转而支持停止对北塞土族的孤立与要求降低塞浦路斯对土耳其入盟问题的影响。[②] 综上，尽管投票否决将在最大程度上保证塞浦路斯在民族问题上的利益不会被破坏，但是此选择的成本是塞浦路斯将在较大程度上牺牲欧盟的利益，并对自身的欧盟成员身份带来明显的消极影响。

而具体就投票弃权而言，其结果将是塞浦路斯退出针对欧盟科索沃法治行动的表决，如若投票通过，则其余国家执行对该行动的落实，塞浦路斯免于执行该行动。对于塞浦路斯而言，弃权实际上是以一种相对缓和的方式，延续其对科索沃单方面独立的否定态度。根据“建设性弃权”的相互团结原则，在表明弃权后，弃权国与执行共同决定的成员国之间需保证不会做出任何有损对方利益的行为。这一双项规定在约束弃权国行为的同时，也保证了共同决定的执行将避免对弃权国利益造成伤害。就科索沃法治行动而言，塞浦路斯对该行动的主要担忧在于行动将导致欧盟对科索沃独立的事实承认。对此，欧盟在行动授权阶段对该问题进行了一定程度的预防性处理。由于科索沃地位协议未能达成，欧盟提出科索沃法治行动的人员与资源派遣将以一种“地位中立”的方式进行，即在行动执行与科索沃地位问题之间不建立关联。[③] 事实上，为避免出现有关承认问题的争议，欧盟最初在科索沃地区的行动能力是通过技术性移交的方式获得的，即欧盟与联合国之间达成技术性安排，购买联合国科索沃行动的剩余物资与装备。由此可见，欧盟科索沃法治行动一直在试图避免陷入承认科索沃地区主权的选择困境，并避免出现与塞

---

① Christopher Chivvis, *EU Civilian Crisis Management: The Record So Far*, RAND Corporation, 2010, p. 32.

② James Lindsay et al eds., *An Island In Europe: The EU and the Transformation of Cyprus*, I. B. Tauris Publishing, 2011, p. 118.

③ Christopher Chivvis, *EU Civilian Crisis Management: The Record So Far*, p. 32.

浦路斯核心关切相冲突的可能。

此外，对于塞浦路斯而言，选择“建设性弃权”可能面对的另一个风险是该选择可能恶化其与塞尔维亚的关系。针对该问题，欧盟在实施科索沃法治行动之前也做出了相应的预防性处理措施。2007 年 12 月，欧盟理事会启动与塞尔维亚之间的稳定与联系协定，要求塞尔维亚加强其改革，特别是司法与安全部门的改革。这一要求与“外交三巨头”主导的会议中所强调的内容一致。2008 年 1 月，欧盟理事会批准欧盟与塞尔维亚签署政治合作协议，该协议将使塞尔维亚在人员流动、教育合作与自由贸易领域获得显著收益。[①] 这一系列针对塞尔维亚的友好举措，恰巧发生在欧盟决定启动科索沃法治行动之际。根据这一时间上的巧合可以认为，上述举措实际上是欧盟为实施科索沃法治行动而对塞尔维亚采取的补偿性政策。上述措施一方面将有助于缓解欧盟在实施科索沃法治行动后与塞尔维亚出现关系紧张的可能，另一方面也将有助于缓解塞浦路斯投票弃权后与塞尔维亚出现关系紧张的可能。

而从塞浦路斯作为欧盟成员国的角度来看，相比投票否决，选择弃权将在结果上为塞浦路斯带来更多的收益。

第一，选择弃权在保证塞浦路斯免于参与欧盟科索沃法治行动的基础上，使该行动仍能够以欧盟的名义进行，为欧盟提供了发挥与检验其共同外交与安全政策行动力的机会。受对其防务资源使用的限制，欧盟一直与其所期望的强有力全球性行为体形象存在明显的差距。此次复杂的欧盟法治行动为欧盟提供了一次机会，以检视其民事危机管理能力。与之前的欧盟警察行动相比，欧盟科索沃法治行动最大的区别在于其加入了行政性授权（executive mandate）内容。这对欧盟在行动日常管理、指挥和信息传递方面提出了更高的要求。[②] 通过实施欧盟科索沃法治行动，欧盟可以对其共同外交与安全政策执行环节的缺陷予以完善，并进一步提升共同外交与安全政策工具箱的有效性。

第二，欧盟科索沃法治行动所强调的法治原则，将强化欧盟作为

① 具体参见：Council of European Union, *Council Conclusions*, 16003/3/07 REV 3 COWEB 284 COSDP 1009 PESC1446, 7 December 2007; Council of European Union, *Council Conclusions*, 5511/3/08 REV 3 COWEB 26 COSDP 49 PESC68, 28 January 2008.

② Martina Spernbauer, *EULEX Kosovo—Mandate, Structure and Implementation: Essential Clarifications for an Unprecedented EU Mission*, CLEER Working Papers, No. 5, 2010, p. 5.

“规范性力量”的存在。而塞浦路斯的“建设性弃权”为欧盟提供了机会，使欧盟在塞浦路斯退出的情况下，仍能够实现对此国际形象的巩固与强化，降低了其退出对欧盟政策可靠性的冲击。[①] 对于欧盟和塞浦路斯而言，对欧盟“规范性力量”身份的巩固与强化不仅会提升欧盟作为国际行为体的外在合法性，还会使世界其他地区将欧盟视为保护国际规范与制度的核心力量。值得注意的是，此身份定位与塞浦路斯的外交政策倾向相符，因此该形象的强化也有助于塞浦路斯在宏观上外交政策目标的实现。

第三，“建设性弃权”将有助于塞浦路斯保持作为共同外交与安全政策积极参与者的良好形象。作为在地理位置上处于欧洲边缘的小国，塞浦路斯一直积极对其外交政策进行欧洲化，以借助欧盟成员身份增强其外交政策的效力。在对外行动方面，塞浦路斯对于欧盟在彼得斯堡任务框架下所提出的冲突预防、维和与危机管理任务都给予了积极支持。其直接派遣军事人员参与欧盟共同安全与防务政策在刚果与苏丹达尔富尔地区的行动，派遣警务人员参与欧盟在波黑和马其顿的警察行动。[②] 过往经历为塞浦路斯塑造了共同外交与安全政策积极参与者的形象。面对此次欧盟科索沃法治行动与其国家利益存在的潜在冲突，若其利用“建设性弃权”的方式处理问题，将继续对其他成员国释放其维护共同外交与安全政策的积极信号。而对于塞浦路斯而言，其与欧盟其他成员国间的良好关系，对于塞浦路斯在寻求欧盟层面保护本国在国内民族问题方面的利益具有积极意义。

综上，虽然与投票否决相比，投票弃权使塞浦路斯对民族分裂问题的立场表达强度相对较弱，但其对塞浦路斯作为欧盟成员国的收益保护明显高于投票否决。同时，针对塞浦路斯利用弃权所可能产生的一系列潜在风险，欧盟在计划行动的过程中分别采取了相应的预防性措施，尽可能降低其与塞浦路斯利益冲突的可能。通过上述比较可以发现，对于塞浦路斯而言，建设性弃权是更为符合塞浦路斯利益的选择。

2008 年 2 月 4 日，在欧盟理事会有关科索沃法治行动的讨论中，塞

---

① Martina Spernbauer, *EU Peacebuilding in Kosovo and Afghanistan: Legality and Accountability*, Martinus Nijhoff Publisher, 2014, p. 257.

② Angelos Sepos, *The Europeanization of Cyprus: Polity, Policies and Politics*, p. 123.

浦路斯以“建设性弃权”的方式回应了欧盟理事会有关是否同意实施共同行动的问题，并对此做出正式声明。该声明内容共分为5点：第一，塞浦路斯承认并尊重欧盟对于西巴尔干地区稳定的责任与贡献，尊重其他成员国希望欧盟能够积极介入科索沃事务的意愿。第二，塞浦路斯一直致力于维护联合国安理会在维护世界和平与安全方面的核心作用，因此塞浦路斯坚持欧盟对于科索沃的行动应当具有联合国安理会的明确意见。第三，尽管塞浦路斯对欧盟行动的法律基础与欧盟行动所造成的国际法影响存有疑虑，但塞浦路斯现已决定不妨碍欧盟理事会落实该行动。第四，塞浦路斯将以忠诚和相互团结为原则，在未来针对相关问题做出决定时，将保证使欧盟行动和科索沃地位不受损害。第五，基于上述原因，塞浦路斯决定利用欧盟条约第23条，做出建设性弃权的决定，并向其他成员国明示。①

就上述声明而言，首先，塞浦路斯充分表达了其对欧盟行动的理解，并对自身在弃权后的行为做出了保证。这显示出塞浦路斯认可该行动所具备的内在合理性。行动所追求的稳定冲突地区社会秩序，促进法治，保证法律审判、执行等各环节公正、合理、有力的目标符合欧盟共同外交与安全政策的总体目标要求。同时，该行动目标还延续了欧盟《东南欧稳定公约》实现该地区政治稳定的主要内容。② 虽然科索沃地区不是该公约的缔约方，但此公约作为欧盟为东南欧地区实现稳定与发展所设计的方案，是欧盟对东南欧政策的主要指导。其次，声明将弃权的原因归为欧盟科索沃法治行动未获得联合国安理会授权。这一原因看似与前文所归纳的根本原因有所出入。但实际上，民族问题是塞浦路斯之所以重视联合国安理会授权的原因所在。由于科索沃法治行动将协助该地区建立完整的司法制度体系，并树立相关机构的权威性，因此在未获联合国安理会授权情况下执行该行动，实际上是在主权存有争议情况下，对该地区权力机构权威的巩固与治理能力的提升。如此，行动一方面易被解读为对该地区主权的事实承认，另一方面增强了自治地区独立的物质

① Council of European Union, *Communication*, CM448/08 LIMITE PESC PROCED, 4 February 2008.

② 有关《东南欧稳定公约》的内容参见李丹琳：《〈东南欧稳定公约〉——新区域主义的一个积极尝试》；载中国社会科学院俄罗斯东欧中亚研究所编，《俄罗斯东欧中亚研究文选（1965－2015）》（下卷），北京：社会科学文献出版社，2016年版，第681页。

基础。鉴于塞浦路斯与科索沃民族问题的相似性，塞浦路斯无法忽视上述潜在影响，故其无法接受在没有联合国安理会明确授权的情况下实施该行动。

在塞浦路斯表达“建设性弃权”后，欧盟理事会于同日通过讨论同意实施欧盟科索沃法治行动。①欧盟科索沃法治行动正式启动，并于2008年12月9日进入实际落实阶段。由于塞浦路斯动用建设性弃权，所以其没有向科索沃法治行动派遣任何工作人员或承担任何经费支出。

通过回溯塞浦路斯动用“建设性弃权”的过程可以发现，塞浦路斯动用“建设性弃权”并非因其对参与共同行动无意愿或意愿不足。其动用“建设性弃权”的原因是：一方面参与行动与其本国核心利益诉求存有潜在的冲突，另一方面因不明确的潜在威胁而否决行动将带来欧盟及该国作为欧盟成员的利益损失。“建设性弃权”是在衡量否决与弃权二者利弊之后而做出的理性选择，是成员国在作为主权国家身份的利益和作为欧盟成员国身份的利益之间所做出的平衡。此外，值得注意的是，欧盟虽未直接与塞浦路斯交涉促使其做出“建设性弃权”的选择，但其通过多项预防性措施，降低了行动与塞浦路斯国家利益产生冲突的可能性，进而影响了塞浦路斯对于选择弃权的成本—收益分析。与丹麦的“例外选择权”决策过程相比，塞浦路斯的建设性弃权决策过程中，欧盟因素对于成员国决策的影响有所提升，并且欧盟与成员国之间出现了间接的互动，以影响成员国决策结果。

三、塞浦路斯“建设性弃权”对欧盟共同外交与安全政策的影响

如阐述“建设性弃权”内含时所述，“建设性弃权”虽然免除成员国实施共同决定的义务，但弃权国的退出不影响该决定以欧盟的名义实施。并且，在弃权国与欧盟外的国家互动时，其需保证不做出与共同决定相冲突的行为，以维护共同外交与安全政策行动的外部一致性。这表明，建设性弃权意图在解决内部决策困境的同时，不影响行动预期目标的实现，尽量降低成员国弃权对共同政策外部评价的影响。由此，对

---

① 参见 Council of European Union, “Council Joint Action 2008/124/CFSP of 4 February 2008”, *Official Journal of European Union*, 16. 02. 2008.

“建设性弃权”影响的讨论将主要从欧盟的角度出发，考察其对共同政策内部有效性的影响。①

对于欧盟科索沃法治行动而言，塞浦路斯的“建设性弃权”对欧盟整体行动的影响有限。首先，从行动目标实现的角度，塞浦路斯的弃权并没有影响欧盟科索沃法治行动既定目标的实现。经过科索沃法治行动多年的实施，欧盟已基本完成其稳定科索沃地区局势的战略性目标。虽然科索沃最终政治地位仍未确定，但西巴尔干地区没有再出现较为剧烈的地区冲突。对于建立健全警察、司法、海关等公权机构的具体目标，在欧盟的指导与协助下，科索沃地区基本实现了上述权力与政府职能从联合国科索沃行动组向地区临时自治机构的转移。② 虽然各具体政策领域之间转移的程度有所差别，整个地区的法治水平提升进展仍然有限。但其主要原因在于参与行动国家派遣专家数量的有限与当地雇员专业性的有限，并非塞浦路斯的退出。其次，从行动实施的成本而言，科索沃法治行动作为欧盟目前最大规模、时间最长的民事危机管理行动，耗费了大量的时间与人力物力成本，与其所达成的目标相比，略显及时性不足与效率低下。虽然成员国对科索沃地位的意见不一影响了行动决策时长与效率。但是，这一问题并非由塞浦路斯弃权引起。针对科索沃地位问题，共有 5 个欧盟成员国表示不认可其独立。③ 塞浦路斯的弃权，恰恰是其作为反对态度最为坚决的成员国，通过退出共同行动决策，从而为后续讨论提供空间的行为。综上所述，欧盟科索沃法治行动并未因塞浦路斯的弃权受到明显影响。

此外，根据欧盟条约对“建设性弃权”的规定，“建设性弃权”仅针对特定具体共同决定有效。因此在理论上，塞浦路斯针对欧盟科索沃法治行动的弃权并不影响其参与其他欧盟共同外交与安全政策的具体行

---

① 内部有效性的含义是从欧盟的角度出发，评估欧盟动用该政策后的效果与所消耗的成本。对应的概念是外部有效性，主要从行动所涉及的议题领域出发，评估行动是否满足解决相应问题的目标，并且其消耗是否合理。参见 Rok Zupancic et al.，“The European Union Rule of Law Mission in Kosovo：An Effective Conflict Prevention and Peace - building Mission?”，*Journal of Balkan and Near East Studies*，Vol. 20，No. 6，2018，p. 601.

② Ibid.，p. 604.

③ 5 个不承认科索沃独立的欧盟成员国分别是：罗马尼亚、斯洛伐克、西班牙、希腊、塞浦路斯。

动。在实践中，塞浦路斯的弃权的确也并未影响其之后对欧盟共同外交与安全政策的参与。除欧盟科索沃法治行动外，塞浦路斯未选择从此后其他任一共同行动中弃权。并且，为建立欧盟防务政策行动力量，塞浦路斯与希腊、罗马尼亚及保加利亚共同组成欧盟战斗小组（EU Battlegroup）完成了2009年上半年的待命任务。[①] 同时，塞浦路斯还派遣人员、设备直接参与部分欧盟民事与防务行动，截至2019年5月，塞浦路斯仍直接参与着欧盟格鲁吉亚监视行动（EUMM Georgia）、欧盟索马里海军行动（EU NAVFOR Somalia）及欧盟地中海海军行动（EU NAVFOR MED）。[②]

最后从宏观上看，“建设性弃权”属于“菜单式欧洲”差异性一体化形式。由于“菜单式欧洲”并没有对未来差异性一体化发展方向做出明确规划，所以此形式的差异性一体化有可能导致一体化进程的碎片化。然而与“例外选择权”不同，“建设性弃权”采取“一事一议”的决定方式，并且作用范围仅限某一具体共同决定，影响有限。因此，单次的“建设性弃权”造成共同外交与安全政策碎片化的可能性较小。对于欧盟而言，其可能担忧的是，塞浦路斯使用“建设性弃权”后将会引致欧盟其他成员国对建设性弃权的广泛采用，进而影响共同外交与安全政策的内部建设。但实际上，塞浦路斯动用“建设性弃权”的过程进一步反映了成员国在具体实践中使用该条款的困难性。

通过塞浦路斯的实践，可以提炼出三个使用“建设性弃权”的前提条件：成员国是欧盟中的小国；该国对特定行动的实施持有强烈且合理的担忧；该国在外交政策中重视其欧盟成员身份。具体而言，将使用“建设性弃权”的主体限定为欧盟中的小国是因为，共同外交与安全政策不仅看重成员国的参与意愿，也看重成员国的参与能力。大国在外交与防务领域资源充足，在欧盟缺乏独立外交与防务政策实施能力的背景下，大国对于欧盟行动拥有更强的议价能力，并且欧盟对于大国参与与否也十分敏感与重视，因此大国选择使用“建设性弃权”以表明自身对

---

① Ministry of Foreign Affairs (Republic of Cyprus), “Common Foreign and Security Policy/Common Security and Defense Policy,” https: //www. mfa. gov. cy/mfa/mfa2016. nsf/mfa25_en/mfa25_en? OpenDocument，上网时间：2019年5月31日。

② EEAS, *EU CSDP Missions & Operations for Human Security*, pp. 24 – 25.

行动的担忧的可能性较小。同时，后两条前提条件限制了“建设性弃权”可使用的议题领域。塞浦路斯的实践改变了单纯从内涵上对弃权可使用议题领域的认识。塞浦路斯使用弃权的议题领域并非其无意愿或参与意愿不足的议题，而是行动可能造成本国利益与欧盟利益冲突的议题领域。其使用“建设性弃权”，一方面是由行动可能造成本国利益损失的影响是潜在的，程度不确定，然而一旦发生其对本国核心利益影响明显；另一方面是由于成员国在对外政策中重视欧盟身份的价值，倚重欧盟增加其外交政策的效力。由此可以发现，在实践中，“建设性弃权”可使用的议题范围对于欧盟中的小国而言约束条件众多，选择十分有限。因此，虽然塞浦路斯首次对“建设性弃权”予以了使用，但其实施过程反映了弃权可利用领域的复杂性。对于其他同类型成员国而言，塞浦路斯“建设性弃权”的可效仿性不强。

综上所述，塞浦路斯的“建设性弃权”虽然是一种临时退出行为，但其对弃权直接影响的欧盟科索沃法治行动、间接影响的欧盟其他民事与军事行动以及可能影响的欧盟共同外交与安全政策内部建设而言，负面影响均相对有限。

本章小结

“建设性弃权”是欧盟条约在共同外交与安全政策领域内第一项面向所有成员国开放的差异性一体化措施。其主要作用在于化解欧盟对外政策决定过程中的意见分歧僵局，提高欧盟共同外交与安全政策的决策效率。虽然其与“例外选择权”类似也是一种退出机制，但由于其影响时间有限，影响范围较小，所以其对共同外交与安全政策的负面影响较小。

“建设性弃权”的提出是源于欧盟成员国在《马约》启动后对欧盟共同外交与安全政策的反思。20 世纪 80 年代末开始的东欧剧变、苏联解体虽然化解了欧盟所面临的最大安全威胁，但也使之前受意识形态冲突所抑制的一系列地区性冲突与矛盾逐渐凸显。东欧前社会主义国家的转型与西巴尔干地区的民族宗教冲突使欧盟周边环境不再稳定、安全挑战频现。特别需要指出的是，上述国家在剧变后均倾向于重返欧洲、参与欧洲一体化，以提升本国的经济与社会福利水平。因此对于欧盟而言，在将上述国家纳入欧盟之前，解决上述地区的安全挑战对欧盟未来发展是必要且迫切的。据此，国际社会与欧盟自身都需要欧盟发展外交与安全政策以应对迫切需要解决的周边安全挑战。然而，《马约》虽然建立了共同外交与安全政策，却没有授予欧盟足够的对外行动能力。欧盟共同外交与安全政策严格的决策机制、缺乏操作性的政策工具以及在行动预算方面的严格限制，都令欧盟难以将欧盟共同外交与安全政策转化为及时、有效的对外具体行动。1994 年欧盟应对波黑危机的表现明显地体现了当时共同外交与安全政策的行动能力有限，并使部分成员国开始质疑共同外交与安全政策的必要性。受此影响，欧盟及主要成员国以条约修订为契机，开始探索提升政策有效性的途径。

面对成员国外交与安全政策多样性的国家利益诉求、欧盟共同外交与安全政策严格的决策程序与未来成员国进一步扩充的可能，灵活性成为解决欧盟共同外交与安全政策有效性问题的方案之一。在法、德的积极引导下，政府间会议将在共同外交与安全政策中纳入灵活性原则与措施，作为会议的正式讨论议程之一。然而，法、德所希望的灵活性是部分成员国能够在当前状态下强化合作。这种灵活性程度超过了英国、丹麦等中立或大西洋主义国家的可接受程度。"建设性弃权"虽具备灵活性特征，但由于其并非法、德所设想灵活性的理想形式，因此在会议之初并没有作为灵活性的主要讨论内容，而仅被作为提高共同外交与安全政策决策效率的具体方式。会议后期，将"更紧密合作"纳入欧盟共同外交与安全政策的提议难以有效推进，荷兰作为轮值主席国提出，"建设性弃权"已满足了该政策领域的灵活性需要。由此，有关欧盟共同外交与安全政策灵活性的讨论转入了对于"建设性弃权"与"更紧密合作"何种方式更为恰当的选择。最终，由于英国与部分中立地位成员国的反对，以及法、德无意继续支持"更紧密合作"被纳入此政策领域，《阿约》将"建设性弃权"作为欧盟共同外交与安全政策的差异性一体化措施。

《阿约》中的"建设性弃权"虽然在程序上操作简单易行，但其要求弃权国在免于落实该具体决定的同时，与第三国交往时不得做出与该行动相冲突的行为。这一要求对成员国使用建设性弃权形成了一定的障碍。迄今为止仅有塞浦路斯在欧盟科索沃法治行动决定时使用过该措施。欧盟为实现西巴尔干地区稳定希望实施科索沃法治行动，然而由于科索沃地位未定，欧盟的行动无法得到联合国安理会的授权。对于同样存在类似民族分裂问题的塞浦路斯而言，参与行动将可能为其民族问题解决提供负面先例，并阻碍该国对民族问题的解决。由于欧盟已宣布行动将采取“地位中立”的方式，因此这一威胁对于塞浦路斯而言具有潜在发生的可能，但又不必定会发生；然而其一旦发生，将威胁塞浦路斯的国家核心利益。同时，塞浦路斯作为欧盟中的小国，受益于欧盟成员国身份，积极支持欧盟共同外交与安全政策的发展，并且在部分情况下其对于本国民族问题的立场也需要利用欧盟渠道予以表达。因此，在平衡本国就民族问题的国家利益与作为欧盟成员国的欧洲利益之后，塞浦路斯选择采用建设性弃权的方式表明自身就该问题的立场与态度。对于欧盟科索沃法治行动和共同外交与安全政策的内部建设而言，塞浦路斯动用“建设性弃权”的负面影响有限。

与“例外选择权”类似，建设性弃权的主要功能仍是缓和成员国之间的意见分歧，并保护意愿不足国家能够不被迫参与共同行动。它在形式上仍是一种退出机制，并且作为对灵活性制度化的初步尝试，该条款向全体成员国开放。然而，就其对共同外交与安全政策的影响而言，建设性弃权“一事一议”的决策程序与有限的作用范围，使其对共同外交与安全政策的破坏性明显低于“例外选择权”的实践。此外，受其在免除弃权国实施义务的同时，又要求成员国维护行动外部一致性的影响，该条款尽管限制了成员国使用该措施的可能性，但保证了欧盟共同外交与安全政策的一致性与效力。因此可以认为，“建设性弃权”是以一种消极差异性形式实现积极差异性目的的措施。从差异性一体化发展的角度，“建设性弃权”在“例外选择权”的基础上有所进步，在缓和矛盾的同时，更强化了对灵活性措施负面影响的控制。

第四章／《里斯本条约》与欧盟“永久结构性合作”

《阿约》的签署意味着欧盟成员国认为建设性弃权为欧盟共同外交与安全政策的实施预留了足够的灵活性空间。然而值得注意的是，与同期欧盟其他两大政策支柱相比，共同外交与安全政策领域的灵活性范围显然较小。建设性弃权虽然有助于缓解欧盟成员国之间的意见分歧，促进共同决定的决策，然而相比于更紧密合作，建设性弃权并不能为深化一体化做出显著的贡献。更紧密合作是部分成员国对进一步合作的先行探索，而建设性弃权则更注重为欧盟实现现有水平的一体化合作扫清障碍。

随着欧盟一体化进程的推进，建设性弃权已无法满足缓和成员国在共同外交与安全政策方面政治意愿分歧的需要。特别是在 1998 年 12 月，英法两国联合发表《圣马洛宣言》、欧盟防务合作正式启动后，欧盟成员国在防务领域的分歧对共同政策的影响愈加明显。为回应欧盟的发展需要，2007 年签署的《里斯本条约》提出了“永久结构性合作”措施，使欧盟在共同外交与安全政策领域内的共同防务建设中，也获得了同其他政策领域类似的允许成员国进行先行合作探索的灵活性。2017 年，欧盟永久结构性合作正式启动。学界与政界普遍认为这标志着欧盟安全与防务一体化将迈入新的阶段。成员国为何会在防务安全领域提出专属的灵活性措施？该措施为何在其出台十年后才得以启用？本章将通过回顾该措施提出的决策过程和被正式启用的决策过程对上述问题予以解释，并对该措施对于共同政策产生的影响做出较为客观的判断。

第一节 “永久结构性合作”的提出

从历史的角度而言，“永久结构性合作”是欧盟共同外交与安全政策，特别是欧盟共同安全与防务政策逐渐发展的产物，具有一定的必然性。欧盟自成立以来一直希望能够发展独立防务，以有效应对其所面临的内外安全挑战，并综合利用自身的民事与军事力量成为具备实际行动能力的国际行为体。基于欧盟成员国在防务领域合作意愿与能力的差异，欧盟在发展独立防务能力的过程中，不可避免地需要利用灵活性措施以缓和成员国间冲突。因此，欧盟在《阿约》中提出“建设性弃权”以促进欧盟共同决定的形成。然而，随着一系列安全挑战的出现，欧盟对于发展共同防务的意愿越来越高。与此相伴的，欧盟共同外交与安全政策对于灵活性的需求也在不断增长。

一、共同防务与灵活性：欧盟共同外交与安全政策的并行需求

受干预波黑战争效果不佳的影响，欧盟在《阿约》中对共同外交与安全政策进行了强化。除利用建设性弃权促进欧盟共同外交与安全政策具体决定的决策外，针对缺乏有效行动能力的问题，欧盟强化了其与西欧联盟的关系，通过制度性联系，使欧盟得以触及西欧联盟在执行人道主义救援、维和、危机管理等“彼得斯堡任务”的行动能力。[①] 虽然由于英国的阻碍，欧盟没能通过《阿约》直接发展独立的防务能力，但通过与西欧联盟关系的再明确，欧盟表达了逐步发展共同防务政策的明确意愿。

1998 年初爆发的科索沃危机，再次考验了欧盟共同外交与安全政策的危机管理能力。为防止科索沃地区冲突升级，1998 年 3 月，欧洲理事

① 〔比〕斯蒂芬·柯克莱勒、汤姆·德尔鲁著，刘宏松等译：《欧盟外交政策》（第二版），第 54 页。

会通过共同立场，决定利用一系列措施，争取科索沃危机的和平解决。[①]随后，欧盟成员国通过全方位制裁的方式对塞尔维亚进行施压，促使其利用政治手段解决冲突。1999 年 2 月，科索沃问题联络小组组织有关各方在法国的朗布依埃举行会议，商讨结束危机的可行方案。[②] 虽然欧盟并非联络小组的成员，但欧盟成员国英国、法国和意大利直接参与了此次会议，且会议所讨论的政治解决方案主要由英国、法国同美国起草，因此，该方案在一定程度上包含有欧盟对于科索沃危机应对的计划与设想。然而在会议期间，该方案并未得到南联盟塞尔维亚共和国的同意。最终，塞尔维亚在北约军事轰炸的施压下接受了停火协议。

虽然欧盟在危机干预过程中表现积极，并利用了条约提供的多种行动手段，但是欧盟的参与并未能对科索沃危机的解决带来决定性的影响。科索沃危机的处理过程再次暴露了欧盟共同外交与安全政策的两个明显缺陷。

第一，欧盟共同外交与安全政策严格的决策程序与成员国之间立场缺乏一致性，导致欧盟难以在短期内形成统一意见，影响了其对外行动的效果。基于对科索沃问题的关切，欧盟在危机初期迅速达成了共同立场，然而却未能及时将共同立场转化为切实可见的共同行动。欧盟成员国出于自身与塞尔维亚的历史联系以及现实利益考量，在实施制裁方面意见不一。[③] 具体行动的延迟与成员国在落实决定过程中的分歧，影响了塞尔维亚对欧盟立场效力的评估，以及国际社会对于欧盟危机管理能力的认知。1998 年，欧盟针对“西巴尔干问题”发布五项新的共同立场、五项新的共同行动。[④] 欧盟频繁的表态却未能对塞尔维亚构成实质性的威慑。造成此结果的原因之一即成员国未能及时就共同决定的具体实施方式达成一致，导致欧盟共同立场与决定的实施被拖延，令塞尔维亚质疑欧盟能够通过集体一致行动对其进行干预的能力。尽管造成该问

---

① 陈志敏、〔比〕古斯塔夫·盖拉茨：《欧洲联盟对外政策一体化——不可能的使命?》，第 54 页。

② 联络小组包括美国、英国、法国、意大利和俄罗斯。

③ 有关成员国在共同制裁问题方面的拖延与分歧，参见〔比〕古斯塔夫·盖拉茨、陈志敏：《欧洲联盟对外政策一体化——不可能的使命?》，第 55 页。

④ Hazel Smith, *European Union Foreign Policy: What It Is and What It Does*, Pluto Press, 2002, p. 256.

题的根本原因在于成员国利益的不统一；但若欧盟在该问题领域的决策中，除遵循全体一致同意原则外，适度引入更强的灵活性则可以暂时性地缓解成员国的利益分歧，保证决策形成与落实的效率。

第二，欧盟共同外交与安全政策缺乏必要军事力量作为支撑的现状，影响了欧盟政策实施的有效性。如上文所述，欧盟虽然动用了其所能利用的各类行动手段，但大多数的政策手段集中于外交声明、经济制裁、武器禁运等软性措施。在科索沃危机解决过程中，欧盟的角色仍旧表现为以美国为主导的北约行动的配合者，与其所希望的维护地区安全的主导行为体地位仍有明显差距。在朗布依埃会议失败后，欧盟没有有效的行动能力以制裁塞尔维亚的不合作行为。虽然欧盟成员国参与了此后的军事行动，但它们是以北约作为支撑行动的主要平台。同时，在整个军事打击过程中，80%的任务是由美国所承担的。北约欧洲盟友所拥有的250万军队以及7000架战机仅有较小一部分能够实现派遣。[①] 欧盟在危机处理过程中曾提出构建危机后科索沃地区秩序的方案，然而由于缺乏派遣可靠军事力量进行冲突干预的能力，所以其无法有效抑制与阻止冲突升级，也就无法实现其所设想的地区秩序建设方案。[②] 完成《阿约》谈判的欧盟，原计划在科索沃危机处理中减少对美国的依赖，更积极地体现欧盟自身的利益考量，然而其军事能力的缺失导致最终的危机处理过程依旧以美国为主导。[③] 对于欧盟而言，科索沃危机的处理过程令其再次强烈地意识到发展独立防务能力的重要性。

总体而言，欧盟对于科索沃危机的应对虽然积极主动，但其能力的缺乏与成员国政治意愿的不一致，导致其政策效果体现不明显，应对措施影响有限。此外，这一结果也使刚刚完成谈判、进入各国批准签署阶段的《阿约》，尚未生效便已略显能力不足。受科索沃危机的直接影响，欧盟开始就共同外交与安全政策的独立防务能力与决策效率进行进一步的建设与提升。

---

① 高华：《欧盟独立防务：开端、问题和前景》，《世界经济与政治》，2002年第7期，第46页。

② Roberto Belloni, "European Integration and the Western Balkans: Lessons, Prospects and Obstacles," *Journal of Balkan and Near Eastern Studies*, Vol. 11, No. 3, 2009, p. 314.

③ 张林初：《试析曲折发展中的欧洲防务联合》，《欧洲研究》，2006年第3期，第106页。

首先，就独立防务能力建设而言，应对科索沃危机过程中所体现出的能力不足，让欧盟成员国普遍意识到防务能力对于欧盟建立独立和可靠国际行为体形象的重要性。随着英国布莱尔政府对于防务合作态度的转变，1998 年 12 月，英国首相布莱尔与法国总统希拉克联合发表《圣马洛宣言》，倡议欧盟建立共同安全与防务政策。1999 年，欧盟赫尔辛基峰会决定加强欧洲共同安全和防务政策，建立欧盟快速反应部队与相应的行动指挥机构体系。由此，欧盟为共同防务政策的实施构建了完备的组织基础。2000 年，欧盟决定将西欧联盟的军事职能纳入欧盟，正式成为具备独立防务能力的行为体。2003 年，欧盟利用快速反应部队接替北约执行马其顿维和任务，标志着欧盟欧洲共同安全与防务建设目标的基本实现，得以进入实施阶段。

虽然欧盟自此具有了派遣独立防务力量进行对外行动的能力，但这并不意味着欧盟共同防务政策的实施已无明显障碍。欧盟主要成员国英、法、德，对于欧盟共同外交与安全政策战略抱负的设定、欧盟派遣独立防务力量前提条件的设定等有关欧盟对外行动的政治性与战略性问题仍存有不同意见。① 这些分歧影响了欧盟对具体危机的应对。面对全球安全挑战的多样化，以及欧盟成员国在参与伊拉克战争时显示出的分歧，欧盟意识到其有必要从战略层面为欧洲共同安全与防务政策的实施提供思想指导。2003 年 12 月，欧盟出台第一份安全战略文件——《更好世界中一个安全的欧洲——欧洲安全战略》，明确欧盟目前面临的主要安全威胁，并依欧盟—地区—全球的层次提出了不同的战略政策目标。② 更为重要的是，该战略还为欧盟自身应当如何实现战略政策目标提供了建设方向。战略文件要求，为应对安全挑战、塑造安全的周边与全球秩序，欧盟应在外交与安全事务中更为积极主动、提高行动能力、加强政策协调。具体而言，战略文件希望欧盟及成员国针对对外行动，形成一种支持欧盟进行及时迅速、必要时强力的对外干预的战略文化，将各国的防务资源进行整合，予以灵活应用以释放其潜能，协调运用不同的政策工

---

① Jochen Rehrl and Hans - Bernhard Weisserth eds, *Handbook on CSDP*, Federal Ministry of Defense and Sports of the Republic of Austria, 2010, p. 16.

② 战略具体内容，参见：European Union, *A Security Europe in a Better World*, December 2003, https://europa.eu/globalstrategy/en/european-security-strategy-secure-europe-better-world（上网时间：2017 年 7 月 31 日）。

具与能力。[①]

虽然该战略文件内容较为宽泛，但其确定的政策优先项得到了欧盟及成员国的重视。在机制建设方面，2003 年 12 月，欧盟军事参谋部内增加了“计划处”，以增强欧盟对外行动的全过程规划与协调。2004 年 3 月，马德里恐怖袭击发生后，欧盟开始建立欧洲情报网等全欧范围的反恐侦察情报设施。同期，欧盟组建了欧洲防务局，以协调欧盟成员国的防务技术开发、防务设备采购和防务工业发展。[②] 在能力发展方面，2004 年 5 月，欧盟国防部长会议通过欧盟能力建设“2010 总体目标”，决定建立能够迅速派遣并进行联合作战的快速反应部队。2005 年 3 月，欧盟国防部长会议决定在 2007 年前建立 13 支“快速反应作战群”，以保证能够在 15 天实现对世界任何重点地区的危机应对。同年 7 月，已进入运行的欧洲防务局制定了以“统一化、标准化、简约化、协调化”为原则的欧盟军工产业改革方案，并增加了欧盟防务技术研发投入。[③] 总体而言，基于“安全是发展的前提”的认识，欧盟将应对恐怖主义、大规模杀伤性武器扩散、“失败国家”等安全问题作为其重要议题之一，从机制与能力两个方面积极发展共同防务力量。共同防务政策的发展，一方面促进了欧盟政策合作深度与广度的扩展，另一方面令欧盟能够更为有效地应对各类安全挑战，从而巩固了欧盟存在的合法性。

其次，就决策效率提升而言，自科索沃危机后，欧盟扩大了灵活性措施在共同外交与安全政策领域内的适用范围。长期以来，共同外交与安全政策的政府间主义性质使成员国参与合作的政治意愿对于该领域共同政策的决策与落实具有决定性的影响。由于外交和安全政策与国家主权、国家利益联系紧密，因此成员国在该领域面对立场或利益分歧时，并不会轻易选择让步或妥协。在此情况下，欧盟在该政策领域的全体一致决策程序，令成员国在决策时的选择集中为两类：或避开分歧仅在成员国能够达成一致的政策范围内进行决策，或通过长时间的磋商与谈判最终达成其预期的成员国间意见统一。而相应地，上述两种选择也具有

① European Union, *A Security Europe in a Better World*, pp. 11 - 13.

② 张林初：《试析曲折发展中的欧洲防务联合》，第 109 页；王湘穗：《欧盟的独立防务：行动与趋向》，《欧洲研究》，2007 年第 1 期，第 33 页。

③ 同上，第 109、111 页。

潜在缺陷：前者可能会使欧盟的决定难以有效契合解决问题的实质需要，后者可能会令欧盟无法及时形成应对问题的统一意见。据此，为提升决策效率，灵活性再次被纳入欧盟的讨论范围。

1999 年 6 月，为适应欧盟扩大的需要，欧洲理事会科隆会议决定于 2000 年召开政府间会议，对《阿约》未能解决的欧盟机制改革问题进行讨论。起初灵活性议题并未成为此次会议的讨论议题。2000 年初，受欧盟委员会和欧洲议会认为有必要对灵活性议题进行讨论的影响，德国、荷兰、比利时、芬兰、意大利、卢森堡 6 国支持将灵活性议题纳入讨论议程。在此压力下，时任欧盟轮值主席国葡萄牙表示，其支持在此次政府间会议中讨论灵活性议题。[①] 2000 年 4 月，欧盟辛特拉非正式会议第一次就是否需要更改《阿约》中的灵活性机制问题进行讨论，但此时共同外交与安全政策下的灵活性议题并不在讨论议程中。同年 6 月，在欧盟外交部长晚宴中，大多数成员国的外交部长建议此次会议应就共同外交与安全政策下的灵活性议题予以讨论。最终，2000 年 6 月，欧洲理事会费拉会议决定对《阿约》中的“更紧密合作”进行讨论。

费拉会议后，时任欧盟轮值主席国法国将灵活性议题作为此次会议的优先议程之一，予以重视。针对共同外交与安全政策领域的灵活性问题，会议中反对在该领域设置新灵活性措施的主要理由包括：灵活性可能有损欧盟共同外交与安全政策的一致性；建设性弃权已经为该领域提供了灵活性空间；部分欧盟成员基于自身国内原因反对在该领域特别是防务议题方面设计任何形式的灵活性措施。[②] 据此，2000 年 10 月，比亚里茨会议期间，针对共同外交与安全政策领域灵活性的讨论将共同外交与安全政策和防务政策进行了区分。对于共同外交与安全政策，绝大多数成员国支持在落实共同立场和联合行动时采用灵活性措施。而对于防务相关政策，虽然意大利、德国、奥地利、西班牙和希腊支持在该领域建立灵活性措施，但英国、瑞典、丹麦、爱尔兰反对在防务合作领域做出任何改变。[③] 有关防务政策领域灵活性问题的争论一直持续至当年 12

① Alexander Stubb, *Negotiating Flexibility in the European Union: Amsterdam, Nice, and Beyond*, p. 110.

② Ibid., p. 117.

③ Ibid., p. 117.

月的尼斯会议，最终由于英国、瑞典、爱尔兰的反对，欧盟未能在防务领域的灵活性问题方面取得进展。

2000 年 12 月，欧盟通过《尼斯条约》。该条约将“更紧密合作”更名为“增强合作”，并在该条约第 27. a—e 条中提出了在共同外交与安全政策领域使用该措施的要求。条约规定：在共同外交与安全政策的共同决定和集体行动落实过程中，成员国可以采用“增强合作”的措施；但相关议题不能具有军事或防务意义。希望利用“增强合作”措施的成员国需向欧盟理事会提出申请，并告知欧盟委员会与欧洲议会。欧盟委员会在接到通知的 3 个月内应当就该申请是否与共同政策保持一致做出评估，欧盟理事会在接到该通知的 4 个月内应当就是否批准“增强合作”做出决定。[①] 虽然从条约中可知，共同外交与安全政策下的“增强合作”措施主要服务于共同立场与联合行动的落实阶段，对于成员国间分歧影响最为明显的决策阶段作用有限，但作为一种积极差异性一体化措施，“增强合作”被引入共同外交与安全政策领域意味着欧盟在该政策领域内将有更大的可能性进行深入一体化的尝试。在无法实施特定多数表决制的情况下，“增强合作”是提升欧盟行动效率的理想选择。它使部分成员国可以绕过意愿不足的成员，通过先行合作解决对欧盟具有重要意义的问题，保证了欧盟的应对有力。此外，《尼斯条约》对于欧盟机构批准增强合作的决策时间限制，促使欧盟必须在规定的时间段内做出决策，保证了欧盟的应对及时。

综上所述，科索沃危机后，为塑造欧盟的国际安全行为体形象，欧盟一方面加强防务合作建设，以促进能力提升；一方面扩大灵活性的适用范围，以提高行动效率。但值得注意的是，虽然《尼斯条约》对欧盟共同外交与安全政策进行了进一步的强化，但与欧盟防务合作的迅速发展相比，欧盟对外政策体制改革稍显滞后。[②] 为适应欧盟的扩大，未来欧盟仍需要对共同外交与安全政策机制的调整进行进一步探索。

---

① European Union, *Treaty of Nice*, Official Journal of European Communities, C 80, 2001, pp. 8 -9.

② 陈志敏、〔比〕古斯塔夫·盖拉茨：《欧洲联盟对外政策一体化——不可能的使命?》，第 64 页。

二、欧盟制宪与“永久结构性合作”的提出

继《阿约》之后，《尼斯条约》再一次审视并调整了欧盟既有的机构运作机制与具体法律法规，为欧盟扩大提供了制度保障。但与此同时，在2000年政府间会议的讨论过程中，欧盟多数成员国也发现，它们有必要对欧盟的未来发展方向进行更为深入的讨论，以实现在欧盟扩大后建立高效、透明、民主的地区一体化体制的目标。由此，2001年12月，欧盟召开了莱肯峰会，签署了《莱肯宣言》，决定为欧盟制定一部“宪法”。2004年10月，《欧盟宪法条约》在意大利罗马得到欧盟各成员国的签署，成为欧盟政治体制改革过程中的标志性事件。而欧盟“永久结构性合作”的雏形正出自该条约。

欧盟启动制宪的主要契机之一，是欧盟即将迎来首次地理范围上的大规模扩大。从15国至25国的成员数量激增，意味着欧盟有必要对现行运作机制进行调整，以确保扩大后的欧盟依然能够正常运转。①

对于共同外交与安全政策而言，这种调整更为迫切且必要。从安全挑战的角度，欧盟的东扩在一定程度上增加了欧盟面对安全挑战的可能性。波罗的海国家和东南欧国家的加入意味着欧盟将直面俄罗斯及独联体国家和西巴尔干地区国家。上述地区的国家间关系复杂，尤其是西巴尔干地区，其仍未彻底脱离冲突状态。这意味着扩大后的欧盟将直接卷入上述地区冲突，其角色将从域外干预力量变为域内利益相关方。因此，欧盟必须具备有效的能力处理错综复杂的周边国家关系。这对欧盟现有的共同外交与安全政策提出了更高的能力要求。反观欧盟共同外交与安全政策的应对能力，欧盟在该领域严格的决策机制有可能使扩大后的欧盟更难以对安全挑战做出及时有效的应对。全体一致的决策要求意味着未来欧盟在该政策领域的决策需要统一25个甚至更多成员国的国家利益。尽管入盟候选国需进行以适应欧盟为目的的政治经济改革，但这并不意味着新入盟成员国不会保留特定的国家利益。严格的全体一致决策规则，加之在成员国间可能出现的利益分散，增加了欧盟在该领域出现“议而不决”局面的可能。

---

① 虽然1998年启动入盟谈判的中东欧国家为12个，但2002年签署入盟条约的候选国为10个。保加利亚与罗马尼亚仍在部分问题上未能与中东欧达成一致。

为保证扩大后的欧盟足以应对其可能面临的安全挑战，欧盟制宪筹备委员会对外行动和防务政策工作组（第七、第八工作组）在向欧盟制宪政府间会议提交的报告中，均强调了灵活性对于共同外交与安全政策的重要性。对外行动工作组认为，灵活性对于共同对外政策的重要性是不言自明的。因此，该组在最终报告中指出，部分国家希望能够更多地使用建设性弃权，并扩大增强合作的使用范围，使其能够涵盖防务合作。[①] 在防务政策工作组中，部分成员国在讨论之初即表达了增加灵活性措施的意愿。在最终报告草案中，工作组建议在防务领域实施一种类似于增强合作的专门机制。但是，由于成员国对此问题尚未达成一致，防务政策工作组最终的报告内容仅阐明了欧盟在防务政策领域对于灵活性措施具有较强的需求。[②]

虽然上述两个工作组都认为有必要向共同外交与安全政策领域引入更多灵活性，以保证决策效率与欧盟的行动力，但是新提出的《欧盟宪法条约》作为对欧盟既有条约体系的简化与规范，它的条约内容是否应包含灵活性条款？欧盟委员会对此问题提出了质疑，它希望利用修宪会议这一契机，对各类差异性一体化机制授权的合法性进行重新审查。[③] 欧盟委员会的这一表态，并非意味着其不认可灵活性对于缓和欧盟成员国间差异的积极意义，而是为表达其对于现有灵活性措施被纳入欧盟宪法条约后，可能造成扩大后的欧盟难以在更广泛的政策领域实现成员国间立场协调的担忧。[④] 在现有《欧盟宪法条约》框架中，部分灵活性条款的实际应用的确阻碍了欧盟一体化目标的实现。但若将灵活性措施从欧盟条约中剔除，将无法抑制成员国在欧盟法律框架外开展国际合作的需求。此外，尽管部分灵活性条款自出台后并未被多次使用，但它们却成了成员国间进行一体化谈判的砝码，以调整成员国间关系。[⑤] 因此，在欧盟制宪筹备委员会提交政府间会议的《欧盟宪法条约》提案中，灵

① Jo Shaw, *Flexibility in a "Reorganized" and "Simplified" Treaty*, The Federal Trust for Education and Research Online Paper, January 2003, p. 6.

② Jo Shaw, *Flexibility in a "Reorganized" and "Simplified" Treaty*, The Federal Trust for Education and Research Online Paper, January 2003, p. 7.

③ Ibid., p. 5.

④ Ibid.

⑤ Ibid., p. 8.

活性条款依旧被保留在条约正文之中。

从制宪筹备委员会提交的宪法条约提案中可以发现，其不仅保留了欧盟共同外交与安全政策领域既有的灵活性条款，还采纳了防务政策工作组的建议，在落实共同安全与防务政策的条约内容中增加了类似于增强合作机制的“结构性合作”条款［Article I－40（6），Article III－213］。实际上，欧盟成员国在起草《尼斯条约》的过程中即已显示出在此方面建立先行合作机制的意愿。在欧盟成员国针对《尼斯条约》灵活性条款的第三版草案进行讨论时，与会成员国曾声明，它们可以接受共同外交与安全政策和防务政策能力发展方面的灵活性，但不能接受防务政策行动方面的灵活性。① 由于对该问题的讨论发生于《尼斯条约》谈判的最后阶段，成员国并未能就该问题的细节进行更为深入的讨论。由此可以认为，《欧盟宪法条约》提案所增加的“结构性合作”，在一定程度上是对《尼斯条约》讨论中所表现出的合作可能的进一步挖掘。

2003 年 10 月，欧盟旨在制定《欧盟宪法条约》的政府间会议正式启动，成员国讨论的焦点从灵活性措施的必要性转至灵活性措施的具体实施方法。从欧盟制宪筹备委员会提交的宪法条约草案中可以看出，筹备委员会对于如何实施“结构性合作”的思路仍较为模糊。该文件并未明确规定成员国启动该措施的程序、参与成员未来退出该合作的程序以及各类决定所需执行的表决机制，而是以“参照增强合作相关条款”的方式对上述细节进行了模糊的规定。② 经过政府间会议的一系列讨论，“结构性合作”改名为“永久结构性合作”，成员国对机制启动、启动后新成员国加入、已参与成员国退出的相应程序进行了具体规定，并且明确了该机制下各类决定的投票规则。③

---

① Alexander Stubb, *Negotiating Flexibility in the European Union: Amsterdam, Nice, and Beyond*, p. 119.

② IGC Secretariat, *IGC 2003 – Editorial and Legal Comments on the Draft Treaty Establishing a Constitution for Europe – Basic Document*, CIG 4/03, October 2003, p. 374.

③ 参见 Presidency, *IGC 2003 – Naples Ministerial Conclave: Presidency Proposal*, CIG 52/03 ADD 1, PRESID 10, November 2003, p. 23. Presidency, *IGC 2003 – Defense*, CIG 57/1/03 REV1, PRESID 13, December 2003, pp. 2 – 3. Presidency, *IGC 2003 – Presidency Proposals Following the Meeting of "Focal Points" on 4 May 2004*, CIG76/04, PRESID 18, May 2004, pp24 – 25. Presidency, *IGC 2003 – Presidency Proposal Following the Ministerial Meeting on 24 May 2004*, CIG79/04, PRESID 21, June 2004, pp. 34 – 35.

2004年6月，欧盟制宪政府间会议结束，成员国首脑一致通过了《欧盟宪法条约》的内容。其中，有关“永久结构性合作”的条款共为三部分：正文第一款第41条第6点（Article I-40（6）），正文第三款第312条（Article III-312）以及关于实施“永久结构性合作”的附加议定书（Protocol）。第一部分说明了“永久结构性合作”的适用情境，即部分拥有更强防务能力的成员国愿意达成更具约束力的合作承诺以应对更具挑战性的行动时，该部分成员国可在欧盟框架下启动“永久结构性合作”。第二部分说明了该合作的启动程序与表决规则。成员国启动该机制需将其意愿明确告知欧盟理事会与欧盟外交部长（外交与安全政策高级代表），欧盟理事会在三个月内将对此做出答复。在启动合作、纳入新成员与暂停某一成员合作资格事务上，决定程序为有效多数表决，除此之外的任何有关“永久结构性合作”的表决应采取全体一致同意。第三部分说明了“永久结构性合作”的目标、保障手段及与欧洲防务局的关系。该合作的目标是刺激部分有能力、有意愿的成员国增加本国对于欧洲防务能力建设的投入，希望通过该合作使欧盟最晚在2007年前拥有，在5~30天根据任务具备要求派遣自主防务力量组成联合作战单位的能力。欧盟所规定的保障手段共有5点，涉及研发经费、装备设计、装备互通性等多个具体能力发展议题。欧洲防务局将承担对合作进行定期评估的任务，并至少每年向理事会报告一次合作进展。①

与该领域的“增强合作机制”相比，“永久结构性合作”更具可操作性。虽然《欧盟宪法条约》将增强合作机制的范围扩大至含有防务意义的欧盟共同外交与安全政策，但其同时规定，“增强合作机制”做出含有上述意义的决定时不能使用有效多数表决和普通立法程序。这意味着，欧盟在涉及防务意义的增强合作中仍需采用全体一致的表决方式。尽管“永久结构性合作”主要作用于防务能力发展议题，不直接涉及欧盟防务行动，但欧盟成员国参与集体防务行动的主权敏感性，使其在立场冲突情形下做出全体一致决策的可能性较小，因此二者在表决机制上的差异，降低了成员国在共同安全与防务政策中利用增强合作机制的可能性。“永久结构性合作”实际上成为欧盟在该领域最具使用可能性的

① Frederik Naert, "European Security and Defense in the EU Constitution Treaty," *Journal of Conflict and Security Law*, pp. 203-204.

灵活性措施。

2004 年 10 月，欧盟罗马峰会正式签署《欧盟宪法条约》后，条约进入各国签署阶段。然而，法国与荷兰的全民公投先后否决该条约草案，条约签署过程明显受挫。最终，2005 年 6 月，欧洲理事会决定延长《欧盟宪法条约》的批准期限，进入对条约的反思期。同时，部分欧盟成员国提出了修改宪法条约的要求。由此，《欧盟宪法条约》进入待定状态，"永久结构性合作"也未能正式引入欧盟条约框架。

法国与荷兰作为欧盟创始成员国，它们的否决对于一体化影响重大。就原因而言，否决除受当事国经济与社会状况不佳、欧盟东扩影响既有成员国利益以及条约存在"民主赤字"的影响外，也受到成员国公众对新条约将可能使国家让渡部分核心主权的担忧的影响。① 深化一体化是欧盟宪法条约的主要目的之一，这一目标在共同外交与安全政策方面体现得尤为明显。以"永久结构性合作"为代表的一系列灵活性措施虽然是对各方利益的平衡，但其最终目的也在于促进一体化深入，增强作为整体的欧盟的权能。对于类似荷兰的中小成员而言，其担心一体化在主权关键领域的持续深入将影响其对欧盟与自身的控制力，因此对宪法条约持有疑虑。宪法条约的搁置说明，欧盟成员仍需时间接受一体化进程的进一步深入与特定政策领域灵活性措施的引入。

第二节 《里斯本条约》与"永久结构性合作"的确立

宪法条约的搁置促使欧盟各国政府开始思考如何对宪法条约进行修改，使其既能为扩大后的欧盟提供更为有效的运作机制，又能令各国的政治精英与公众得以接受部分敏感性主权的让渡。欧盟最终决定，重新使用制订新条约对既有条约进行修改的传统方式，于 2007 年 6 月召开制订改革条约的政府间会议。2007 年 12 月，政府间会议结束，欧盟各国签署《里斯本条约》。在完成各国批准程序后，该条约于 2009 年 12 月 1 日正式生效。条约的生效结束了欧盟制宪危机，缓解了危机对欧盟一体

---

① 李世安、刘丽云等：《欧洲一体化史》（第二版），第 168—169 页。

化的消极影响。在条约内容上，《里斯本条约》尽可能保留了《欧盟宪法条约》中对于提升欧盟行动效力的各类措施，以支持对欧盟的未来建设。其中，《里斯本条约》对“永久结构性合作”条款的保留，为欧盟共同安全与防务政策的实施提供了新机遇。

一、《里斯本条约》与欧盟对外政策体制改革

如上所述，《欧盟宪法条约》的公投失败让欧盟陷入了政策困境之中。一方面，宪法条约所提及的改革内容将有助于扩大后的欧盟有效运作；另一方面，从公投结果可以看出，宪法条约显然超出了公民对于主权让渡的接受范围，增加欧盟自主性权力缺乏合法性依据。由于无法得到获得足够的支持，继 2005 年欧洲理事会启动条约反思期后，2006 年 6 月，欧洲理事会决定延长对宪法条约的反思期。但在 2007 年，条约修改工作却重新回到了欧盟的议事日程，并通过政府间会议迅速实现了条约签署。

需要说明的是，宪法条约批准工作的暂缓，并不意味着成员国对欧盟体制改革讨论的停滞。尽管部分成员国（如英国、波兰、丹麦、捷克等）在条约公投遭遇挫折后，决定暂停对宪法条约的国内公投，仍有部分成员国希望继续实施批准过程。[①] 由于短时间内无法预期法国与荷兰将会如何回应其国内公投的否决结果，2005 年 6 月，欧洲理事会决定给予所有成员国一段反思的时间以决定如何进行下一步工作。次月，英国担任轮值主席国。由于其自身已无限期延长对宪法条约的公投，并且对宪法条约最终批准不抱希望，因此英国并未积极引导成员国就如何恢复宪法条约的批准进程进行讨论。[②] 但与此同时，部分欧盟机构与成员国正积极寻求对宪政危机进行控制，并让宪法条约所涉及的改革重新回到欧盟的议事日程之中。卢森堡、塞浦路斯、马耳他仍按原计划先后完成了对宪法条约的国内议会批准程序。欧盟委员会发布《欧盟推进民主、

---

① 截至法国与荷兰公投否决宪法条约时，欧盟已有十个成员国完成了对宪法条约的国内批准程序。这一部分国家是支持其他国家继续条约批准进程的主要力量。

② David Phinnemore, *The Treaty of Lisbon: Origins and Negotiation*, Palgrave Macmillan, 2013, p. 21.

对话与讨论的计划》，试图引导成员国弥补“民主赤字”对一体化带来的消极影响。[①] 欧洲议会中部分曾参与宪法条约制定的议员也对欧盟应如何应对宪政危机提出了具体建议。[②]

2006 年，奥地利与芬兰先后担任欧盟理事会轮值主席国。与英国相比较，奥地利与芬兰对于宪法条约持更为积极的支持态度。因此，奥地利与芬兰做出了更多的努力引导成员国就如何推动宪法条约批准进程进行讨论。奥地利在担任轮值主席国之初曾承诺将为宪法条约的下一步发展做出时间表，并提供明确的行动步骤。其主办“欧洲之声”会议，向欧盟成员国发放有关各国国内条约反思期活动的问卷，并派外长赴法国与荷兰询问和评估两国对于如何处理制宪危机的设想。[③] 但由于上述活动并未获得足够的反馈与成员国注意，因此其对于推动制宪危机解决的效果有限。据此，2006 年 6 月，欧洲理事会延长了对宪法条约的反思期。虽然反思期被欧洲理事会延长，但经过奥地利所组织的一系列讨论，成员国间逐渐达成共识，认为对宪法条约的反思不应被无限期延长，欧盟应在两年内实现对欧盟新法律基础的清晰界定。[④] 因此，在芬兰任轮值主席国期间，其将自身工作重点定位于为《欧盟宪法条约》的下一步发展寻找可能的方案。值得注意的是，此时法国总统选举候选人与荷兰政府均对于宪法条约有了更为明确的观点与态度。[⑤] 法国总统选举的两位候选人尼古拉斯·萨科齐与塞格琳·罗雅尔均支持尽可能地保留宪法条约中的改革内容，希望对宪法条约进行修改，以促使其尽快得以实施。荷兰政府认为，宪法条约目前的形式无法获得民众的理解与支持，但是其所包含的改革内容与民众认为欧盟应发挥的能力相符。可以认为，在芬兰任期内，欧盟大部分成员国认可宪法条约中的内容对于欧盟未来发展的重要性，成员国间争论的焦点在于上述内容应以何种形式进行呈现。

---

① 参见 CVCE, *European Commission Communication*: *Plan – D for Democracy*, *Dialogue and Debate* (13 *October* 2005), Published Online in 2013.

② David Phinnemore, *The Treaty of Lisbon*: *Origins and Negotiation*, p. 21.

③ Ibid., p. 24.

④ Ibid., p. 27.

⑤ 由于法国将于 2007 年举行总统大选，未来与欧盟成员就如何推进有关宪法条约问题的讨论的主体是大选后的新总统及其政府，因此本书将大选候选人的观点视为其未来政府最为可能采取的观点。

为此，芬兰与欧盟机构及成员国举行秘密双边会谈，了解各机构和成员国对于推动宪法条约下一步发展的最佳方式、解决问题的时间表和条约可选择替代形式的观点。[①] 芬兰对于各方意见的收集与整理，一方面为下一步欧洲理事会的讨论提供了基础，另一方面也让成员国自身进一步明确了对上述旨在推动宪法条约问题解决的具体问题的立场与观点。

2007 年 1 月，德国担任欧盟轮值主席国，将宪法条约问题带入了实质性解决阶段。自 2006 年起，德国即开始表现出其对于解决宪法条约问题的决心与积极性。受其影响，2006 年 6 月的欧盟理事会报告中明确提出，将在 2007 年上半年组织成员国对宪法条约问题进行广泛磋商，并由时任轮值主席国提交相关评估报告。[②] 在德国担任轮值主席国的次日，其立即向其他成员国与欧盟机构发出邀请，开展针对起草“《罗马条约》签署 50 周年宣言”和如何推进欧盟制宪运动意见的秘密磋商进程。德国将其与成员国的磋商会谈命名为“焦点磋商”，要求各成员国及欧盟机构任命专门人员代表各自政府与机构参与磋商进程。并且，德国还要求秘密磋商会议全部由焦点人员在柏林参与进行。[③] 使用焦点磋商方式，一方面是因为德国希望通过将制宪问题从复杂的欧盟事务讨论中剥离，以促使欧盟成员国聚焦于宪法条约目前面临的问题；另一方面是由于德国认为解决制宪问题的主要力量是成员国政府，焦点磋商虽然不如在布鲁塞尔的欧盟层面讨论公开透明，但参与人员与成员国政府之间的联系更为紧密、沟通更为直接。在双边焦点磋商的过程中，建立新条约逐渐成为成员国对于推动制宪运动下一步发展的主要选项，并且部分国家还支持新条约的设计应以宪法条约为基础。在明确进一步的发展措施后，德国在 3 月的欧洲理事会会议中提议，将“纪念《罗马条约》签署 50 周年政治宣言”作为欧盟启动新条约设计讨论的契机。此建议得到了成员国的普遍赞同。因此，2007 年 3 月 25 日在柏林发表的“纪念《罗马条约》签署 50 周年政治宣言”公开表示，欧盟成员国将制定新条约以延续宪法条约所进行的改革。[④]

---

① David Phinnemore, *The Treaty of Lisbon*: *Origins and Negotiation*, p. 43.

② Council of the European Union, *Presidency Conclusions*, 10633/1/06, REV 1 CONCL 1, July 2006, p. 47.

③ David Phinnemore, *The Treaty of Lisbon*: *Origins and Negotiation*, p. 53.

④ Ibid., p. 68.

政治宣言发表后，如何制定新条约成为欧盟亟待解决的主要问题。对此，德国启动了第二轮双边焦点磋商进程。其于2007年4月向欧盟成员国发布调查问卷，以明确各国针对新条约设计的观点及对相关具体政策的立场。① 磋商结束后，德国于5月举行首次多边焦点磋商，以审议其将于6月提交欧洲理事会的磋商总结报告。在报告中，德国在整合各方关切的基础上提出，新条约应通过修订现有条约的方式，将宪法条约的改革内容引入，并去除宪法条约中的宪法特征。并且，大部分成员国对于德国希望在6月欧洲理事会中对召开新的政府间会议进行明确授权的建议表示了支持。② 值得注意的是，在德国与候任轮值主席国葡萄牙的会晤中，葡萄牙明确表示，只有在欧洲理事会能够对新条约提出明确修改意见的情况下才会支持在其任期内召开政府间会议。③ 因此，德国在其任期的最后阶段，已不仅满足于为未来欧盟设计新条约提供初步的路线图规划，而是希望促成实质性的欧洲理事会授权。这一更高的要求意味着，德国需要提出一份详细且明确的条约修改方案，以说明现有条约需要修订的部分以及计划新增的部分将带有何种具体改革内容。2007年6月，德国向欧洲理事会提交其一年前承诺的评估报告，报告建议欧盟尽快召开政府间会议，利用对现有条约进行修改的传统方式，放弃制定宪法的追求，并且呼吁欧盟制定一份明确与广泛的政府间会议谈判授权，以提高谈判效率。④ 德国的评估报告在6月的欧盟总务与对外关系理事会会议中得到了成员国的广泛支持。会议结束后，德国迅速召开第二次多边焦点磋商，以讨论该国起草的政府间会议授权文件草案。2007年6月21日，欧洲理事会会议召开。经过两天的磋商，欧盟成员国同意在会议结束的一个月后启动政府间会议，并依据德国的建议对政府间会议的讨论议程给予了清晰明确的授权。至此，欧盟正式放弃对《欧盟宪法条约》的批准工作，转而通过制定新条约以继续推进对欧盟条约体系的改革。

---

① German Council Presidency, *Questionnaire in View of the Bilateral Meeting with Focal Points to be held between 23 April and 4 May*, April 2007.

② David Phinnemore, *The Treaty of Lisbon: Origins and Negotiation*, p. 96.

③ David Phinnemore, *The Treaty of Lisbon: Origins and Negotiation*, p. 96.

④ Council of the European Union, *Report form the Presidency to the European Council: Pursuing the Treaty Reform Process*, 10659/07, POLGEN 67, June 2007.

德国任轮值主席国期间对于条约改革进程的推动，为政府间会议的迅速召开提供了充分的前期准备。葡萄牙接任欧盟轮值主席国后，立即以欧洲理事会通过的政府间会议授权为基础，起草改革条约草案，供政府间会议讨论。如前所述，受德国希望尽可能保留《欧盟宪法条约》中所包含的改革内容的影响，由其主导完成的政府间会议授权，基本涵盖了2004年政府间会议所达成的主要改革成果。这一授权明确且具体，并且为未来政府间会议划定了一个封闭的议题范围，因此葡萄牙所进行的改革条约起草在较大程度上是对会议授权具体内容的再明确与对授权文件所涉内容语言规范的完善。[1] 在会议授权中，欧盟希望将2004年政府间会议有关共同外交与安全政策的改革内容纳入现有条约中，同时在此基础上，对有关欧盟对外行动的原则与目标、欧洲理事会在共同外交与安全政策中的作用的条款进行修改。此外，为回应英国的国家利益关切，共同外交与安全政策将增加一份维持共同外交与安全政策政府间合作性质的声明。[2]

2007年7月21日，葡萄牙向各成员国递交条约草案。该草案的设计严格地遵循了欧洲理事会的会议授权。针对共同外交与安全政策，条约草案主要做出了两项内容改进：一是改革欧盟对外关系机构与机制，增强欧盟在对外政策方面的一致性与有效性。条约草案新设欧盟外交与安全政策高级代表与对外行动署，打破欧盟原有的三大政策支柱结构，将原属第一支柱的共同商业政策、发展合作与人道主义援助政策、国际协议立约谈判权以及派遣驻外使节与代表团的职能归入上述新组织机制。二是将灵活性措施扩展至共同安全与防务政策领域，以提升欧盟共同防务的行动能力。增强合作机制将得以应用于带有军事意义的欧盟行动，虽然针对该领域议题要求在启动措施时通过全体一致同意决定，但受条约整体简化以增强合作机制程序的影响，启动增强合作的国家数量要求变为9个。除此之外，条约草案也将宪法条约中专为防务领域设计的灵

---

① 2007年6月，欧洲理事会通过的政府间会议授权，虽然以德国提出的方案为基础，但在会议期间，英国、波兰、比利时等国也对授权文件中的部分内容提出了明确的修改要求。参见：David Phinnemore, *The Treaty of Lisbon: Origins and Negotiation*, p. 136.

② Ibid., p. 140.

活性措施“永久结构性合作”纳入了新的共同安全与防务政策条款中。①

2007 年 7 月 23 日，政府间会议正式启动。与此前欧盟修订条约的政府间会议不同，由于此次会议具有明确清晰的会议授权且时间安排紧凑，因此，此次会议的主要工作集中于技术层面，针对条约内容的政治性讨论较少。② 这一特征明显地体现在了会议日程当中：自 7 月至 10 月会议结束，政府间会议共进行 3 次法律专家审读会议，1 次成员国外交部长非正式会议，1 次欧洲理事会非正式会议。③ 法律专家的主要任务是对葡萄牙起草的改革条约草案进行逐条审查与修改，以确保条约语言明确且内容前后一致。这一会议由欧洲理事会法律事务负责人让·克劳迪·皮尔斯具体主持。④ 作为全程参与 2004 年政府间会议的重要法律专家和德国主导的政府间会议授权方案的主要起草人，皮尔斯对于改革条约内容了解充分，并且支持葡萄牙所提出的“政府间会议应严格遵循会议授权”的观点。在会议进行过程中，皮尔斯在成员国分歧裁决方面发挥了重要的作用，保证了讨论严格依据欧洲理事会授权进行。法律专家会议对于讨论议题范围的聚焦，促使政府间会议在开始后迅速取得了预期的进展。⑤ 第一轮法律专家会议后，法律专家共提出 350 项修改建议。针对共同外交与安全政策的修改建议主要包括，删除共同外交与安全条款下的次级标题，增加对欧盟外交与安全政策高级代表的功能表述。⑥ 此外，英国要求条约应增加对该政策合作性质特殊性的强调。实际上英国所提的意见对条约本身的法律内容与性质并无影响，但为促进条约的签署，在各方不反对的情况下，皮尔斯接受了此修改意见。9 月，欧盟成员国外交部长非正式会议对法律专家会议第一轮条约审读进行了评估，

---

① Presidency of the IGC, *IGC 2007 - Draft Treaty Amending the Treaty of European Union and the Treaty of Establishing the European Community*, CIG 1/07, July 2017.

② 欧盟希望在 2009 年新一轮欧盟议会选举前为欧盟提供新的法律基础框架。因此，欧洲理事会希望欧盟能够在 2007 年底完成对条约的讨论。

③ David Phinnemore, *The Treaty of Lisbon: Origins and Negotiation*, p. 150.

④ 根据安排，除皮尔斯外，轮值主席国葡萄牙还指派本国法律顾问米格尔·德·塞巴·苏亚雷斯共同担任法律专家会议的主席，但其作用十分有限，会议的实际主持人是皮尔斯。

⑤ 根据葡萄牙设想，其希望法律专家会议利用 10 天的时间完成对改革条约草案的逐条审议。

⑥ Jean - Claudi Piris, *The Lisbon Treaty: A Legal and Political Analysis*, Cambridge University Press, 2010, pp. 42 - 43.

对于条约工作进展表示乐观。虽然审读过程中仍存在尚未解决的问题，但此次会议决定，上述问题将在欧洲理事会非正式会议时予以解决。

第二轮条约法律专家审读会议于9月中旬开始。针对共同外交与安全政策，此轮审读重点回应了英国在第一轮中提出的问题，在条约文本中明确了共同外交与安全政策应遵循特定的规则与程序。[①] 10月3日，法律专家会议结束对条约的审读。[②] 就法律专家会议的讨论过程而言，其对共同外交与安全政策和共同安全与防务政策条款的讨论较为有限。这主要是受会议性质的影响。此次政府间会议，特别是法律专家会议，主要是从条约编撰的技术层面出发，并不对条约内容进行实质性政治讨论。鉴于此条约的主要内容源自2004年政府间会议的成果，因此去除条约表述中的宪法特征，明确欧盟与成员国之间的权责界限成为会议中讨论的重点。10月18日，欧洲理事会非正式会议在里斯本召开，成员国领导人对修订后的条约内容进行了审议。与法律专家会议所关注的重点一致，各国领导人在会议期间所需解决的问题主要涉及欧洲机构组成、理事会绝对有效多数表决机制和欧盟与成员国权责界限。其中，欧盟机构组成问题与共同外交与安全政策有所关联。各国领导人决定在欧盟外交与安全政策高级代表得到任命前，增加理事会与欧洲议会之间的沟通程序，以最终确定对高级代表的任命。但是，此举的主要目的是增加欧盟的民主性，对共同外交与安全政策的实质性影响不明显。10月19日，在各重点政治性问题得到解决后，欧洲理事会非正式会议一致通过了该条约文本。

2007年12月，《里斯本条约》正式签署。一年后，条约完成各国批准程序，于2009年1月1日正式生效。《里斯本条约》的签署与生效意味着，2004年政府间会议所取得的共同外交与安全政策改进成果将得到具体实施，欧盟共同外交与安全政策将会拥有新的组织机构以及灵活性措施。由于共同外交与安全政策本身属于政府间合作机制，所以从欧盟与成员国权责区分的角度，其受到的影响较少。因此，《里斯本条约》并未对《欧盟宪法条约》中有关共同外交与安全政策的实质性内容进行

---

① David Phinnemore, *The Treaty of Lisbon: Origins and Negotiation*, p. 163.

② 第三轮法律专家会议主要针对司法与内务合作的条约规定、特别是部分国家不参与申根体系的条约规定，与本书所讨论的问题关联较少。

明显的调整。但这并不意味着2007年政府间会议对于共同外交与安全政策没有贡献。实际上，正是2007年欧盟各国在德国主导下对条约改革方式的重新选择，以及欧洲理事会授权文件和政府间会议对于条约内容中宪法特征的去除，使得共同外交与安全政策在2004年获得的改进能够被正式应用于欧盟运行。虽然共同外交与安全政策的内容未有明显变化，但整个条约以更为符合各国接受能力的形式出现，为其得以通过批准并生效提供了帮助。

二、"永久结构性合作"的确立及内含

《里斯本条约》对于共同外交与安全政策的贡献之一，即保留了宪法条约在共同外交与安全政策领域内新增的灵活性措施"永久结构性合作"。鉴于成员国数量的激增和欧盟共同安全与防务政策的强化，欧盟需要更为恰当的决策方式以实现其政策实施预期。在防务领域无法广泛应用有效多数表决机制的情况下，灵活性措施的引入对于欧盟在特定情况下保证行动效力具有重要意义。

就条约文本表述而言，《里斯本条约》对于"永久结构性合作"的规定基本延续了宪法条约的设计，依旧由两项正式条约规定及一项实施"永久结构性合作"议定书三部分构成。该条约第42条第6款（Article 42.6）界定了"永久结构性合作"的实施前提：若军事能力达到较高水平的成员国，愿意通过达成更具约束力的承诺以实现更具挑战性的防务使命时，可以选择在欧盟框架内建立"永久结构性合作"。[①] 该条约第46条（Article 46）规定了"永久结构性合作"的启动程序、成员增加程序、成员退出程序和日常表决程序：在启动、成员增加与成员资格废止时，采取有效多数表决机制，其余决定与建议的决策采取全体一致表决机制。[②] 议定书则主要明确了"永久结构性合作"的行动目的与实施手段。就目的而言，首先，欧盟希望参与合作的成员国能够通过强化对欧盟主导的多国部队、欧盟防务装备计划和欧洲防务局各项活动的参与，增强本国的防务能力。其次，欧盟希望参与合作成员国最迟在2010年

① Daniel Fiott et al., *Permanent Structured Cooperation: What's in a Name?*, p. 18.

② Ibid., pp. 18 - 19.

时，或作为独立国家，或作为多国联合部队的组成部分，能够具备在5～30天内执行欧盟共同政策所要求的具体行动的能力，并具备通过后续补给与更替，将行动执行时间延长至120天的能力。[①] 就实施手段，议定书要求成员国作出五个方面的承诺：第一，参与成员国在《里斯本条约》生效后应为达成增加防务设备投资的目标而开展合作，并且根据联盟所处的安全环境与所承担的义务，定期评估；第二，尽可能保持防务设备标准的一致性，协调各方对于军事需要的认知，提倡对部分军事资源进行共享，鼓励参与成员国开展训练与后勤合作；第三，通过反思各国的军事决策过程，挖掘各参与成员国在军事决策中的共同目标，从而增强参与成员国军队的可用性、可派遣性、机动性以及协同作战性；第四，通过利用多国合作等措施，确保各成员国采用联合的方式应对与解决“防务能力发展机制”所发现的欧盟能力缺陷；第五，采取恰当的手段，积极参与欧盟防务局所组织的联合防务装备发展项目。[②]

根据条约内容，“永久结构性合作”类似于“增强合作机制”，属于差异性一体化实践中的能动性条款。此类差异性一体化措施通过赋予部分成员国在特定一体化政策领域实施进一步一体化合作的权利，从而实现对一体化合作程度的推进。与此前出现在共同外交与安全政策领域的差异性一体化措施不同，以“永久结构性合作”为代表的能动性条款采用了积极差异性的形式。它赋予参与成员国在特定范围内旨在促进一体化的先行合作权利。值得注意的是，该权利是在现有一体化水平基础上的增量。换言之，“永久结构性合作”通过部分成员国对于强化一体化程度的先行探索，以刺激未来一体化水平的整体提升。因此，该条款从表现形式与最终目标两个方面均体现了促进一体化的意图。就服务对象而言，“永久结构性合作”主要针对的是具有更高能力与更强意愿参与一体化的成员国。这是此前该领域的差异性一体化条款未能触及的主体类型，对于此类成员国发展意愿的保护可以被视为对一体化发展动力的保护。“永久结构性合作”的实施，一方面尊重了有意愿、有能力成员国深入合作的意愿，可以防止此类国家因欧盟无法满足其意愿而选择建

---

① 程卫东、李靖堃译：《欧洲联盟基础条约：经〈里斯本条约〉修订》，北京：社会科学文献出版社，2010年版，第229—230页。

② 同上，第230页。

立竞争性治理结构；另一方面增加了欧盟整体合作程度提升的可能，若合作运行顺利、受益明显，此机制将有望产生示范效应，推动其他成员国转变立场，加入已得到强化的合作中。

在理论上，能动性条款应当属于“可变几何欧洲”的模式设想，即在承认成员国间存在主观意愿与客观能力差异的基础上，允许在一定范围内出现核心成员国与非核心成员国的区分。在共同安全与防务政策领域，参与“永久结构性合作”成员国将形成更具约束力的合作，并解决该政策领域更具挑战性的问题与任务。因此，在该机制得到实施后，参与合作的国家势必会成为该政策领域事实上的核心成员国。但值得注意的是，“永久结构性合作”并不完全符合“可变几何欧洲”的理论设计。对于“可变几何欧洲”而言，灵活性措施所形成的核心与非核心成员区分是固定的、不可逆的。① 但是，“永久结构性合作”的开放性原则与遵循国家自由意志的原则打破了“可变几何欧洲”的这一特征。《里斯本条约》第46条规定，永久结构性合作在启动后仍向自愿加入合作的其他成员国开放，新成员国需向欧洲理事会和外交与安全政策高级代表明示其参与合作意愿，之后由已参与合作成员在咨询高级代表建议后按照有效多数投票程序决定。② 更为重要的是，对于不符合合作相关要求与规定的成员国，欧盟理事会同样可以采用有效多数投票程序中止其合作。因此，对于“永久结构性合作”而言，核心与非核心成员国组成是流动性的。并且，该条约第46条还规定任何参与合作的成员国可以依据其自主意愿选择退出合作。这意味着合作虽然在实施过程中有更强的约束力，但不存在束缚成员国自身合作意愿的可能，合作并非不可逆。

此外，在较短的时间范围内观察，“永久结构性合作”所设定的目标是在现有欧盟防务合作水平上的增量。但是，与共同安全与防务政策的最终目的相比较，永久结构性合作促进成员国间防务能力互通性与一致性的目标，最终将服务于建立欧盟协同防务能力的共同政策目标。因此，在将“永久结构性合作”放于更长时间跨度的情境下观察时，它是

---

① Alexander Stubb, *Negotiating Flexibility in the European Union: Amsterdam, Nice and Beyond*, p. 48.

② 程卫东、李靖堃译：《欧洲联盟基础条约：经〈里斯本条约〉修订》，北京：社会科学文献出版社，第52—53页。

成员国以不同的发展速度最终实现欧盟防务协同目标的过程。这一界定与“多速欧洲”的部分特征相符，即允许有能力有意愿的成员国先行合作，其他成员国紧随其后。但同样地，其也不完全符合“多速欧洲”的政策设想。对于“多速欧洲”而言，合作的财政支持应当来自欧盟共同体预算。[①] 但在“永久结构性合作”中，合作的重要内容之一即成员国自身防务投入的增加。该合作机制主要通过采用更为有效的方式，整合各参与国家的防务投入，以达到提升各成员国防务能力的目标。

“永久结构性合作”显示出“可变几何欧洲”与“多速欧洲”的双重特征，但又不完全属于其中的任何一种设计。这一现状实际上反映了“永久结构性合作”在差异性与一体化之间的内在博弈。一方面，该机制通过允许部分国家在欧盟框架内进行先行合作，以尊重成员国间的差异性，保护能力更高、意愿更强的成员国的发展意愿。但另一方面，该机制通过保持合作机制的开放性与流动性，避免因合作的实施导致欧盟内对核心与非核心成员区分的固化，为未来欧盟成员国整体参与的一体化预留空间。

总体而言，“永久结构性合作”丰富了欧盟共同外交与安全政策领域内差异性一体化措施的主要功能，使其在维护个别合作意愿不足的成员国利益的基础上，增加了保护部分成员国强化合作意愿的功能。它的出现有助于欧盟增强共同安全与防务政策的行动力，并有望刺激欧盟在该领域一体化水平的进一步提升。然而，观察“永久结构性合作议定书”可以发现，条约并未对此合作机制提供明确清晰的实施方案。议定书第 2、3 条虽然列举了“永久结构性合作”的实施手段与监督措施，但并未对其细节进行明确界定与阐述。[②] 这意味着，“永久结构性合作”在实施后将对欧盟共同安全与防务政策形成何种影响，在较大程度上取决于欧盟机构与成员国在具体情境下，如何细化议定书中所提出的措施设想。

---

① Alexander Stubb, *Negotiating Flexibility in the European Union*: *Amsterdam*, *Nice and Beyond*, p. 46.

② Panos Koutrakos, "Foreign Policy Between Opt – outs and Closer Cooperation," in Andrea Ott and Bruno De Witte eds. , *Between Flexibility and Disintegration*: *the Trajectory of Differentiation in EU Law*, Edward Elgar Publishing, 2017, p. 418.

第三节 “永久结构性合作”的启动

“永久结构性合作”的出台为欧盟共同安全与防务政策带来了新的发展契机。然而《里斯本条约》正式生效后，受条款细节仍需进一步商榷和欧盟政策重点调整的影响，“永久结构性合作”并未得到立即实施。2016年，随着欧盟外交与安全战略的再调整，“永久结构性合作”重新回到欧盟议事日程之中。在欧盟主要成员国与欧盟外交与安全政策高级代表的推动下，“永久结构性合作”于2017年12月获得欧盟理事会正式批准。“永久结构性合作”的启动不仅对于欧盟防务自主建设进程具有重要意义，其同时也是欧盟在共同外交与安全政策中利用差异性一体化措施的标志性事件。它的启动将可能为欧盟在共同外交与安全政策领域建立类似于“欧元区”“申根区”的一体化合作“先锋集团”。

一、尘封的条款：模糊的实施要求与政策重点转移

作为提高欧盟共同安全与防务政策决策效率的重要手段创新，“永久结构性合作”在《里斯本条约》生效之后却并未立即获得来自欧盟机构与成员国的推动力。[①] 这一现象的出现并非意味着“永久结构性合作”对于欧盟机构与成员国不具备吸引力。对于成员国在防务领域差异明显的欧盟而言，“永久结构性合作”为欧盟实施防务合作提供了其亟须的灵活性。造成该现象的原因主要来自条款自身以及欧盟所关注的政策重点。

（一）条款内容的模糊性

如前文所述，“永久结构性合作”通过在部分有能力、有意愿加强合作的成员国之间建立更具约束力的强化合作以应对与解决欧盟在安全领域更具挑战性的问题。虽然条款列举了增强合作的相关建议措施与约

---

① Daniel Fiott et al. , *Permanent Structured Cooperation: What's in a Name?*, p. 19.

束措施，但上述条款设计仍较为模糊。

合作议定书第2条列举的5项实施建议，均需要欧盟成员国对其进行进一步明确。为实现深入合作，参与各成员国需确定有关防务设备投资支出的增长水平；为实现防务设施的一致性，参与各成员国需统一对军事需求的认知；为增强协同作战与及时部署能力，参与各成员国需确定与军队责任有关的共同目标；为弥补在“能力发展框架”下发现的欧盟防务缺陷，参与各成员国需选择被各方所接受的合作方式；为加入欧洲防务局主导下的欧洲防务措施与行动，参与各成员国需就加入欧盟防务署合作的前提条件进行明确。2010年时任欧盟理事会轮值主席国比利时曾推动成员国就“永久结构性合作”行动承诺细节予以讨论，但未能达成有效成果。①

从客观因素的角度出发，成员国无法就“永久结构性合作”的细节达成统一，主要是由于防务行动自身所具有的复杂性。具体防务行动依其所处地缘环境、现有国际安全机构的介入程度和欧盟成员国参与意愿的不同，对欧盟防务技术与能力的支持需求也有所不同。而“永久结构性合作”作为一种稳定、长期的深入合作机制，为保证其公信力，无法类似于暂时性合作（ad hoc cooperation），确定完全符合特定具体防务行动的承诺。因此，成员国就“永久结构性合作”所达成的行动承诺细节应能够应对多数对于欧盟而言具有挑战性的防务任务。但形成上述承诺对于欧盟而言挑战性明显。欧盟成员国对于欧盟防务定位（“欧洲主义”“大西洋主义”）以及本国防务政策定位（军事大国、中立国）的差异令成员国对欧盟应承担的防务挑战性具有不同的认识。这影响了欧盟成员国就“永久结构性合作”中所需的统一量化标准的形成。换言之，欧盟成员国针对防务议题的主观合作意愿制约着欧盟在客观存在的防务行动复杂性基础上达成有关“永久结构性合作”统一量化实施标准的能力。

对于“永久结构性合作”而言，防务行动客观存在的复杂性增加了欧盟达成统一标准的难度，而成员国主观的合作意愿不足是欧盟未能达成统一量化标准的根本原因。部分成员国对该合作具有推动防务一体化

---

① 详情参见：Sven Biscop and Jo Coelmont, “CSDP and ‘Ghent Framework’: the Indirect Approach to Permanent Structured Cooperation?”, *European Foreign Affairs Review*, Vol. 16, No. 2, 2011.

升级的潜力存有戒惧。① 以英国为代表的此类防务主权敏感成员国担忧更具约束力的防务合作承诺将削弱自身的防务决策自主，迫使其参与其本身政治意愿并不强烈的集体防务行动之中。因此，这部分国家要求严格秉持欧盟共同外交与安全政策的政府间合作特征。与此同时，法国与德国作为欧盟一体化进程的主要推动力量，对于主导防务合作进程较为犹豫。在萨科齐与奥朗德任法国总统期间，法国未表现出承担任何欧洲防务具体责任的意愿。默克尔政府对于欧盟利比亚、马里防务行动的反对态度也说明了德国对于欧洲防务尤其是对外行动的态度仍有所保留，进而其对于推动共同安全与防务政策并不积极。② 由于缺乏推动合作的主导性力量，在部分主权敏感成员国对于防务合作政府间主义特性的严格把持下，欧盟将无法提出能够与实施“永久结构性合作”相匹配的具体合作承诺。总体而言，由于欧盟无法将《里斯本条约》中模糊的合作建议措施转变为量化明确的合作行动承诺，欧盟也就无法启动“永久结构性合作”措施。

（二）欧盟政策重点的转移

对于“永久结构性合作”的启动而言，除欧盟无法将模糊的条约内容进行明确从而阻碍了“永久结构性合作”的启动外，欧盟自身政策重点的转移也是造成“永久结构性合作”长期未能被启用的重要原因。从《欧洲安全战略》出台、欧盟制宪会议启动至《里斯本条约》谈判完成期间，如何提高欧盟的对外行动能力，提升欧盟作为综合性国际行为体的影响力一直是欧盟政策关注的重心之一。然而在《里斯本条约》生效后，欧盟政策的关注重点在宏观与微观两个层面都发生了明显变化，欧盟防务合作不再是该时期内欧盟应当解决的重点问题。

在宏观层面，《里斯本条约》生效后不久，随着美国次贷危机在全球范围内蔓延，欧盟开始受到国际金融危机的冲击。自2008年起，欧盟国内生产总值年增长率出现明显下滑，复苏乏力。经济表现不佳直接引

---

① 孔刚：《欧洲联盟共同防务：当代定位与基本逻辑》，《欧洲研究》2017年第5期，第91页。

② Gianni Bonvicini, “Proposal for a Revival of Permanent Structured Cooperation,” *The Polish Quarterly of International Affairs*, Vol. 22, No. 3, 2013, p. 3.（The number of page is according to the download version from the website of Pro Quest, not the original version whose range is from 44 to 58.）

致欧盟地区失业问题严重，失业率接近10%。更为重要的是，欧盟成员国中以希腊、葡萄牙、爱尔兰为代表的一系列国家受国际金融危机的影响出现了财政赤字与公共债务水平居高不下的情况。由其所引致的主权债务危机严重制约了欧盟经济从国际金融危机之中复苏的能力。一直以来，经济一体化的成功是欧盟在其他政策领域加强一体化的重要合法性来源之一。因此，在欧洲主权债务危机发生之后，欧盟的政策关注点主要集中于如何应对与解决金融危机对欧盟经济带来的消极影响。为帮助陷入债务危机的成员国尽早脱困，欧盟设立欧洲金融稳定基金（EFSF）、欧洲稳定机制（ESM）为希腊、葡萄牙、西班牙等相关成员国提供援助贷款、降低相应国家所承受的经济负担；制定“财政契约”加强欧元区国家财政政策协调，提高欧盟整体抵御金融危机冲击的能力。此外，为从根本上解决此次危机所暴露出的欧盟发展缺陷，欧盟各国国家元首与政府首脑于2010年6月通过《欧洲2020战略》。该战略提出三大量化、五大核心目标、七项创议，主要围绕着经济增长与就业而展开。[①] 总体而言，《里斯本条约》生效后，受主权债务危机的影响，欧盟在相当长的一段时间内其政策重点就集中于经济领域。并且值得注意的是，受主权债务危机的影响，欧盟成员国财政预算中有关防务政策的预算安排也出现了明显削减。[②] 这意味着在欧盟机构与成员国两个层面，决策者对于防务政策的关注均有所下降。因此，欧盟对于宏观政策领域的关注点转移是整体性的。

在微观层面，加强防务合作也并非欧盟共同外交与安全政策领域的优先议题。《里斯本条约》对共同外交与安全政策的重要贡献之一，即成立欧盟对外行动署（EEAS），为欧盟实施共同外交与安全政策提供组织基础。2009年11月，凯瑟琳·阿什顿担任欧盟首任外交与安全政策高级代表，组建欧盟对外行动署成为其工作的首要议题。自2009年12月至2010年12月，阿什顿与欧盟委员会、欧洲议会及成员国开展磋商

---

① European Commission, *European 2020: A Strategy for Smart, Sustainable and Inclusive Growth*, https: //ec. europa. eu/eu2020/pdf/COMPLET% 20EN% 20BARROSOS% 20% 20% 20007% 20 - % 20Europe% 202020% 20 - % 20EN% 20version. pdf, 上网时间：2019年12月21日。

② Gianni Bonvicini, "Proposal for a Revival of Permanent Structured Cooperation," *The Polish Quarterly of International Affairs*, p. 2.

讨论，就欧盟对外行动署的地位与权能进行明确。[①] 2010 年 11 月，欧洲理事会与欧洲议会对欧盟《人事条例》和《财务条例》与 2011 年欧盟年度财政预算进行修订，为欧盟对外行动署的正式运转做出人力资源与财政支持方面的准备。2010 年 12 月，欧盟对外行动署正式开始运行。然而正式运行并不意味着欧盟对外行动署机制建设的结束，健全与完善欧盟对外行动署是一个长期的过程。在此后的 4 年间（2011—2014），在阿什顿的领导下，欧盟对外行动署在运行的过程中又对自身机构设置进行了 5 次调整。直至 2014 年 11 月，费代丽卡·莫盖里尼接替阿什顿担任欧盟外交与安全政策高级代表时，欧盟对外行动署的机构运行调适与完善才告一段落。可以认为，在阿什顿任期内，欧盟对于共同外交与安全政策的建设主要集中于欧盟对外行动署的建设议题。受此影响，同期以欧盟共同安全与防务政策为依托的军事行动数量明显下降。[②] 需要说明的是，欧盟在微观层面政策重点的调整并非因欧盟对防务合作的重视降低，而是由于完善欧盟对外行动署运行机制是未来欧盟共同外交与安全政策有效实施的必要基础。作为欧盟共同外交与安全政策的主要实施机构，欧盟对外行动署是否能够运行良好，对于欧盟释放其共同外交与安全政策效力具有直接影响。

二、欧盟《全球战略》与欧盟“永久结构性合作”的启动

虽然受条款内容模糊性与欧盟政策重心转移的影响，“永久结构性合作”并未能在《里斯本条约》生效后迅速得以实施；但值得注意的是，影响欧盟政策重心转移的因素同时也在刺激欧盟加强成员国间防务合作。受主权债务危机的影响，欧盟主要成员国均削减了本国的防务预算开支，为在资源有限的情况下保证防务能力不受影响，以资源共享、能力互补为主要内容的双边与多边军事合作在欧盟成员国间展开。虽然此类防务合作并未利用欧盟政策框架，然而借此可以确定的是，在各国防务支出

① 具体磋商过程参见王磊：《欧盟对外行动署的制度研究》，上海：上海人民出版社，2015 年版，第 132—133 页。

② Gianni Bonvicini, “Proposal for a Revival of Permanent Structured Cooperation,” *The Polish Quarterly of International Affairs*, p. 2.

缩紧的情况下欧盟成员国间存在加强防务合作的需求。随着欧盟对外行动署运行机制的完善，欧盟外交与安全政策高级代表也逐渐将更多的注意力投入欧盟共同外交与安全政策的能力发挥议题之中。

（一）外部环境的刺激与欧盟《全球战略》的出台

在欧盟对主权债务危机处理与欧盟对外行动署建设告一段落之后，欧盟周边地区的不稳定现象开始受到欧盟的关注。特别是2013年底出现的乌克兰危机令安全议题在欧盟议事日程中的重要性得到明显回升。对乌克兰危机的解决再次显示出欧盟对于北大西洋安全体系的依赖。在危机期间，欧盟依旧主要运用舆论引导、经济制裁、借助多边组织等软实力手段助推危机解决，欧盟共同外交与安全政策仍无力独自应对出现在欧盟周边地区的安全挑战。[①] 2015年6月，欧盟对外行动署发布战略评估报告《处于全球性变局中的欧盟：一个联系更为紧密、冲突更为明显、关系更为复杂的世界》。从报告中可以发现，欧盟的安全不仅受到乌克兰危机与俄罗斯的冲击，在北非和地中海地区，西亚北非局势动荡并未带来西方社会所期待的稳定与民主，利比亚与叙利亚境内发生的战乱致使大批难民涌入欧盟寻求庇护；在中东地区，以“伊斯兰国”为代表的伊斯兰极端主义恐怖分子，对巴黎、布鲁塞尔、尼斯等欧洲城市实施了恐怖袭击；更为危险的是，这些藏匿于中东地区的恐怖组织正将欧盟中对社会感到失望、被社会边缘化的普通危险分子改造为极其危险的恐怖分子。[②] 上述一系列出现在欧盟内部与周边的切实安全威胁，令安全与防务议题成为欧盟在此阶段需要面临的主要问题。

值得注意的是，起源自周边的不稳定现象不仅冲击着欧盟的安全，也冲击着欧盟的团结。在乌克兰危机处理过程中，东北欧国家与西南欧国家之间出现了明显分歧。受地理位置的影响，东欧、中欧、北欧国家在传统上对俄罗斯保持着较高的戒备心态，因此在危机期间将俄罗斯视为重大威胁，主张对其采取强硬态度。而西欧与南欧国家受双边贸易与

---

① 具体参见刘作奎、孔田平、黄平：《2014—2015年乌克兰危机的起源与危机对欧盟的影响》，载黄平、周弘、江时学编：《欧洲发展报告（2014—2015）》，北京：社会科学文献出版社，2015年版。

② Nathalie Tocci, *Framing The EU Global Strategy: A Stronger Europe in a Fragile World*, Palgrave Macmillan, 2017, pp. 14 – 15.

能源交易的影响，除将俄罗斯视为地缘政治主要挑战者外，还将其视为重要的战略伙伴，主张采取适度的制裁，认为过于强硬的制裁将破坏欧盟自身的经济发展。① 可以认为，如果欧盟不能有效处理这一危机，欧盟成员国内部的分歧将愈发深化。然而在欧盟缺乏对周边地区进行有效军事干预的情况下，其难以与俄罗斯就有关实现地区秩序稳定的战略与行动达成一致。总结而言，欧盟所处安全环境的恶化，以及由此导致的成员国内部分歧，需要欧盟提出更为有效的应对措施以阻止其进入挑战无法应对、成员国分歧愈发加深的恶性循环。

题为“共同愿景、共同行动：一个更强大的欧洲”的欧盟外交与安全政策全球战略（以下简称《全球战略》）是欧盟在时任共同外交与安全政策高级代表费代丽卡·莫盖里尼（2014—2019 年）领导下，为应对欧盟面临的挑战，团结欧盟成员国所提出的全方位对外政策战略。该战略对欧盟的利益诉求、对外行动优先议程以及行动措施建议进行了明确规定。其中，安全与和平位列欧盟利益诉求之首。这意味着欧盟须具备必要的能力保卫欧盟安全，并履行欧盟条约所规定的安全互助与团结承诺。同时，由于欧盟内外安全之间的紧密联系，其所具备的能力还应能够阻止地区冲突升级、促进人类安全、解决不稳定现象发生的根源。② 在对外行动优先议程中，欧盟直接将增强防务能力作为维护欧盟安全的重要内容。《全球战略》文件提出，欧盟必须具备威慑与应对外来威胁的能力，并能够在此过程中保护欧盟的安全。③ 尽管欧盟中大部分成员是北约组织的成员国，在面对外部威胁时可以依靠北约提供的安全保护，但该文件仍强调欧盟成员国应当在防务装备、人员训练、行动组织方面进行加强以努力在与北约其他成员国的共同行动中发挥更为关键的作用，并且在部分必要情况下开展独立行动。④ 而针对防务合作，《全球战略》文件提出成员国应促使其变为欧盟的常规合作。⑤ 综上所述，《全球战略》的出台，对于欧盟共同外交与安全政策，特别是共同安全与防务政

---

① Nathalie Tocci, *Framing The EU Global Strategy*: *A Stronger Europe in a Fragile World*, Palgrave Macmillan, 2017, p. 18.

② EEAS, *Shared Vision*, *Common Action*: *A Stronger Europe*, June 2016, p. 14.

③ Ibid., p. 19.

④ Ibid., p. 19.

⑤ Ibid., p. 45.

策的集体防务建设进程而言，是一个重要的转折点。它意味着欧盟在安全与防务建设问题上的再次觉醒。

（二）欧盟《全球战略》对欧盟“永久结构性合作”的推动

欧盟《全球战略》发布之后，欧盟就如何落实《全球战略》中的安全与防务合作进行了多次讨论，停滞多年的欧盟防务一体化得到了明显的推进，“永久结构性合作”也进入了讨论的议程。值得注意的是，欧盟《全球战略》规定欧盟应当探索在防务合作领域实施“超前合作”的可能，如果其能够取得多次成功，则应当尝试将合作固定化，以最大程度地释放欧盟条约的潜能。① 这一表述显示出，在制定全球战略时欧盟仍对其成员国是否能够同意启动“永久结构性合作”存有疑虑。然而，英国脱欧公投结果的公布，使得当时有关欧盟防务合作的讨论中出现一种新的观点：英国作为欧盟防务建设的障碍已经清除，应当借此机会让其余成员国在此领域继续前进。② 同时，欧盟《全球战略》利用共同外交与安全政策高级代表的双重身份，将欧盟委员会引入为欧洲防务合作的推动力量，开始释放其作用。2016 年 11 月，欧盟委员会发布欧盟防务行动计划，将为欧洲联合防务技术研发合作提供资金支持；并且规定成员国用于联合防务能力发展项目的财政支出将排除在《稳定与增长公约》的计算范围之外。③ 欧盟委员会所提供的上述财政刺激，促使成员国积极寻求防务合作。

利用外部刺激与欧盟《全球战略》出台所提供的机会窗口，欧盟外交与安全政策高级代表莫盖里尼开始设计欧盟安全与防务合作的具体实施计划，以具体落实欧盟《全球战略》。2016 年 11 月，莫盖里尼在欧盟外交部长理事会上公布《安全与防务实施计划》。该计划明确了欧盟在安全与防务领域的目标，以及落实相关目标的具体措施。在实施计划中，莫盖里尼除提出实施相关能力发展计划、深化防务合作外，还将“释放

---

① Iakovos Iakovidis and Ioannis Galariotis, “*Permanent Structured Cooperation: a Game Changer?*”, EUI Max Weber Programme Working Paper, 2018/07, p. 3.

② Nathalie Tocci, *Framing The EU Global Strategy: A Stronger Europe in a Fragile World*, p. 94.

③ Ibid., p. 95.

条约潜能：实施“永久结构性合作”作为一项单独的建议措施予以提出。[①] 莫盖里尼所提交的实施计划得到了欧盟外交部长理事会的支持。在会议决定中，理事会提出“为加强欧盟共同安全与防务政策，理事会同意就实施具有包容性的永久结构性合作的可能性进行研究，并详细研究启动具体合作项目与倡议的模块化方法，但最终是否启动应视成员国做出具体承诺的意愿而定”。[②] 由此，成员国开始在欧盟外交与安全政策高级代表的协助下，对是否应启动“永久结构性合作”进行更为细致的磋商与讨论。

2017 年 3 月，欧盟外交部长理事会对截至当时有关“永久结构性合作”的磋商进展进行了总结。该报告指出，理事会认为“永久结构性合作”将为欧盟实现其在安全与防务领域所设定的战略目标做出实质性的贡献，应当继续探索在成员国中实施该合作的可能。同时，为清除对于“永久结构性合作”可能影响成员国防务主权独立的担忧，理事会报告中明确指出利用“永久结构性合作”所获得的防务能力仍归属于成员国自身，并由其独立运行；并且可以利用于其他安全合作框架。[③] 此外，该报告对有关“永久结构性合作”讨论的后续重点提出了建议。报告建议成员国在欧盟对外行动署与欧洲防务局的协助下，确定实施永久结构性合作的共同承诺、目标与标准，提出成员国可能愿意利用“永久结构性合作”机制进行具体合作项目与倡议。[④] 观察此报告，可以认为“永久结构性合作”的实施已获得多数欧盟成员国的支持，针对后续讨论的两项建议本质上是为该合作依据欧盟条约要求实施正式启动程序所进行的准备。

2017 年 5 月，欧盟外交部长理事会再次对永久结构性合作议题进行了讨论。在此次会议中，成员国就“永久结构性合作”的目标、确定共同承诺和

---

① Council of the European Union, *Implementation Plan on Security and Defense*, 14392/16, 14 November 2016, p. 29.

② Council of the European Union, *Draft Council Conclusion on Implementing the EU Global Strategy in the Area of Security and Defense*, 14009/16, 14 November 2016, p. 14.

③ Council of European Union, *Draft Council Conclusion on Progress in Implementing the EU Global Strategy in the Area of Security and Defense*, 6715/17, 6 March 2017, p. 5.

④ Council of European Union, *Draft Council Conclusion on Progress in Implementing the EU Global Strategy in the Area of Security and Defense*, p. 5.

标准的方式、合作的治理架构、确定具体合作项目的方式以及欧盟机构（欧盟对外行动署、欧洲防务局、欧盟委员会）在合作中的作用达成了统一。[①]至此，欧盟成员国在欧盟外交与安全政策高级代表以及欧盟对外行动署、欧洲防务局的协助下，已对启动“永久结构性合作”的合理性进行了充分的了解，并对实施“永久结构性合作”细节的确定方式达成了统一。从合作启动的角度而言，欧盟外交部长理事会的多次讨论已经为成员国启动该合作提供了所有实质性讨论所需的程序与规则。2017 年 6 月，欧盟首脑峰会一致同意有必要启动“永久结构性合作”，使部分有意愿有能力加强合作的成员国在防务领域进行深化合作。7 月，利用欧盟外交部长理事会所确定的规则与程序，法国与德国制定了启动永久结构性合作的详细提案，此提案得到了意大利与西班牙的同意。2017 年 9 月，欧盟成员国国防部长举行会议就“永久结构性合作”进行讨论，希望能够在当年年底出台启动合作的法律文件。会议以法德两国的提案为基础，就该合作机制将要求参与成员国做出的具有约束力的共同承诺细节进行了磋商。在法德两国的主导下，相关细节在短时间内得以迅速敲定。2017 年 11 月，法国、德国等 23 个欧盟成员国签署启动“永久结构性合作”的联合通知书，并将其交予欧盟理事会和欧盟外交与安全政策高级代表。12 月初，葡萄牙与爱尔兰宣布加入该合作机制。

2017 年 12 月 11 日，欧盟理事会正式确定 25 个欧盟成员国正式启动“永久结构性合作”。此时，共有英国、丹麦、马耳他三个国家选择不参与此合作。英国与丹麦的选择已在欧盟决策的预期之中。英国已于 2016 年通过公投决定退出欧盟，为实现与欧盟之间清晰的分割，其在此时参与“永久结构性合作”的可能性较小。丹麦在《马斯特里赫特条约》中已经获得在防务合作领域的例外权，将不会参与任何带有军事意义的欧盟共同外交与安全政策。[②] 对于马耳他，其不参与合作的原因在于担忧该合作将与其宪法所订立的中立原则相违背；决定在该合作正式运行后，再对是否加入合作做出判断。但实际上，由于马耳他国家体量较小，长

---

① Council of European Union, *Draft Council Conclusion on Security and Defense in the Context of the EU Global Strategy*, 8784/17, 15 May 2017, pp. 11 – 12.

② 2022 年 6 月 1 日，丹麦通过全民公投做出决定加入欧盟共同安全与防务政策。2023 年 3 月 23 日，丹麦向欧盟理事会提出申请加入“永久结构性合作”，成为第 26 个加入 PESCO 机制的欧盟成员国。

期防务支出较低，现有的欧盟互助条款已能够满足其保卫国家的需求，因此其选择不参与合作更多地与其合作意愿不足有关。① 而基于同样的理由，从能力建设的角度，马耳他的选择也并不会对欧盟永久结构性合作的预期效果造成实质性的影响。同时，由于“永久结构性”合作所建立的是部分有意愿、有能力国家的深化合作，且其启动没有成员国数量的最低限制，因此从启动程序的角度，马耳他的不参与不会影响合作机制的正常启动。

三、欧盟“永久结构性合作”的实施：先锋集团还是分散合作

回顾“永久结构性合作”的启动经过可以发现，成员国对于启动“永久结构性合作”的讨论主要依靠欧盟理事会所提供的平台，并且讨论过程中多次获得了欧盟外交与安全政策高级代表、欧盟对外行动署、欧洲防务局等欧盟机构的技术支持。虽然“永久结构性合作”在法律上也是由成员国主导与启动，但是其与欧盟机构之间的紧密联系成为该合作有别于该领域其他差异性一体化措施的重要特征。② 合作正式启动之后，这一特征依旧明显。

正式启动的“永久结构性合作”共包含两个方面的内容：一是参与国家所提出的有关增强防务合作的共同承诺；二是实现上述承诺的具体合作项目。成员国在启动“永久结构性合作”告知书中共做出 20 项具体共同承诺，并根据《里斯本条约》中的“永久结构性合作”议定书分为五类。具体包括：（1）针对防务支出，合作要求参与成员国需定期增加防务预算，以达到将其中 20% 用于防务设备投资，2% 用于防务技术研发的目标。其具体方式为通过参与集体防务能力发展项目，以弥补能力发展计划（CDP）和联合年度评估（CARD）所提出的战略能力不足。并且，在必要的情况下，联合防务能力发展计划可以获得来自欧盟防务基金（EDF）的资金支持。（2）针对防务资源共享，合作要求参与成员

① 陈洁、袁建军：《永久结构性合作：欧盟差异性一体化的新进展》，《德国研究》2019 年第 3 期，第 52 页。

② Alessandro Marrone, *Permanent Structured Cooperation: An Institutional Pathway for European Defense*, Istituto Affari Internazionali (IAI) Commentaries, No. 26, November 2017, p. 2.

国在包括联合年度评估在内的欧盟能力发展项目中积极发挥重要作用，使欧盟获得实现防务目标的能力。其具体实现方式包括最大程度地支持联合年度评估行动，深度参与欧盟防务基金中带有明确欧盟附加值的联合军备采购计划，为所有防务能力发展行动设定统一标准，对现有防务资源进行整合，加强网络防务领域的合作。（3）针对军队协同行动，合作要求参与成员国的防务力量准备、技术标准和行动资金支持除满足欧盟战斗组所要求的基础行动要求外，还需能够满足实现欧盟预设防务目标的要求。具体包括设定独立的数据库，提供更多可利用、可派遣防务力量，将国内防务技术标准与北约标准对接，积极参与欧盟现有对外防务行动，并加大对此类行动的资金投入。（4）针对强化战略自主，合作要求参与成员国优先通过欧盟国家合作的形式，对欧盟现有防务能力缺陷进行弥补。此类能力发展合作除弥补欧盟能力欠缺外，还应能够增强欧盟的战略自主，并增强欧盟防务技术和工业基础（EDTIB）的整体能力。（5）针对增强防务技术与产业合作，合作要求参与成员国尽可能选择欧洲防务局和欧洲共同军备合作组织（OCCAR）所提供的框架进行防务能力发展合作，并避免在防务技术与产业合作中出现重复建设的情况，确保合作项目对于欧盟防务技术与工业基础具有积极影响。[①]

观察上述共同承诺可以发现，“永久结构性合作”基本建立在欧盟针对防务合作的其他具体安排（能力发展计划、联合年度评估、欧盟防务基金、欧盟技术和工业基础）之上。因此，其不仅受参与“永久结构性合作”成员国的共同管理，还受到上述基础性防务合作安排的统一宏观管理。这也是其治理架构将欧盟对外行动署和欧洲防务局联合作为该合作秘书处的部分原因。从本质上而言，永久结构性合作与欧盟机构之间的紧密联系是对条约所规定的“合作应利用欧盟现有框架，探索深化现行合作程度的可能”的体现。

此外，根据共同承诺，参与“永久结构性合作”的成员国，除需满足基础性防务合作所提出的能力建设要求外，还需满足欧盟安全与防务行动计划所提出的更高防务要求。这一表现符合该合作本身所带有的类似于“超前合作”的“可变几何欧洲”与“多速欧洲”的综合特征。共

---

① 23 EU Member States, *Notification on Permanent Structured Cooperation to the Council and to the High Representative of the Union for Foreign Affairs and Security Policy*, 13 November 2017, pp. 3 – 5.

同承诺体现了欧盟部分成员国对于深化合作、增强整体能力的期望，是在现有合作程度与能力发展计划基础上的增量发展。共同承诺所提出的对于参与国家防务资源与行动能力的具有现实约束力的协调、统筹，是欧盟防务合作在现行机制下无法达成的目标，然而对于欧洲防务建设而言却具有重要的积极意义。① 综合而言，共同承诺充分体现了参与合作成员作为欧洲防务合作“先锋集团”的角色，通过该合作机制，它们将为欧盟整体与其自身能力的提升做出贡献。

然而，是否能够实现上述理想化的目标则有赖于具体合作项目的实施。自“永久结构性合作”启动以来，欧盟理事会分别于2018年3月、2018年11月、2019年11月、2021年11月、2023年5月公布了五批“永久结构性合作”具体项目。目前，“永久结构性合作”共有71项具体项目，涉及军事人员培训、陆军、海军、空军、网络防务、空间通信防务和联合能力提升6个领域。根据“永久结构性合作”的条款规定，成员国能够自行选择参与且仅需保证至少参与一个项目，因此各具体项目在参与成员国广度、能力发展效果上表现各异（表4－1、表4－2）。

表4－1 “永久结构性合作”具体项目清单

项目名称	协调国	参与成员国
军事人员培训		
欧盟训练任务培训中心[a]〔已结束〕	德国	奥地利、捷克、西班牙、法国、爱尔兰、意大利、卢森堡、荷兰、罗马尼亚、瑞典
欧洲军队训练认证中心[a]	意大利	希腊
直升机高温高海拔地区训练[b]	希腊	意大利、罗马尼亚
欧盟联合情报学校[b]	希腊	塞浦路斯
欧盟测试与评估中心[b]〔已结束〕	法国、瑞典	斯洛伐克
综合性欧洲联合训练与模拟中心[c]	匈牙利	法国、德国、波兰、斯洛文尼亚
欧盟网络学术与创新中心[c]	葡萄牙	保加利亚、西班牙、罗马尼亚

① Nicoletta Pirozzi, “PESCO: A Misunderstood Tool for EU Integration?”, *The Progress Post*, Winter 2018, p. 25.

续表

项目名称	协调国	参与成员国
特种行动部队医学培训中心[c]	波兰	匈牙利
生化辐射核武器防务训练排[c]	罗马尼亚	法国、意大利
欧盟潜水中心网络[c]	罗马尼亚	保加利亚、德国、法国
生化辐射核武器监察侦测体系[d]	奥地利	克罗地亚、法国、意大利、斯洛文尼亚
欧洲防务空运训练学院[e]	法国	西班牙、意大利、匈牙利、葡萄牙
陆军系统		
可部署的灾难救济防务能力方案[a]	意大利	希腊、西班牙、克罗地亚、奥地利、爱尔兰
装甲步兵战车、两栖战车、轻装甲车[a]	意大利	希腊、斯洛伐克
间接火力支援能力[a(已结束)]	斯洛伐克	意大利、匈牙利
欧盟部队危机应对中心[a]	德国	奥地利、塞浦路斯、希腊、西班牙、法国、意大利、荷兰
综合性无人地面系统[b]	爱沙尼亚	比利时、捷克、芬兰、法国、德国、拉脱维亚、荷兰、波兰、西班牙
欧盟超视距地面作战导弹系统[b]	法国	比利时、塞浦路斯、瑞典
欧洲军事伙伴计划[d]	法国	奥地利、爱沙尼亚、意大利
主战坦克模拟试验中心[d]	希腊	塞浦路斯、法国
综合性无人地面系统 2[e]	爱沙尼亚	德国、法国、意大利、拉脱维亚、匈牙利、荷兰、芬兰、瑞典
反电池传感器[e]	法国	荷兰
海军系统		
(半)自主式海洋水雷应对系统[a]	比利时	法国、希腊、爱尔兰、拉脱维亚、荷兰、波兰、葡萄牙、罗马尼亚、瑞典
海港与海洋的监控与保卫[a]	意大利	希腊、波兰、葡萄牙
强化海洋监控能力[b]	希腊	保加利亚、塞浦路斯、法国、西班牙、克罗地亚、爱尔兰、意大利
可支配模块化水下干预能力方案[b]	保加利亚	希腊、意大利、法国、罗马尼亚
海洋无人反潜系统[c]	葡萄牙	法国、西班牙、瑞典
欧洲海洋巡逻队[c]	意大利	法国、希腊、罗马尼亚、西班牙

续表

项目名称	协调国	参与成员国
欧洲护航基本单元[d]	西班牙	希腊、意大利、葡萄牙、瑞典
中型半自动水上汽车[d]	爱沙尼亚	法国、拉脱维亚、罗马尼亚
反鱼雷鱼雷[e]	德国	荷兰
海底关键性基础设施保护[e]	意大利	比利时、德国、西班牙、法国、葡萄牙、瑞典
空军系统		
欧洲中空长航时无人机系统[b]	德国	捷克、西班牙、法国、意大利
欧洲武装直升机 Tiger Mark III[b]	法国	西班牙
反无人机系统[b]	意大利	捷克、瑞典
机载电子攻击能力[c]	西班牙	法国、瑞典
空中能力（武装能力优势）[d]	法国	克罗地亚、希腊、瑞典
小型可伸缩武器[d]	意大利	法国
下一代小型战术无人机[d]	西班牙	德国、匈牙利、葡萄牙、西班牙、罗马尼亚、斯洛文尼亚
超规货物的战略空运能力[d]	德国	捷克、法国、荷兰
无人机的旋翼机坞站[d]	意大利	法国
未来中型战术货物空运能力[d]	法国	德国、意大利、西班牙、瑞典
下一代中型直升机[e]	法国	西班牙、意大利、芬兰
综合多层防空反导系统[e]	意大利	法国、匈牙利、瑞典
未来短距空对空导弹[e]	德国	西班牙、意大利、匈牙利、瑞典
网络防务		
欧洲安全无线电系统[a]	法国	德国、西班牙、芬兰、意大利、荷兰、波兰、葡萄牙
网络威胁与事故处理信息分享平台[a]	希腊	塞浦路斯、匈牙利、爱尔兰、意大利、葡萄牙
网络快速反应部队与网络安全互助[a]	立陶宛	爱沙尼亚、比利时、克罗地亚、荷兰、波兰、罗马尼亚、斯洛文尼亚
欧盟共同安全与防务行动和任务的指挥与控制系统[a]	西班牙	德国、法国、意大利、卢森堡、葡萄牙

续表

项目名称	协调国	参与成员国
欧洲高空飞艇平台—持续的情报搜集与监察能力[b]	意大利	法国
小型联合行动的特种部队战略指挥与控制系统[b]	希腊	塞浦路斯
未来情报搜集与侦查联合行动的电子战能力和操作能力互通计划[c]	捷克	德国、立陶宛、拉脱维亚
网络与情报领域协调合作中心[c]	德国	匈牙利、荷兰、西班牙
网络领域联盟[d]	爱沙尼亚	拉脱维亚、比利时、保加利亚、芬兰、法国、意大利、卢森堡
城市地形的自动建模、识别和损害评估[d]	葡萄牙	奥地利、法国、西班牙
强大的通信基础设施和网络[d]	瑞典	德国、爱沙尼亚、法国
北极指挥和控制传感系统[e]	芬兰	爱沙尼亚、法国、瑞典
空间通讯系统		
欧盟无线电导航解决方案[b]	法国	奥地利、比利时、德国、西班牙、意大利、波兰、瑞典
欧盟军事空间监视识别网络[b]	意大利	法国
政府图像公共中心[d]	德国	奥地利、法国、立陶宛、卢森堡、荷兰、罗马尼亚、西班牙
空间资产防御[d]	法国	奥地利、德国、意大利、波兰、葡萄牙、罗马尼亚、西班牙
有效能力提升		
欧盟医疗指挥中心[a]	德国	比利时、捷克、爱沙尼亚、西班牙、法国、匈牙利、意大利、卢森堡、荷兰、波兰、罗马尼亚、瑞典、斯洛伐克
欧盟物流中心和行动支持网络[a]	德国	比利时、保加利亚、塞浦路斯、希腊、西班牙、法国、克罗地亚、匈牙利、意大利、立陶宛、荷兰、卢森堡、波兰、斯洛文尼亚、斯洛伐克

续表

项目名称	协调国	参与成员国
军队移动能力[a]	荷兰	奥地利、比利时、保加利亚、塞浦路斯、捷克、丹麦、德国、爱沙尼亚、希腊、西班牙、芬兰、法国、克罗地亚、匈牙利、意大利、立陶宛、卢森堡、拉脱维亚、波兰、葡萄牙、罗马尼亚、斯洛文尼亚、斯洛伐克、瑞典、加拿大、挪威、美国
满足行动需求的能源供给[a]	法国	比利时、西班牙、意大利、斯洛文尼亚
生化辐射核武器监控服务[b]	奥地利	法国、克罗地亚、匈牙利、斯洛文尼亚
基地共享[b]〔已结束〕	法国	比利时、捷克、德国、西班牙、荷兰
地球气象与海洋学支持协调系统[b]	德国	奥地利、比利时、希腊、法国、卢森堡、葡萄牙、罗马尼亚
基于天基的战场及时导弹预警与拦截[c]	法国	芬兰、德国、意大利、荷兰、西班牙
欧盟防务材料与组件领域技术竞争力提升[c]	法国	德国、葡萄牙、罗马尼亚、西班牙
欧盟协同作战能力[c]	法国	比利时、波兰、罗马尼亚、西班牙、瑞典
欧盟全球远程无人机建设系统[c]	意大利	法国、罗马尼亚
确保多军种医疗保健稳定项目（ROLE－2F）[e]	西班牙	比利时、保加利亚、法国、葡萄牙、芬兰、瑞典

说明：表4－1由笔者自制。项目名称后上标字母a、b、c、d、e代表项目公布的次序：a为首批公布项目，b为第二批公布项目，c为第三批公布项目，d为第四批公布项目，e为第五批项目。

数据来源：永久结构性合作（PESCO）官方网站：https：//pesco. europa. eu/。（上网时间：2024年6月1日）

表4－2 “永久结构性合作”成员国参与程度统计

国家名称	参与项目数	协调项目数	国家名称	参与项目数	协调项目数
奥地利	10	2	拉脱维亚	7	0
比利时	14	1	立陶宛	4	1
保加利亚	7	1	卢森堡	8	0

续表

国家名称	参与项目数	协调项目数	国家名称	参与项目数	协调项目数
塞浦路斯	9	0	荷兰	16	1
捷克	8	1	波兰	12	1
克罗地亚	8	0	葡萄牙	14	3
爱沙尼亚	6	4	罗马尼亚	17	2
芬兰	8	1	斯洛伐克	5	1
法国	37	17	斯洛文尼亚	8	0
德国	17	11	西班牙	30	5
希腊	13	6	瑞典	19	2
匈牙利	13	1	丹麦	1	0
爱尔兰	5	0	马耳他	未加入	
意大利	27	13			

说明：表4-2由笔者自制。

数据来源：永久结构性合作（PESCO）官方网站：https：//pesco. europa. eu/。（上网时间：2024年6月1日）

表4-1、表4-2两项统计分别对目前“永久结构性合作”的具体项目，以及成员国的参与程度进行了整理。根据上述两项统计可做出以下判断：

第一，永久结构性合作的具体项目具有较强的弥补欧盟现存能力差距意识。与欧盟能力发展计划的11项能力发展需求相对照，永久结构性合作的具体项目覆盖了其中的大部分能力需求，特别是在新兴防务领域（如应对网络防务行动）的能力需求。① 这意味着，具体项目在设置上遵循了永久结构性合作所提出的共同承诺：合作的重点是通过欧洲联合的方式解决欧盟当前已发现的防务能力不足问题。

第二，通过七年多的建设，永久结构性合作已开始在欧盟共同防务能力提升方面发挥出切实可见的积极影响。根据欧盟公布的数据，“永久结构性合作”目前已有4个项目处于结束状态，这意味着相关合作所进行的联合技术研发或基础设施建设已实现预期目标。同时，“永久结构性合作”

① Alice Billon - Galland and Yvonni - Stefania Efstathiou, *Are PESCO Projects Fit the Purpose*?, European Leadership Network and IISS European Defense Policy Brief, Feburary 2019, p. 6.

启动时所预期的示范性已变为现实，第一批、第二批出台的“永久结构性合作”具体项目中不少都出现了参与成员国增加的情况（如北欧国家芬兰、瑞典后续加入多项防务能力建设项目）。此外，丹麦于2023年加入“永久结构性合作”，成为第26个参与合作机制的成员国。这进一步证明了合作对于欧盟深化防务合作的重要价值，并且这次扩员对于欧盟防务共同体建设，尤其是其能力建设具有里程碑式意义。①

第三，“永久结构性合作”在实施过程中还成为内部差异性和外部差异性相交织的合作机制平台。如前所述，欧盟对于“战略自主”的阐述除强调提升自身能力外，也强调巩固伙伴关系，希望借助可靠的伙伴关系，实现对于自身安全战略供应者身份的确立。为此，2020年11月，欧盟理事会通过决议，在“永久结构性合作”机制中增加允许欧盟外成员国参加具体合作项目的条款，为利用外部差异性机制促进欧盟整体应对危机能力提升创造了合法途径。② 2021年5月，加拿大、挪威、美国申请参与欧盟永久结构性合作下的“军事移动能力”项目。该项目旨在搭建欧盟境内不同国家间军事人员与物资运输的标准化程序，进一步简化跨境调动相关资源的行政审批复杂程序，促进相关运输程序的标准化、便利化。加拿大、挪威、美国对于该项目的加入将意味着北约成员国在欧洲境内的军事力量部署能效有望进一步增强，也意味着欧盟有可能通过对内部与外部差异性措施的综合使用，促成“战略自主”目标的更有效实现。③

“永久结构性合作”在取得上述实施成就的同时，也具有以下明显的问题。

第一，成员国对于“永久结构性合作”的参与分散，而“永久结构性

---

① Council of the EU, *EU defense cooperation: Council welcomes Denmark into PESCO and launches the 5th wave of new PESCO projects*, https: //www. consilium. europa. eu/en/press/press – releases/2023/05/23/eu – defence – cooperation – council – welcomes – denmark – into – pesco – and – launches – the – 5th – wave – of – new – pesco – projects/.

② Council of the EU, *EU defense cooperation: Council sets conditions for third – state participation in PESCO projects*, https: //www. consilium. europa. eu/en/press/press – releases/2020/11/05/eu – defence – cooperation – council – sets – conditions – for – third – state – participation – in – pesco – projects/.

③ Council of the EU, *PESCO: Canda, Norway and the United States will be invited to participate in the project Military Mobility*, https: //www. consilium. europa. eu/en/press/press – releases/2021/05/06/pesco – canada – norway – and – the – united – states – will – be – invited – to – participate – in – the – project – military – mobility/.

合作”自身项目分布也并不平均。71 个具体项目中拥有 9 个以上（含）成员国参与的项目仅有 7 项；约 69% 的项目仅有 5 个以下（含）成员国参与。① 少数成员国的参与将制约“永久结构性合作”整合现有防务资源形成规模效应的能力。同时，再次结合欧盟能力发展计划的需求来看，具体项目中对于海洋与航空的关注仍有所不足。尤其是上述两领域的防务能力流动性需求，现有防务合作项目仍未对此有积极应对。

第二，“永久结构性合作”中的部分项目（如欧盟安全无线电项目）是欧盟已进行多年的防务合作。将此类运行机制已然成熟的防务合作项目加入“永久结构性合作”框架是否与其深化现有防务合作的目标相违背？做出此判断需观察具体项目在纳入“永久结构性合作”框架后，是否在合作约束力方面有所增强。但此类项目的加入，已令部分学者开始质疑“永久结构性合作”在扮演欧盟防务合作“先锋集团”的角色意愿上已有所动摇。②

第三，成员国参与“永久结构性合作”的意愿差异明显。根据成员国参与项目与协调项目的数量统计可以发现，“永久结构性合作”的积极参与者仍是合作最初的提议与附议国家：法国、德国、西班牙、意大利。并且上述国家中，法国、德国、意大利也是作为协调国最多的国家。同时，参与合作的 26 个国家中，有 13 个国家参与合作项目不足 10 个，主要分布于北欧与东欧这一传统上防务发展意愿较低的地区。并且，合作启动 7 年来，合作机制的包容性和开放性，除吸引新成员国加入外，也出现了既有成员国退出的情况，如德国退出了“欧洲武装直升机 Tiger Mark III”项目，匈牙利退出了“欧盟协同作战能力建设”项目等。此外，部分东欧和北欧成员国参与具体合作项目增加的情况，主要发生在 2021 年之后，其在一定程度上与亚欧地区紧张局势相关。这种因外力主导而推动的深化合作是否具有长期的稳定性，仍值得关注。总体而言，合作启动 7 年来，成员国之间的防务合作意愿差异依旧明显。成员国主观政治意愿差异将提高实现“更为团结与强化的防务能力”的难度。

---

① 考察参与成员国数量是否达到 9 个的原因在于，按照目前欧盟条约，启动超前合作机制至少需要 9 个成员国。

② Nick Witney, “European Defense: Old Wine in the New Bottles?”, *The Progress Post*, Winter 2018, p. 31.

总体而言，“永久结构性合作”的具体项目表现出更为明显的“菜单式欧洲”特征。永久结构性合作的宏观共同承诺，在具体项目设置过程中主要体现为方向指引的作用。在能力发展的程度上，具体项目并未完全达到共同承诺的预期。就目前的具体项目而言，成员国大多是在满足最低合作要求的情况下，依据自身国内偏好进行小范围分散合作。这体现了该领域既往框架外差异性一体化措施的特征，显示出“永久结构性合作”虽然在设计上希望体现增强一体化水平的“可变几何欧洲”或“多速欧洲”特征，但在实践中，其仍正处于由“菜单式欧洲”向“可变几何欧洲”或“多速欧洲”的转变期。

本章小结

作为欧盟共同外交与安全政策领域差异性一体化的最新发展，“永久结构性合作”采用了与增强合作机制类似的“积极差异性”形式。该合作通过允许部分有能力、有意愿的成员国，在欧盟法律框架内进行强化防务合作约束力与提高防务合作实施要求的试验，以探索增强欧盟整体防务合作程度的可能。对于推动一体化发展而言，“永久结构性合作”具有明显的积极意义。它所保护的是部分有能力有意愿加强合作成员国的深化合作要求，更加强调对于成员国发展意愿的保护，为一体化发展提供了更强的推动力。

“永久结构性合作”的提出延续了欧盟在实践中不断对条约规范进行适应性改革的传统。在《阿约》即将生效时，欧盟干预科索沃危机努力的失败，再次反映了欧盟共同外交与安全政策领域的两项不足：独立军事力量的缺失与危机情形下决策效率的低下。受此影响，欧盟成员国开始寻找恰当的措施以加强欧盟成员防务合作、提高欧盟共同外交与安全政策决策效率。2000 年《尼斯条约》签署，欧盟在上述两方面均有了明显的改善。但是相比欧盟防务合作的迅速发展，欧盟对外政策体制改革仍稍显落后。

与此同时，在《尼斯条约》的讨论中，多数成员国意识到，在欧盟完成历史上最大规模的扩员之后，成员国有必要就欧盟未来的发展方向进行更为深入的探讨，设计更为合理的运行机制。经过欧盟制宪会议和 2004 年政府间会议对共同外交与安全政策，特别是共同安全与防务政策运行机制的讨论，“永久结构性合作”作为共同安全与防务领域的专属灵活性措施，被纳入《欧盟宪法条约》（草案）。由于法国与荷兰的公投拒绝批准《欧盟宪法条约》（草案），该法案最终未能生效。但成员国并未放弃对欧盟制宪会议所提出的欧盟政治改革成果的保留。在德国的主导下，欧盟成员国决定利用改革现有条约的方式将《欧盟宪法条约》（草案）提出的政治改革成果纳入欧盟。经过 2007 年政府间会议的讨论，《里斯本条约》得到成员国的一致同意。而“永久结构性合作”，作为提升欧盟共同安全与防务领域决策效率、增强欧盟成员国间开展防务合作可能的重要措施，得到了新条约的确立。

作为刺激防务合作的最新措施，在《里斯本条约》生效之后，“永久结构性合作”受条约自身启动条件仍需明确和欧盟政策重点转移的影响，并未得到立即实施。但随着 2014 年欧盟所处安全环境的恶化，以及周边环境的不稳定性开始对欧盟内部安全产生实质性消极影响，安全议题重新成为欧盟的主要议题。2016 年欧盟《全球战略》的公布和欧盟所处国际形势的变化，为欧盟防务合作打开了新的机遇窗口。在欧盟机构的积极引导下，欧盟成员国抓住此次契机，在短时间内完成了对“永久结构性合作”具体实施承诺的明确，最终于 2017 年 12 月正式启动了该合作机制。对于欧盟防务合作而言，“永久结构性合作”机制的启动将有助于欧盟增强自身防务能力，增加成员国间协调与合作，为实现欧盟所预期的安全与防务联盟提供坚实的基础。就目前该合作的具体实施来看，合作聚焦于能力发展，对于合作意愿的培养效果有限。但对于未来发展而言，实现期望中的欧盟安全与防务联盟的决定性因素仍是成员国的政治意愿。

与“例外选择权”和“建设性弃权”相比，“永久结构性合作”更符合政界与学界对于差异性一体化目标的普遍预期。其在表现形式与最终目的两个方面均带有明显的促进合作特征。在形式上，其采用允许部分有能力、有意愿国家先行合作的方式，保护了此类成员国的发展意愿。在目的上，其对一体化进程的促进明显，将实现欧盟在既有一体化水平基础上的增量发展。并且，由于此机制所提出的合作无须获得成员国的全体一致同意，其对于既有合作的深化程度将可能明显高于此前的两项措施。然而，作为一项面对所有成员国开放的加强合作措施，“永久结构性合作”需要实现包容性和发展性之间的良好平衡。如若目标较高，合作将可能导致成员国之间形成长期稳定的区分，影响未来实现整体一体化水平提高的可能。而若过于强调包容性，合作将回归满足绝大多数成员国分散的国内需求的传统功能，难以实现真正意义上的合作深化。

第五章/欧盟战略自主与差异性一体化的扩展

自 2008 年全球金融危机以来，欧洲接连遭遇主权债务危机，难民危机、新冠疫情危机，以及俄乌冲突引致的能源危机等多重内外危机的冲击。在上述系列危机的应对过程中，欧盟被国际社会和成员国寄予厚望，希望其能够更有效地集中与组织欧洲社会的资源，及时对冲与化解各类风险。特别是在美国单边主义倾向日益突出、自身战略重心明确东移的背景下，国际社会与成员国强烈要求欧盟以更加独立的姿态面对各类全球及地区性挑战。

为此，欧盟 2016 年发布的《全球战略》明确将“战略自主”（Strategic Autonomy）作为其在全球层面所追求的重要目标，强调欧盟应当具有不依赖第三方，独立决策和实施行动以应对挑战的能力。[①] 这一表态不仅积极回应了国际社会与成员国的期待，也意味着欧盟对于自身核心目标追求的重塑，更无疑对欧盟在外交与安全领域的能力预期提出了更高层次的要求。

如前所述，自《马约》以来，差异性一体化常被欧盟用于在外交与安全政策领域突破既有主权让渡僵局、推动一体化进程深化。对于差异性一体化而言，一方面“战略自主”这一更高层次能力预期的提出为其在外交与安全政策领域进行更为多样的政策工具设计与实施探索提供了广阔的空间，但另一方面在当前地缘政治回归的大背景下利用其实现“战略自主”也在考验着决策者如何有效解决欧洲一体化的永恒难题之一：一致性与异质性之间的平衡，以使差异性一体化既能为欧盟整体能力的提升提供确定性，也充分防范成员国进一步分化，或将差异固定化

---

① European Union, *A Global Strategy for the European Union's Foreign and Security Policy*, Brussels, June 2016.

等潜在使欧盟成员国更为碎片化的风险。

第一节　欧盟国际身份的演进历程

和平与发展是战后欧洲一体化进程的两大核心追求。伴随着欧洲一体化涉及领域的不断扩展和世界范围内全球化进程的不断推进，两大核心追求不仅在议题上相互交织，其所借助的政策工具也日益复杂：它们的实现不仅要求欧盟不断完善与创新内部治理机制，也要求欧盟能够充分利用好自身的对外职能与影响力，以形成追求自身利益实现过程中的政策内外联动。尤其是“战略自主”目标提出后，作为欧盟在全球层面的战略目标要求，其与欧盟对于自身国际行为体身份的认知息息相关。在讨论“战略自主”背景下欧盟如何利用差异性一体化之前，有必要对欧盟确定“战略自主”这一目标时，对自身国际行为体身份的预期进行明确。

一、从“民事”到“规范”：共同体的国际身份演变

1957 年《罗马条约》签订后，欧洲经济共同体开始着手建立关税同盟。该政策不仅将取消成员国之间的工业品关税，还将统一各国的对外关税。由此，共同体被赋予对外经济政策职能，开始逐渐成长为具有一定影响力的国际行为体。共同体机构的国际行为体身份虽然被国际社会所承认，但其长期被称为“特殊的国际行为体”。一方面，这种特殊性表现为共同体机构自身的权力来源，即有别于国家权力的不言自明，共同体的权力来自经成员国明示的“主权让渡”行为。另一方面，这种特殊性也表现为国际社会对于共同体机构能够发挥什么作用的疑惑，即在民族主权国家仍是普遍和核心行为体的当今国际社会中，共同体机构在外交和国际事务中能够发挥什么作用，既不与成员国的对外权力发挥相冲突，又能被国际社会所重视。如何定位共同体机构的国际身份特征成为共同体在对外政策领域自 20 世纪 60 年代末开始不断思索和探讨的核心话题。从自身的资源和能力优势出发，欧盟及其前身欧洲共同体曾先

后提出以下身份定位。

（一）民事力量

所谓民事力量是指共同体是一个“以经济能力见长，而武装能力较弱的民事集团”。[①] 通过20世纪60年代的关税同盟和共同农业政策建设，共同体在经济层面的对外影响力日益显著。20世纪70年代共同体的首次扩大更证明了共同体的经济影响力具有转化为政治影响力的可能。

20世纪60年代，美苏冷战趋于缓和以及东西方核恐怖平衡的达成，使国际社会发生威胁全人类生存程度的军事冲突的可能性进一步降低，国家间相互依赖格局得到进一步确认。国际社会整体环境趋于安全与稳定，促使世界各国之间，尤其是东西两大阵营之间的国际交往日益频繁，并且经济、社会等低级政治领域议题对于国际秩序变迁的影响力逐渐上升。拥有突出经济资源的欧洲共同体介入与参与国际交往的渠道和方式得到扩展，其所追求的特定务实利益与价值观也被其他国际社会行为体所重视。

在参与国际交往的过程中，欧洲共同体除推动成员国发展、促进成员国繁荣、提高成员国国际竞争力等具体务实对外经济政策目标外，基于欧洲以一体化方式进行区域治理实践的成功，也希望通过积极开展国际活动，促进自身独特国际合作理念的传播：国家间可利用条约和惯例等形式将其关系“契约化”，以替代传统诉诸武力维护和巩固国家利益的策略选择。[②] 倘若上述国际合作理念能够得到国际社会更多行为体的认可与响应，欧洲共同体方可在建设具有约束力的多边合作机制过程中，借助丰富的经验积累促使自身独特能力得到最大限度发挥，从而为共同体及成员国在国际格局中谋求相对优势地位。

总体而言，欧共体在20世纪60年代已清晰地认识到，自身如想在美苏冷战格局下作为一支独立的力量发挥国际影响力和作用，就必须超越民族国家所强调的“军事防务能力是国家影响力主要来源”的传统认

---

① 陈志敏：《欧洲联盟的军事化：从民事力量到军事力量的变形?》，载《欧洲研究》，2004年第5期，第80页。

② 班静轩：《欧洲联盟的力量特性》，载《国际关系学院学报》，2011年第4期，第60页。

知，强调国际行为体影响力构建的非物质性权力来源，并通过自身对外经济活动、内部治理法规的影响外溢等方式影响共同体域外的国家、国际组织和非政府行为体。

（二）军事力量

20世纪60—70年代，欧洲共同体“民事力量”身份的界定和塑造主导了其对外活动。特别是1970年启动的“欧洲政治合作机制”，让成员国之间在应对国际热点问题方面的外交政策协调日趋机制化，促进了欧洲以“同一个声音”出现在国际舞台上，提升了欧洲在国际社会中的“可见度”。

但是，20世纪80年代美苏关系的再次紧张使国际社会重拾对传统权力要素的重视，欧洲借助“民事力量”身份寻求美苏之间中立地位的努力受到质疑。政界与学界都有观点认为，在没有强有力的军事力量作为基础的情况下，欧洲共同体很难保证自身可以有效抵御来自美苏对抗的冲击。① 这为共同体后续更新和发展自身国际身份界定埋下了伏笔。

冷战结束后，欧洲共同体经《马约》发展为在合作能力与合作议题两方面都更具综合性特征的欧盟，并日益感受到对外行动与安全防务能力的缺乏对于其维护自身国际利益带来的挑战。美苏冷战的结束使欧盟及其周边地区原本隐藏的局部冲突和国家内部矛盾集中爆发，影响亚欧大陆整体稳定。欧盟原计划利用《马约》新确立的“共同外交与安全政策”解决地区冲突、参与外部世界治理，进一步增强自身国际和地区事务影响力。但是，波黑问题处理过程中的成员国分歧，以及科索沃危机处置过程中冲突相关方对欧盟调停方案的无视，使欧盟意识到没有一定的军事力量作为支撑，欧盟对传统安全议题的治理参与将无法取得其预期的结果，甚至还可能将在一定程度上减损欧盟作为国际行为体的权威性。据此，欧盟开始逐步发展自身的军事防务能力，突出构建自身参与外部治理时的“军事力量”身份。

欧盟的“军事力量”身份构建，在制度层面以欧盟共同外交与安全政策、欧盟共同安全与防务政策、欧盟司法与内务合作机制为主要支柱，

① Hedley Bull, “Civilian Power Europe: A Contradiction in Terms?”, *Journal of Common Market*, Vol. 21, No. 2, 1982, pp. 149 - 164.

涵盖《彼得斯堡宣言》《欧盟共同防务政策基本文件》等多项具体法规和条例；在实施层面以欧盟快速反应部队、欧洲警察部队为具体实施主体，主要针对人道主义救援、维和、冲突管理与危机应对等议题开展具体行动。需要说明的是，欧盟的“军事力量”身份构建并不是对传统“民事力量”身份的否定。“军事力量”身份没有改变欧盟对于自身参与国际交往的优势资源集中在经济与社会层面的判断，并且欧盟仍将国际社会的应然状态定义为由有效的多边主义机制进行规范与约束的国际社会。“军事力量”意在强调欧洲当时过分依赖美国提供传统安全与防务保障的安全架构，使其缺乏实现自身外部治理意愿的物质保障基础。此外值得注意的问题是，欧盟的“军事力量”身份构建，并不寻求与北约之间的功能竞争：欧盟的共同防务能力建设所框定的预期解决矛盾——威胁欧盟周边地区安全稳定、挑战欧盟构建基于多边主义的世界秩序理想的行为，与北约具有一定内防性质的集体安全能力建设目标在能力培养的方向上并不相同。

（三）规范性力量

欧盟对于自身“军事力量”身份构建的审慎预期设定，在一定程度上是源于其对推动传统政治领域一体化进程复杂性和挑战性的清晰认知。虽然欧盟已建立欧洲快速反应部队和欧洲警察部队，并在中东、北非地区成功开展多项维和、警务、监督与援助任务，但欧盟的作用发挥多是在冲突地区矛盾有效调停后的地区稳定常态化保持过程中，其介入并有效调停冲突地区核心矛盾与热点问题的能力仍旧有限。换言之，欧盟目前可以在成员国间自主完成目标统合后，统筹成员国武器、人员等不具备主观能动性的静态资源，但难以在各方存在明显利益分歧时，协调与统合成员国国家利益确定、风险识别、指挥体系运行等动态决策过程，而这一动态决策过程恰恰是欧盟有效提高自身冲突干预与调停能力的关键。

自威斯特伐利亚体系起，主权国家一直是国际体系中的核心行为体。长期以来，共同体的国际行为体身份构建都是将自己类比为主权国家进行的，重在讨论欧盟应对和平与发展等核心课题时，相较于主权国家具备何种能力优势，集中关注欧盟做了什么。但是，欧盟显然不是主权国家，并且也不会替代主权国家。欧盟作为一种游离在典型主权国家和典型政府间国际组织之间的政治实体概念，塑造欧盟国际身份独特性的基础更多在于其是什么。[①] 由此，安·曼纳斯提出了“规范性力量”这一欧盟国际行为体身份的新界定。

“规范性力量”是指欧盟相较于其他国际行为体更具有借助构建国际社会共同规范和价值这一途径来提升自身国际影响力的优势和能力。一方面，欧盟所主导的战后欧洲地区一体化进程所秉持的价值观与当前经济全球化大潮下国际社会所认可的价值观目标相一致，这使欧盟具备在国际社会层面推动共同价值规范建立的基础性资源。另一方面，二战后的地区一体化可以被视为当前经济全球化进程在地区层面的一种先行试验，欧盟作为最具示范意义的地区一体化实践行为体，其所积累的经验让其对在国际社会层面扩散相关规范具有先天的传播优势。简言之，欧盟可以通过构建与传播规范的过程巩固和提升自身国际影响力，并谋求特定优势。曼纳斯认为，作为“规范性力量”的欧盟在国际社会主要扩散五项核心规范（和平、自由、民主、法治、人权）、四项次要规范（社会团结、反歧视、可持续发展、善治）。[②] 这些价值观实际上是在界定什么是符合规范的，国际社会的应然状态具体包括哪些核心指标。虽然这些规范抽象且略显空洞，但其本质是比处理具体议题的影响力和竞争力更为重要且具有深远影响的权力。

与此同时，“规范性力量”只是改变了欧盟对于自身作为国际行为体身份特色的强调，并不意味着欧盟放弃了“民事力量”“军事力量”的构建。说服和吸引是欧盟构建自身“规范性力量”时选择的主要手段，而其实现的基础是欧盟“民事力量”构建过程中，通过保持自身长期稳健发展所带来的外部合法性。同时，单独依赖对话沟通难以保证多边机制具有足够的约束力保证国家之间当发生冲突时依然首先选择采取多边机制所提供的问题解决渠道。因此，“军事力量”构建所提供的威慑和强制力保证也是欧盟实现自身“规范性力量”构建所必不可少的。

总体而言，随着一体化的深化和扩展，欧盟作为国际行为体的身份日益多元且成体系化。并且从其身份界定关键词变化中可以发现，欧盟

---

① 孔凡伟：《欧盟的国际行为体权力结构分析》，《国际论坛》，2008 年第 6 期，第 3 页。

② Ian Manners: “Normative Power Europe: a Contradiction in Terms,” *Journal of Common Market Studies*, Vol. 40, No. 2, 2002, pp. 235 – 258.

对于自身国际活动的影响预期日益野心勃勃。“民事力量”下的欧盟是主权国家的一种补充，“军事力量”下的欧盟与主权国家相竞争，“规范性力量”下的欧盟在谋求以自身的价值观确定国际社会的交往规范。欧盟之所以表现出这种演进趋势，实际上与欧洲一体化进程的不断推进有直接的关系。但欧盟野心的扩大，也意味着其需要更为深度的一体化作为支撑；而自 20 世纪 90 年代开始的欧洲一体化发展路径之争也表明，欧盟进一步一体化绝非易事。欧盟开始面临国际行为体身份和一体化程度之间相匹配性的考验。

二、地缘政治委员会：新时期欧盟对国际身份的反思

从“民事力量”到“规范性力量”的欧盟国际身份界定演进，本质上反映的是欧盟希望在国际事务中扮演更重要角色、发挥更大价值的战略抱负与政策野心。这种对自我角色定位的乐观期待主要基于两项前提：在国际社会层面，当时经济全球化进程正处于“高歌猛进”的状态。国家之间的相互依赖不断加深，世界各国都将如何更为深度参与经济全球化进程、充分挖掘自身相对优势作为政策重点，这让欧盟自身所擅长的“软性力量规范建构”有了更多的用武之地。在欧洲地区层面，战后欧洲一体化进程在当时被视为一项成功的实践。它不仅促成了欧洲地区的持久和平与繁荣，还成为世界其他地区开展地区主义合作的范本，这让欧盟认为其在区域治理过程中的成功经验以及指导价值观有进行向外延伸的可能。

但是，自 2008 年美国次贷危机引发欧洲主权债务危机起，欧盟所处的外部环境与欧盟自身的发展都遭遇了多重挑战，这些挑战让欧盟开始反思自身的国际身份定位。最终，2019 年冯德莱恩当选欧盟委员会主席后，提出其所领导的欧盟委员会将成为“地缘政治委员会”，由此欧盟对外政策的务实转向最终促使欧盟提出“地缘政治欧洲”的国际身份再认知。①

① Von der Leyen, “President von der Leyen’s mission letter to Josep Borrel,” December 1, 2019.

（一）多重危机影响下的欧盟对外政策转型

2008 年美国次贷危机持续发酵，基于美欧市场的高度连通性，欧洲金融市场迅速受到美国次贷危机的负面影响。2009 年 12 月，欧洲主权债务危机从希腊开始爆发，由此欧洲进入持续动荡的发展时期。截至 2019 年 5 月欧洲议会换届时，欧盟已接连经历欧洲主权债务危机、难民危机、英国“脱欧”危机。这一系列危机的发生令欧盟地区治理经验的有效性受到质疑，正如欧盟委员会 2016 年发布的欧盟《全球战略》前言中所称“欧盟存在的合法性受到挑战”。[①] 主权债务危机直指欧盟在经济一体化领域的核心制度缺陷，即共同的货币政策与分散的财政政策之间的不配套，令其既有建设成就面临瓦解的风险。难民危机则显示出欧盟所处地理位置的敏感性以及在维护共同外部边界安全方面的脆弱性，并且也意味着欧盟此前对中东北非地区的规范扩散并没有实现其“构建稳定、符合善治要求的周边秩序”的预期。英国“脱欧”危机则表现出，欧盟长期以来探索的欧洲公民身份认同建构仍未达到理想状态，特别是当欧洲一体化带来的功能性利益下降时，共同体成员国身份存在被成员国视为“包袱”的可能。总体而言，主权债务危机的爆发让欧盟对外活动的最重要力量资源受到限制，且债务危机外溢的政治影响使欧盟内部原有的力量平衡被打破，欧盟共同应对外部危机的有效协调性下降、疏离感上升，成员国之间的互信也开始出现裂痕。欧盟内部危机所导致的一系列变化，迫使其调整对外政策，从理想主义的规范扩散者转向务实主义的共同体利益捍卫者，以求证明欧盟存在的合法性和必要性。

在欧盟应对内部多重危机的同时，欧盟所处的国际环境也发生了深刻变化。20 世纪 80 年代末 90 年代初，冷战以东欧剧变、苏联解体的方式结束，世界进入暂时由美国“一国独霸”的单极状态。基于当时社会主义阵营在世界范围内的全面收缩，西方学者提出所谓“历史终结论”并受到当时西方政治与社会界的广泛认同。在此背景下，欧盟对于自身利用资本主义自由市场经济的所谓“制度优越性”深度影响此后的现代化和全球化进程充满信心。但进入 21 世纪后，世界多极化发展趋势日益

---

① 参见 EEAS, *Shared Vision*, *Common Action*: *A Stronger Europe* – *A Global Strategy for the European Union's Foreign and Security Policy*, Brussel, June 2016.

显著，中国实力的逐渐增强、俄罗斯政治影响力的持续发挥、以新兴市场国家为代表的发展中国家群体性崛起在改变国际社会力量对比态势的同时，也对由美国和西方主导的国际秩序提出了改革的诉求。而在欧盟的理解中，世界多极化，尤其是中国、俄罗斯等非西方力量的上升，意味着世界重新回归地缘政治竞争格局。这增强了欧盟所面对的竞争压力，因此其需要重新界定自身与新兴力量之间的关系。① 不仅如此，欧盟同时认为，其周边安全环境也随着世界多极化的发展趋势出现重大变化。欧盟认为，中国和俄罗斯正积极介入中东欧、巴尔干、非洲等原属欧盟"势力范围"的地区事务，并且采取了有别于欧盟所倡导的多边主义问题解决手段，形成了对欧盟地区影响力的挑战，也制约了欧盟的全球行动能力。为此，欧盟需要在对外政策上更趋务实，并寻找更为有效的途径对其所认定的利益进行保护。

由此，自 2013 年欧盟开展全球发展态势评估起，欧盟对外政策出现明显的务实主义转向：在利益方面，越来越重视获取现实的经济与安全利益，强调"互惠和责任"原则；在议题方面，越来越强调经济外交和周边外交；在政策工具方面，越来越谨慎使用对外援助政策，越来越频繁使用贸易防御性工具，同时逐渐热衷于组建针对特定议题的"意愿联盟"来加强与伙伴国家在具体问题上的协同应对。② 上述一系列政策调整措施的常态化应用与体系化建设，最终形成了欧盟对于自身国际身份的重新定位。

（二）"地缘政治欧洲"的身份认知

2019 年 12 月，欧盟委员会主席冯德莱恩提出建设"地缘政治委员会"的目标，由此将欧盟带入"地缘政治欧洲"的身份认知新时代。冯德莱恩指出，当前国际社会已重回大国地缘政治竞争的格局，欧盟需要通过具有战略意义的举措提升自主行动能力，以捍卫自身经济利益、维护自身价值观和生活方式，并最终实现对全球未来发展进程的有效塑

---

① 金玲：《欧盟对外政策转型：务实应对挑战》，北京：世界知识出版社，2015 年版。

② 金玲：《欧盟对外政策转型：务实应对挑战》，北京：世界知识出版社，2015 年版。

造。[①] 上述政策表态说明，“地缘政治欧洲”重在提升欧盟的对外行动能力，而此能力高低受欧盟内部运转状态，尤其是欧盟决策效率和成员国团结一致性的影响明显。因此，冯德莱恩希望以应对共同的地缘政治威胁为契机，提升欧盟内部决策效率、增强成员国间团结性，实现欧盟在大国地缘政治竞争背景下“成为一名‘玩家’而非‘玩物’”（Player, not a playground）的预期目标。

此后，时任欧盟外交与安全政策高级代表博雷利更为系统地阐述了“地缘政治欧洲”的含义。他表示，当前的国际社会处于地缘战略竞争特征明显的权力政治时代，欧洲面临数量众多且错综复杂的安全挑战。在此背景下，欧盟必须转变心态，认清其已无法依靠多边主义理念和习惯的“软性规范”手段保证自身安全和利益现实。欧盟必须快速学会使用“权力的语言”，将自身经济影响力更为直接地转化为地缘政治影响力，将自己视为一个地缘政治行为体，缩小与世界其他主要国家的能力运用差距。[②]

综上而言，冯德莱恩与博雷利多次阐述的“地缘政治欧洲”是欧盟重新认识当前国际社会的现实状态后，对自身合理且恰当国际身份的调整。冷战结束后初期，欧盟认为自身的制度合法性和优越性已得到历史的证明，其可以通过说服的方式，以具有约束力的多边主义合作促进自身利益的实现和治理经验的扩散，以“高阶文明”的姿态“教化”国际社会其他行为体。但历经多重内外危机后，欧盟发现其此前试图建构“规范性力量欧洲”身份时对国际社会现状的认识过于理想化。冷战后的国际社会并未走入后现代状态，不同制度和文明“多极并立”仍是当前国际政治经济格局的主要特征，欧盟如不想被世界其他主要力量所裹挟，就必须成为拥有足够地缘政治影响力的国际行为体。因此，欧盟需要将贸易、金融、外交等一切软性资源以“具有地缘政治特征”的方式调动起来，成为自身可以使用的武器，加快自身软性资源向硬性影响力

---

① 解楠楠、张晓通：《“地缘政治欧洲”：欧盟力量的地缘政治转向?》，载《欧洲研究》，2020年第2期，第19页。

② Josep Borrel, *European foreign policy in times of Covid - 19*, EEAS, April 29, 2021, pp. 22 - 26.

的转化，以捍卫自身的利益和价值观。①

第二节　欧盟战略自主的演进及其意义

“地缘政治欧洲”身份确立后，欧盟进一步加强了内外政策的联动，并且强调欧盟对外行动应当更具战略性、更具团结性，充分显示出欧盟自身的利益考量，这些关键词与欧盟当前的重要概念“战略自主”不谋而合。时任欧盟外交与安全政策高级代表博雷利也曾公开表示，如果欧盟想要在当今世界发挥重要作用，就必须加强内部凝聚力，并更加有效地与世界其他重要国家和地区进行广泛联系；战略自主将成为欧盟乃至欧洲成为世界“一极”的第一步。② 由此可见，欧盟战略自主与欧盟国际身份预期的实现密切相关。

一、战略自主概念演进及其内涵

作为一种概念，战略自主并非欧盟提出“地缘政治欧洲”身份新定位后才出现的。早在 1994 年，法国《防务白皮书》就已明确使用“战略自主”一词，表示其不能放弃自身已具备的核威慑能力，单纯依靠北约的支持，否则将致使自身完全依赖于北约和美国，进而造成自身的“战略自主困境”。③ 受法国拥有欧洲一体化核心主导国地位的影响，战略自主概念在法国的不断强调下，也被欧盟其他成员国所广泛接受，并自 2013 年起频繁出现在欧盟官方文件中。而在被欧盟接受的过程中，战略自主的概念内涵出现了从防务领域向其他重要议题领域不断扩展的情况，最终形成了当前具有综合性特征的战略自主内涵界定。

---

① Josep Borrel, *European foreign policy in times of Covid – 19*, EEAS, April 29, 2021, pp. 21 – 26.

② Josep Borrel, *European foreign policy in times of Covid – 19*, EEAS, April 29, 2021, pp. 27 – 31.

③ 彭姝祎：《欧盟战略自主的状况及发展趋势》，载《人民论坛》，2023 年第 5 期，第 100 页。

（一）作为防务概念的战略自主

正如法国最初提出战略自主是基于对法国与北约关系的讨论，欧盟最初对于战略自主问题的关注也集中于防务领域。2014 年 12 月，欧盟理事会就欧盟共同外交与安全政策进一步发展达成共识，认为欧洲的防务技术与工业基础需要进行进一步整合、注重生产与发展的可持续性、激励相关实体探索自主创新，以确保其能够为欧洲提供具有竞争力的防务能力，进而加强战略自主和与第三方合作的能力。① 此时，欧盟强调战略自主所希望解决的问题是如何让欧盟能够更有效地承担保护自身安全和维护世界稳定的责任，具有显著的域外治理指向。并且，此时的战略自主并非重在强调欧盟应具有独立意识，而是强调战略自主最终将服务于如何能够与域外合作伙伴形成更稳定的合作关系。这反映出当时的欧盟将自身视为与美国紧密合作，为全球和平与发展提供应对方案的主导性力量。它希望通过加强自身防务能力，向美国及国际社会证明欧盟是可靠的合作伙伴，有能力在地区乃至全球层面实现与美国之间更为平等互利的全球治理合作。

2016 年，欧盟《全球战略》文件再次使用战略自主概念，并将其作为欧盟在中长期阶段的重要战略目标之一来对待。欧盟在该文件中表示，全球战略有利于培养欧盟自身战略自主的雄心；并且，适度的雄心与战略自主对于发展欧盟促进和平与维护安全的能力至关重要。② 尽管欧盟此时的战略自主概念仍重点关注防务能力建设，但有别于 2014 年对自身作为美国全球治理进程中有能力且可靠合作伙伴的身份认识，欧盟此时强调战略自主更多是从捍卫自身域内外安全的需求出发，具有更强的内向治理指涉。此时，欧盟战略自主意味着欧盟需要有能力为自身的安全负责，欧盟需要将其在防务领域的规模优势由资源转化为切实的能力。因此，此时的战略自主不仅针对欧洲的防务技术和工业基础，更强调欧盟成员国要使团结的政治承诺落地为实际的合作行动，实现欧盟共同安

① 彭姝祎：《欧盟战略自主的状况及发展趋势》，载《人民论坛》，2023 年第 5 期，第 100 页。

② European Union, *A Global Strategy for the European Union's Foreign and Security Policy*, Brussel, June 2016.

全与防务政策中成员国间就指挥、行动进行协调与合作措施的展开。与此同时，欧盟全球战略也提出欧盟后续应在反恐、战略性能源、通信及网络空间等领域进一步加大合作努力，提升合作意愿。这一对合作领域规划的拓展已明确显示出，欧盟战略自主概念存在从防务领域向更为综合的安全领域泛化的倾向。

（二）作为安全概念的战略自主

基于有效捍卫自身利益、应对域内外安全威胁的目标，欧盟 2017 年启动“永久结构性合作”机制，在防务领域落实战略自主要求。但恰从此时起，欧盟此前自身安全感较高的政策领域也开始遭遇一系列挑战。特朗普执政后美欧间钢铝产品的关税纠纷、英国“脱欧”谈判就未来双边经贸往来模式确定所遭遇的僵局，让欧盟日益明显感受到国际社会所存在的经贸议题泛政治化、泛安全化发展趋势。这导致欧盟意识到，其需要从更广阔的视角和多样的维度认识与准备战略自主所要求的用以“应对危机”“确保稳定”的资源。在冯德莱恩提出“地缘政治委员会”概念后，欧盟委员会在“2019—2024 战略规划”中将战略自主概念扩展至商业领域，强调欧盟应确保自身在欧洲和国际社会都处于一个可以展开公平竞争的市场环境中，要促进国际社会在市场准入方面的公平互惠，打击第三国不公平竞争现象，确保欧盟自身战略供应链安全。[①]

2020 年突然暴发的新冠疫情和 2022 年令人始料未及的俄乌军事冲突不仅打乱了冯德莱恩对此届欧盟委员会战略设计的实施计划，也使欧盟所处环境的安全挑战性进一步加剧。这致使欧盟在提及战略自主的背景时，更加关注与强调多领域的综合性安全威胁，战略自主的概念内涵也被进一步丰富。新冠疫情期间，欧洲地区呼吸机及公共医疗器具的供应短缺让欧盟对于战略性物资供应安全的重要性有了更为直观的体会。俄乌冲突爆发后，俄罗斯以大幅削减和暂停对欧天然气与能源供应反制欧盟对俄经济制裁，让欧洲对于自身战略性生产要素的供应链与产业链稳定深感忧虑。据此，欧盟在更多自认为具有战略意义和价值的产业部门领域提出战略自主要求。2022 年 3 月，欧洲理事会发布的《凡尔赛宣

---

① European Council, *A New Strategic Agenda* 2019 – 2024, Brussel, June 2019.

言》提出，欧盟应当在防务安全、战略性能源供给和经济领域加强自身战略自主的能力。[①] 同年7月，欧洲议会发布《欧盟战略自主2013—2023：从概念到行动》报告对战略自主做出明确定义，即战略自主是指欧盟在具有战略意义的政策领域自主行动、不依赖其他国家的能力。其所指称的政策领域包括经贸、科技、工业、能源、防务等多个方面。[②]

总体而言，目前战略自主概念所体现出的欧盟自身预期是，欧盟应当有能力在其所有认为重要的政策领域不受他人影响，依据自身的利益和判断，如愿做出符合其本意的政策选择。此概念已不单单强调欧盟应当发展自己的硬实力，而是强调欧盟应当将各种能够被对外事务所应用的资源进行统筹，最大限度地实现对自身决策基础的夯实，不受第三方干扰，不被迫做出非本意的决定。这与欧盟“地缘政治欧洲”身份定位的最终预期“不谋而合”。

二、战略自主与“地缘政治欧洲”之间的关系

虽然战略自主比“地缘政治欧洲”更早被提出，但就二者关系而言，“地缘政治欧洲”应被视为比战略自主位阶更高的概念。“地缘政治欧洲”是欧盟面对当前国际环境变化，对自身国际身份的重新认识。它是欧盟对于自身应当以何种姿态参与国际事务，希望自身在当前国际环境中发挥何种作用的思考。它在欧盟经历“内忧外患”的时代背景下，给予欧盟进行治理改革、推动一体化深入以新的动力。“地缘政治欧洲”概念的突出贡献在于对欧盟国际行为体身份可能性的进一步探索。它表明欧盟也可以是一支类似于主权国家的地缘政治力量，以捍卫二战后所形成的国际政治经济秩序为目标，成为当今国际关系互动与实践的重要参与者，成为具有可见度和影响力的“一极”，而非任由世界主要地缘政治力量进行竞争的场域。

而战略自主是欧盟为实现“地缘政治欧洲”身份塑造所采取的主要措施。“地缘政治欧洲”点明当今世界重回大国地缘政治竞争的状态，

---

① European Council, *The Versailles Declaration*, Versailles, March 2022.

② European Parliament, *EU Strategic Autonomy* 2013 - 2023: *From Concept to Capacity*, Brussel, July 2022.

强调了当前国际社会的变化；而战略自主则在承认变化的同时，又重申了欧洲所处国际环境的不变之处。虽然大国地缘政治竞争加剧，但全球化进程并没有出现明显倒退，当前的国际社会仍表现出鲜明的互联互通特征，主权国家间在多个层面仍保持着相互依赖关系。战略自主希望能够在国际社会主体间相互依赖的客观关系现状和欧盟自身更强竞争力能力需求之间达成平衡。对于欧盟而言，虽然其认为当前国际社会重回大国竞争，但不认为国际社会应当倒退回“丛林状态”，欧盟所期望的不是“脱钩”“决裂”或保护主义孤立，而是在相互依赖中自身有能力有效管控相互依赖对欧盟带来的潜在风险。正如欧盟委员会在其研究报告中所述，战略自主是欧盟学习依据自身的利益和价值管理相互依赖关系的过程，它是欧盟应对日益明显的地缘政治竞争的手段。①

因此，“地缘政治欧洲”可被视为欧盟为自己设定的一个目标，而战略自主则可被视为欧盟为达成这一目标所采取的方法。战略自主虽然也在强调欧盟应当减少对于其他国际行为体的过度依赖或风险性依赖，增强自身地缘政治影响力，但是战略自主更多关注的是欧盟如何达到这一目标的过程。而在推进战略自主的过程中，欧盟成员国间虽就欧盟应当成为一支地缘政治力量达成了共识，但对以何种方式实现这一目标仍存认识分歧。由此，帮助欧盟在差异性和一体化深化之间协调的差异性一体化也被欧盟政治家用于追求战略自主的具体政策实施之中。

第三节　欧盟战略自主与差异性一体化

如前所述，冯德莱恩领导的欧盟委员会自上任之初就确定了自身“地缘政治欧洲”的国际行为体身份。自 2010 年的发生的西亚北非局势动荡到 2015 年的叙利亚内战，从 2020 年的新冠疫情到 2022 年的俄乌冲突，欧盟面临的外部挑战压力日趋明显，其也日益感受到此前西方主导国际社会的稳定状态正日益受到挑战。欧盟处于一种不安全的状态，并

---

① European Commission, *Shaping & Securing the EU's Open Strategic Autonomy: By* 2040 *and Beyond*, Brussel, 2021.

且这种不安全感正处于升高的过程中。基于挑战的综合性与跨国性，成员国普遍认可借助欧盟的规模效应和集体行动能够更为有效地应对挑战、解决问题，欧盟应当加强自身建设、提升战略自主，成为国际社会中的一支战略性力量。

但是这支战略性力量应该具备哪些重要内涵要素，需要以何种方式建设，欧盟成员国之间目前仍未达成一致。应对问题的紧迫性与成员国之间短期在认知上难以达成一致的现实，让差异性一体化这一包容性的成员国间加强合作方式成为欧盟在现阶段追求战略自主的务实选择，但是这种选择背后存在的潜在风险也让成员国对于使用差异性一体化措施略显犹豫。同时值得注意的是，差异性一体化作为解释欧盟内部分化现象的中观层次理论构建尝试，是一个冗杂着大量术语的概念图谱：既被用于政策磋商，又被用于学术讨论。[①] 在战略自主概念的影响下，差异性一体化这一概念实际上存在进一步被扩大解释范围的情况，一些并未在条约中予以明确规定的事实差异性也开始作为该政策的常态化表现形式，影响对其的讨论。因此，本节首先对战略自主概念下的差异性一体化概念泛化进行介绍，并在此基础上就差异性一体化与战略自主的关系进行讨论，特别是从欧盟能力建设的角度讨论差异性一体化对于战略自主的重要价值，也从欧盟一体化集中程度的角度讨论差异性一体化致使欧盟一体化呈现碎片化格局潜在的风险。

一、欧盟战略自主背景下差异性一体化的概念泛化

正如本研究最初在概念界定时所指出的，严格意义的差异性一体化应当从欧盟基础条约出发，仅指代由成员国间异质性而导致的欧盟法律法规对于所有成员国法律效力不同的情况。然而观察欧盟共同外交与安全政策领域的既有差异性一体化实践可以发现，从制度设计到具体应用，实施严格意义的差异性一体化不仅决策耗时较长且面对的挑战与障碍突出。受欧盟“超国家法高于成员国内法”的治理基本原则影响，成员国在制度设计时无论对于积极差异性措施可能带来的以“成员间政治地位

---

① Alexander Stubb, *Negotiating Flexibility in the European Union: Amsterdam, Nice and Beyond*, Palgrave Macmillan, 2002, p. 31.

分化”为主要表现的政体差异性（polity differentiation）增强，还是对于消极差异性措施可能带来的以“共同体政策碎片化”为主要表现的政策差异性（policy differentiation）增强，都十分敏感且谨慎。[①] 而在进行差异性一体化制度设计时，由于条约往往对触发条件进行了严格限制，且相关启动流程一般需依欧盟理事会和欧洲议会共同参与的欧盟一般立法程序，成员国具体实施相关制度设计往往难以实现在时间窗口有限下的压力决策。这导致严格意义上的差异性一体化措施使用频率十分有限。

欧盟确定自身“地缘政治欧洲”身份以及追求战略自主目标，均建立在同一时空背景认知基础之上，即欧盟所处外部环境地缘竞争态势明显且欧盟自身面临严峻挑战，虽然能力建设具有长期性特征，但欧盟需要能够在短期内迅速实现现实可见、可感知的自身能力增长迹象。差异性一体化原则提出的本意是允许成员国在实现地区合作的过程中能够灵活选择不同的发展速度、不同的具体发展手段，但严格基于欧盟条约框架的正式差异性一体化措施似乎正在限制成员国对于灵活性原则的应用。由此，可以发现大量框架外的合作方式在欧盟追求战略自主的过程中被成员国所提出，并得到欧盟的默许或积极参与。例如，2018 年 6 月，在法国的主导下，法、德、英等欧洲九国国防部长在卢森堡签订“欧洲干预倡议”意向书，旨在组建一支欧洲联合部队，能够比欧盟和北约更为迅速果断地采取军事层面的行动，应对安全威胁。[②] 值得注意的是，签署意向书的九个欧洲国家均为当时的欧盟成员国。2022 年 10 月，面对俄乌间突然爆发的直接军事冲突对欧洲大陆安全秩序的冲击，欧洲地区 44 国及欧盟机构于捷克首都布拉格召开峰会，建立“欧洲政治共同体”以针对传统防务安全、能源供给稳定、环境与气候变化应对，以及难民涌入与外来文化冲击一系列严峻现实挑战，协调各方立场，加强欧洲团结。[③] 与传统认知相悖，“欧洲政治共同体”针对国际热点问题的成员间立场协调功能并未引起欧盟对于该对话合作平台可能形成与自身能力建

---

① 有关政体差异性与政策差异性的讨论可参见 Stefan Telle et al., *Differentiated Integration in the EU - What do the member states ‘think’ about it?*, EUI Working Papers, RSC 2021/50, April 2021.

② 方晓志：《欧盟九国建危机干预部队，雄心勃勃但任重道远》，《中国国防报》，2018 年 7 月 2 日，第 4 版。

③ 新华社：《首届欧洲政治共同体领导人会议在布拉格举行》，中国一带一路网，2022 年 10 月 7 日，https://www.yidaiyilu.gov.cn/p/282041.html。（上网时间：2024 年 11 月 28 日）

设和发展目标相竞争的担忧，反而欧盟委员会主席冯德莱恩还试图在该合作平台中为欧盟构建议程设置主导力量的形象。2025 年 2 月，面对特朗普重返白宫后在俄乌冲突政治解决过程中的单边主义尝试，法国总统马克龙邀请英、德、荷等欧洲七国领导人及北约和欧盟委员会负责人在巴黎就欧洲地区安全局势问题进行紧急磋商，以应对“时代变局”。① 欧盟此时并没有因法国未选择利用欧盟框架内的政策沟通渠道而对此次会议进行抵制，反而积极支持与赞同法国所提出的加强欧洲集体防务能力建设的表态及倡议。上述实践显示出，框架外合作以其相比于条约规范下的差异性一体化制度设计更为简单的触发条件、更为灵活的成员构成，成为欧盟在短期内形成共识的重要手段，让欧洲能够在短时间内向国际社会展示自身自主应对外部挑战的决心并具有自主解决重要挑战的能力基础。

此外，欧盟对于此类差异性一体化实践的积极参与也是由于在当前地缘竞争日益凸显和激烈的国际社会中，欧洲与欧盟日益难以进行有效区分有关。欧盟当前所面临的一系列冲突和挑战，并非仅是针对欧盟的体制机制，而是直指支撑欧盟地区一体化实践的自由主义市场经济、现代化与全球化、多边主义等理念和思想。所以，对此类挑战的有效应对不仅无法依靠欧盟内某一成员国，也很难仅依靠全体欧盟成员国，其需要整个欧洲地区持有相似理念国家的广泛参与。但是，欧盟基础条约对联盟的扩大进行了详细复杂的制度设计，其虽可尽力保证欧盟成员国内部异质性程度得到一定的控制，但也使欧盟在需要集中更大范围的资源解决问题时，难以立即实现对潜在资源的有效聚合。因此，在追求战略自主的过程中，欧盟也出现越来越多以“允许欧盟外国家经欧盟认可加入共同政策实施过程”的外部差异性一体化情况。② 特别是在本书前述的“永久结构性合作”之中，最初作为欧盟自身独立防务能力建设的旗舰项目，其核心强调的是欧盟成员国间的防务资源有效统合。但随着战略自主加入对于供应链安全的关注，欧盟也在防务工业基础的安全性巩

---

① 中新社：《欧洲国家领导人紧急聚首应对“时代变局”》，中国新闻网，2025 年 2 月 18 日，https：//www. chinanews. com. cn/gj/2025/02 - 18/10370523. shtml。（上网时间：2025 年 2 月 20 日）

② Dirk Leuffen et al. , *Differentiated Integration*：*Explaining Variation in the European Union*, Palgrave Macmillan, 2013, p. 17.

固和竞争力提升方面提出建立可靠的伙伴关系网络，确保自身供应链与产业链的安全，以减少对特定国家的风险性依赖，由此导致其在 2020 年加入了允许第三国经欧盟理事会统一参与永久结构性合作具体能力发展项目的条款。此外，欧盟还在通过联系国协定的方式，试图将自身的价值观、理念以制度性的方式在周边地区进一步传播与扩散，以提升自身在周边冲突热点地区的外交影响力和争端解决权威性。

总体而言，在追求战略自主的过程中，相较于自身机制体制的规范化，欧盟更为重视自身事实上的对外影响力发挥和外交与安全能力提升。欧盟越来越多地从前文所述的"以欧洲一体化为情境"考虑和认识自身能力缺陷与不足，也越来越多地基于此情境利用灵活性原则，这就导致欧盟目前对差异性一体化概念的使用实际上更为倾向于从广义的角度定义它，即差异性一体化是欧盟在特定政策领域一体化水平（centralization level）、一体化政策影响范围（policy scope）和成员国身份（membership）上的不均质情况（unequal increase or reduction）。[①] 但只要相关措施不会动摇欧盟的基本原则和精神，欧盟就可以为能力建设目标利用这一"灰色地带"中的任何手段与措施。[②]

二、差异性一体化与战略自主的能力建设

战略自主为欧盟描绘了宏大的未来身份构建愿景，但"能力—期望"差距这一欧盟对外政策领域的老问题依然对战略自主目标的达成形成了重要挑战。"能力—期望"差距中的"期望"是指欧盟拥有数量众多的成员国，从资源总量的角度评价，成员国的防务资源和力量集中在一起后会使欧盟成为世界范围内不可忽视的一支安全力量，进而国际社会认为欧盟应当能够在世界政治经济事务中发挥举足轻重的作用；而此概念中的"能力"是指欧盟在对外政策领域的事实表现并没有发挥出

---

① Tobias Hofelich, "De facto Differentiation in the European Union," in Benjamin Lerth et al. eds, *The Routledge Handbook of Differentiation in the European Union*, Routledge, 2022, p. 68.

② Pernille Rieker et al., *EU (ropean) Actorness in a Shifting Geopolitical Order: Strategic Autonomy through Differentiated Integration*, UACES Future of Europe Blog, 14th Aug. 2023, https://futureofeurope. ideasoneurope. eu/2023/08/14/european – actorness – in – a – shifting – geopolitical – order – strategic – autonomy – through – differentiated – integration/。（上网时间：2023 年 9 月 3 日）

“1+1≥2”的预期效果，欧盟没有能够有效统合成员国的既有防务能力与资源，将其形成欧洲层面上的“合力”。[①] 若想欧盟对于战略自主的追求不陷入“能力—期望”差距的历史循环，欧盟就必须为资源有效转化提出一条切实可行的路径。与此同时，为实现全球性及综合性视野下的战略自主愿景，欧盟的能力构建不仅需要涵盖政治、经济、科技等具有战略性意义的多样化政策领域，而且需要贯穿从问题识别到问题解决的政策与行政全链条。在上述过程中，差异性一体化能够为欧盟缓和共同体立法与政策落实的既有障碍提供帮助。

伴随着共同体多轮扩员的完成，欧盟成员国之间的差别日益显著，特别是2004年欧盟东扩完成后，欧盟成员国之间的差异已不仅局限于国家经济发展水平、国家主要产业结构，成员国的政治文化以及构筑自身国家特征的历史经历也有了显著的差异。这导致目前欧盟成员国已不完全将主权让渡看作是主权的共享和集成化使用，部分新入盟成员国和个别老成员国的部分社会阶层已开始将主权让渡视为对国家权力的侵蚀。而受选举政治和民粹主义势力抬头的影响，对于欧盟权力和国家主权的冲突性认识已开始影响成员国政府对于一体化的态度，特别是成员国在财政经济、国防军事、社会公共事务等主权更敏感领域向欧盟进一步进行主权让渡的可能性。

欧盟27个成员国就上述政策领域达成一致的时间成本和难度在增加，而成员国之间对于更深层次“共同体范式”合作的相互信任则有待强化，这就使具有先期探索功能和示范性潜在效果的欧盟积极差异性一体化措施具备了可使用空间。以“框架外合作”“增强合作机制”为代表的欧盟积极差异性一体化措施，通过允许部分有更高合作意愿、更强合作能力的成员国在欧盟框架内外提前进行一体化实践探索，旨在促进以“共同体范式”对相关挑战予以应对，一方面通过小部分国家的合作尝试为阻碍27国形成统一立场的具体问题设计解决方案并进行试验，另一方面通过部分国际的先期合作培育切实可见的合作成果刺激对合作犹豫不决的成员国加入合作进程，最终实现27国统一参与的理想化一体化

① 关于“能力—期望”差距的讨论，详见 Christopher Hill, “The Capability - Expectations Gap, or Conceptualizing Europe's International Role,” *Journal of Common Market Studies*, Vol. 31, No. 3, 1993.

进程。“框架外合作”与“增强合作机制”能够促进成员国间共有知识的形成，并以客观合作成果破解对于特定困难无法有效解决的预设。

同时，基于共同外交与安全政策以及司法与内务合作的政府间合作性质，合作的达成大多需要成员国全体一致同意，以“选择性例外”“建设性弃权”“个别成员国对欧盟规范的不执行”等为代表的欧盟消极差异性一体化措施能够为绕过极少数国家，保证欧盟政策运行机制的整体平稳提供可能。“选择性例外”“建设性弃权”“个别成员国对欧盟规范的不执行”或通过在欧盟法律规范设计过程中给予个别成员国义务的免除，或通过在欧盟法律法规具体实施过程中默许个别国家对于法定义务的不执行，保证欧盟仍能够以整体的名义实施相应的法律法规，确保欧盟在有限的时间内仍能够以欧盟的名义对于问题解决提供方案、发挥欧盟的独特作用与价值。对于国际危机管理而言，时间是一项具有重要意义的变量，尤其是时间可能会改变冲突相关方在利益相关性和动机强烈程度上的对比态势。因此，尽可能在自身实力占优的时间段内，提供具有强制力的问题解决方案，对于欧盟而言尤为重要。消极差异性一体化虽然在共同政策措施实施过程中不是以欧盟 27 个成员国的形式呈现，但其仍旧是以欧盟的名义进行活动，同时选择上述消极差异性一体化形式的成员国也会以不与欧盟政策直接冲突为底线原则；因此，其还是能够为欧盟国际行动能力和影响力的塑造提供支持。

此外，欧盟外第三国参与欧盟共同政策的外部差异性一体化措施也可以促进欧盟对外行动能力和影响力的提升。战略自主的目的是重塑欧盟作为国际行为体的形象，而重塑自身形象的根本目的在于应对国际社会环境变化所导致的欧盟合法性危机。欧盟的合法性一方面需要依靠内部成员国的一致性和身份认同予以加强，另一方面也需要通过更多的外部承认来予以肯定。[①] 而欧盟外第三国参与欧盟共同政策则显示出欧盟政策不仅对成员国具有欧洲化影响，对于欧盟外国家同样具有相当的规范影响力。对于欧盟治理规范的接纳意味着对欧盟在国际社会中重要行

① 针对欧盟合法性建设的讨论可参见贺之杲：《欧盟的合法性及其合法化策略》，载《世界经济与政治》，2016 年第 2 期。

为体地位的承认，也意味着欧盟的行动力预期得到认可。①

三、差异性一体化与战略自主的碎片化风险

在承认差异性一体化能够有效避开欧盟既有决策难题，为战略自主的能力建设提供支持的同时，本研究也认为，在欧盟利用差异性一体化手段追求战略自主的过程中，差异性一体化固有的潜在使用风险也难以避免。

长期以来，对于差异性一体化措施的使用始终会与欧盟碎片化的讨论相关联。自 20 世纪 50 年代欧洲煤钢联营启动之后，以主权让渡为特征的“共同体范式”成为欧洲一体化的主流合作形式选择。差异性一体化虽然让欧盟可以暂时绕过影响 27 国共同政策形成的障碍，为欧盟解决实际政策问题提供便利，但正如差异性一体化模式探讨中所提到的，差异性一体化不仅是时间上的差异化，也导致成员国地位上的差异化，如“多层欧洲”“同心圆欧洲”等差异性一体化模式，都在事实上形成了欧盟“中心—外围”结构。这种成员国分层，一方面使欧盟中对于深化合作犹豫不决的成员国担心其由于未参加深化合作而导致自身对一体化控制力进一步降低；另一方面也使欧盟中的中小成员国担心在欧盟框架内进行的少部分国家现行合作探索将使大国可以绕开小国的否决权开展更深层次的合作，并利用大国开展合作的影响力迫使小国未来不得不进入相关合作机制。这种成员国影响力差异虽然反映了国际政治的客观实际，但似乎与欧盟所强调的平等和自愿原则相违背；其虽然能够让欧盟及时对特定国际热点问题和危机做出及时且具有实际意义的回应，但对于欧盟“民主赤字”等老问题的放大可能不利于欧盟在国际社会中实现“欧洲具有一个统一的声音”的愿景。

战略自主不仅要求欧盟具有能够做出符合自身利益的清晰决策的能力，同时也要求欧盟具备实施这些决策所需要的行政能力。差异性一体

---

① Pernille Rieker et al. , *EU (ropean) Actorness in a Shifting Geopolitical Order: Strategic Autonomy through Differentiated Integration*, UACES Future of Europe Blog, 14th Aug. 2023, https: //futureofeurope. ideasoneurope. eu/2023/08/14/european - actorness - in - a - shifting - geopolitical - order - strategic - autonomy - through - differentiated - integration/. (上网时间：2023 年 9 月 3 日)

化措施的实施通过组建“意愿联盟”，让部分成员国或成员国与第三国的组合能够以欧盟的名义应对和解决国际问题，但这仅仅是从内部视角而言的行动能力。行动能力除内部能力构建外，还包括外部感知的问题。差异性一体化虽然是以欧盟的名义进行活动，但其事实上的“27 - X”成员国组合表明成员国之间就相应问题仍未形成统一立场。虽然欧盟框架内的差异性一体化设计强调，使用消极差异性一体化措施的成员国不应与欧盟共同政策相冲突、相抵触，但欧盟在法律上或事实上允许成员国不遵循欧盟共同政策规范的行为对于从外部观察欧盟的法律效力而言，是直观的消极性行为，有损欧盟制度的权威性。从欧盟从事国际调停的实践中可以看出，欧盟差异性一体化灵活性措施的使用让相关冲突直接所涉方对于欧盟提出的政策建议是否具有公信力和权威性存有质疑。这导致欧盟战略自主建设的最终实践效果因外部的不承认而减损。

总体而言，差异性一体化的使用尽管避开了决策和政策实施时的欧盟内部挑战，但从外部认识角度看无法有效提升欧盟作为一个整体的可见度，对域外国家承认欧盟的战略性力量和影响力而言存在一定的信心减损。差异性一体化被认为是欧盟机构接受欧盟成员国碎片化特征的无奈之举，无法实质性提高欧盟在对外行动过程中的整体性和行动力。

本章小结

受国际社会地缘竞争特性日益显著的影响，欧盟对于自身国际身份特征的强调经历了从“民事力量”到“地缘政治力量”的发展演变。为更有效应对来自国际社会的挑战、捍卫自身存在的合法性，欧盟在“地缘政治欧洲”身份指引下针对政策决策与实施提出“战略自主”的理想化目标。这要求欧盟在所有其认为具有战略价值的政策领域进一步夯实开展自主行动的基础性资源，提高自身独立实施行动的实际能力。但欧盟目前面对的现实情况是，成员国虽一致认可欧盟战略自主的重要性和必要性，但因它们之间固有的异质性特征和当前激烈的地缘竞争环境下各方对下一步行动重点方向的差异化认识而无法实现全体一致认可的进一步主权让渡和一体化深化。差异性一体化成为暂时化解上述特定深入推进一体化阻力，尽快提升欧盟自身自主行动能力和地缘政治影响力的可选方案。

但值得关注的是，在追求战略自主过程中，欧盟在外交与安全事务领域除使用条约框架内严格的正式差异性一体化机制外，还逐渐频繁使用允许成员国间开展欧盟框架外合作、将第三方纳入共同政策具体合作机制等广义的差异性一体化手段和措施。这种对差异性一体化概念的泛化使用主要是由于条约框架下的正式差异性一体化机制在制度设计和触发机制等方面灵活性有限，且对成员国主权让渡、欧盟治理权威与成员国治理权威之间的竞争影响更为重大、意义更为敏感。相较于自身体制机制内部运转的规范性目标，欧盟战略自主目标更重视从外部视角观察欧盟是否有明确且显著的能力提升。而泛化的差异性一体化措施更能够在当前地缘竞争的环境压力与欧盟提升自身自主能力的时间压力下，让欧盟更快获得能力提升的可见度。

对于实现战略自主而言，差异性一体化措施的使用可以暂时缓解欧盟在外交与防务等传统国家主权敏感领域以全体一致方式实现共同政策决策的国家主权保护意识的挑战和国家战略利益分歧的挑战，并且将与第三方合作纳入欧盟差异性一体化措施的使用范畴在一定程度上还有利于欧盟在外交与防务领域核心主张诉求和欧盟自身外部影响力的进一步扩散，提升欧盟对外影响力。差异性一体化措施的使用，尤其是积极差异性一体化措施的使用将能够让欧盟在应对域内外挑战时及时展现自身应对与解决问题的决心和能力。但是，在此情境下使用差异性一体化措施也依然无法避免其造成欧盟成员国间事实性小团体区分以及共同政策碎片化的潜在风险及负面影响。从内部运转的角度看，差异性一体化措施的使用或被部分成员国政府及公民社会理解为欧盟绕过部分国家强制推进合作进程的行为，将进一步增大欧盟面对的“民主赤字”。从外部形象构建的角度看，欧盟希望战略自主能够对外构建欧盟“以同一声音说话”的强有力地缘政治行为体身份，但名义上的欧盟行动与事实上的部分成员国小多边合作之间的矛盾和张力，对外界认定与评价欧盟的权威性与影响力时具有一定的消极影响。

第六章／欧盟外交与安全政策差异性一体化的发展趋势

通过回顾欧盟共同外交与安全政策下差异性一体化的发展历程可以发现，自《马约》签署至今，伴随着欧盟所处国际环境的变化、欧盟运作机制的改革以及共同外交与安全政策的实施，该政策领域内的差异性一体化法律规范设计过程和具体措施实践过程均出现了明显的变化与发展。与本书（第一章第三节）所提出的逻辑推论相对照，共同外交与安全政策下差异性一体化的现实表现在初期与理论预期基本一致，但随着共同外交与安全政策的发展与巩固，该领域的差异性一体化特征逐渐开始与逻辑推论的预期产生偏差。从本质上看，这一偏差反映了一体化进程与差异性一体化安排二者之间的相互影响，并在一定程度上代表着未来该领域差异性一体化的发展方向。

究竟共同外交与安全政策领域的一体化进程与差异性一体化发展之间存在怎样的相互影响？这种影响又将使该领域的差异性一体化有怎样的未来发展？本章在拆分欧盟共同外交与安全政策与差异性一体化之间双向影响的基础上，利用该领域差异性一体化现实表现与逻辑推论之间相比较的异同变化，总结该领域差异性一体化发展至今所体现出的规律，并结合欧盟近况尝试对差异性一体化的未来发展进行预测。

第一节　欧盟共同外交与安全政策对差异性一体化的影响及其前景

欧盟一体化进程的推进将对差异性一体化的实施起到怎样的影响？

针对该问题的讨论，实际上是在具体情境下对欧盟一体化进程将产生何种政治影响这一问题的考察。在西方的欧盟政治研究中，“欧洲化”（Europeanization）是研究者解释“一体化将带来怎样的社会/政治结果”这一问题的常用概念。[①] 就对概念的理解而言，本书将“欧洲化”视为一个过程。法国学者罗伯特·德莱特最早从该角度对“欧洲化”进行了界定。他认为，“欧洲化”是指成员国对本国政治模式进行调整，并最终将共同体的政治与经济制度纳入本国政治与决策组织逻辑的过程。[②] 此后，学者们逐渐对该概念进行了扩展，提出“欧洲化”是双向的运动，既包括共同体政策规范下载（download）影响成员国决策的过程，也包括成员国利益目标上传（upload）影响共同体议程与立场设定的过程。[③] 作为对欧盟和成员国间政策相互影响现象的描述，“欧洲化”的现象被发现存在于欧盟多个具体政策领域内。虽然共同外交与安全政策一直维持着政府间合作的性质，一体化程度有限，但本书通过回顾该领域差异性一体化的发展进程发现，欧盟共同外交与安全政策对该领域差异性一体化的影响也表现出了明显的“欧洲化”特征。

一、欧盟共同外交与安全政策对差异性一体化的“欧洲化”

具体而言，欧盟共同外交与安全政策对差异性一体化的“欧洲化”主要表现为，随着共同外交与安全政策的实施与强化，成员国在启动差异性一体化条款的过程中，逐渐将共同政策的发展作为其决策的主要依据之一。并且，共同政策对成员国决策的影响在逐渐增强。下面结合外交与安全政策领域差异性一体化的发展进程，对此影响予以说明。

丹麦的“例外选择权”是欧盟在外交与安全政策领域实施差异性一

① 赵晨：《欧盟政治研究：政治理论史的视角》，第 72 页。

② 吴志成、王霞：《欧洲化：研究背景、界定及其与欧洲一体化的关系》，《教学与研究》，2007 年第 6 期，第 51 页。

③ 张骥：《“欧洲化”与政治社会学——欧盟安全与防务政策理论研究的新视角》，《欧洲研究》，2009 年第 4 期，第 125 页。

体化的开始。[1] 丹麦启动“例外选择权”的决策过程与本书第一章所提出的逻辑推论假设基本一致，几乎未考虑该领域共同政策的发展现状这一因素。首先，丹麦启动“例外选择权”的主要原因是其合作意愿不足。并且，这一不足体现在政治精英与公众两个层面。在起草《马约》的政府间会议中，丹麦政府倾向于维持政治合作的现状，担心增强合作的超国家性将损害本国的防务独立自主，担忧防务合作将与北约产生冲突。第一次全民公投的否决结果表明，公众对于欧共体的认同有限，无法接受在该组织内出现国家核心主权让渡的可能。上述启动原因均是从丹麦国内政治的需求出发，未出现对于共同政策需求的考量。其次，在丹麦“例外选择权”的形成过程中，影响丹麦做出差异性一体化决定的主要影响因素并非欧共体在该政策领域强化合作的必要性和未来前景。在政府间会议期间，丹麦立场确定的主要依据是其在防务政策领域的历史经验和由此形成的战略文化与定位。尽管有部分政党考虑到欧共体的因素，提出应积极参与政治合作，但其依据是丹麦在1986年《单一欧洲法案》批准过程中被边缘化的历史经验。丹麦在政府间会议最后阶段的妥协与其盟友英国、美国的态度转变有着密切的联系。而丹麦最终选择利用“例外选择权”解决矛盾，是由于其虽然对政治合作意愿较低，但无法放弃参与欧共体经济合作的收益。由于《马约》是欧盟的法律基础，是其组织运作与开展各类合作的合法性来源，因此丹麦否决该条约虽然可以满足其不强化政治合作的意愿，但同时将限制其在其他领域的一体化合作。综上，在“例外选择权”的形成过程中，共同外交与安全政策的发展并未成为丹麦选择的考量因素之一。

随着共同外交与安全政策的启动，在2008年塞浦路斯动用建设性弃权的决策过程中，塞浦路斯的选择在一定程度上受到了共同政策的影响。具体而言，塞浦路斯利用差异性一体化的根本动因与逻辑推论一致，但其决策过程中的利益平衡过程与理论预期有所出入。首先，塞浦路斯动用建设性弃权的根本原因仍是合作意愿差异。塞浦路斯担心，参与欧盟

---

[1] “例外选择权”是差异性一体化发展过程中的一个特例。其虽然在性质上属于欧盟的基本法，是欧盟基础条约为成员国创设的法律空间，属于法律规范设计。但是由于该条款规定了明确的适用国家和政策领域，无须借助派生法进行解释说明，且无启动要求，故其又同时具备具体应用的特征。因此，本书在对成员国启动差异性一体化条款的决策过程分析中，将丹麦获得“例外选择权”的过程作为其启动措施的决策过程。

科索沃法治行动将对该主权争议地区的独立形成事实承认，从而不利于其国内民族分裂问题的解决。这一根本动因与“例外选择权”类似，也是从国内政治需要的角度出发。其次，就建设性弃权的形成过程而言，塞浦路斯的欧盟成员国身份在一定程度上影响了其对于合作意愿差异解决方式的选择。自塞浦路斯入盟后，欧盟成员国身份为其解决本国的民族问题提供了便利：塞浦路斯获得了其他成员国对其在该问题立场上的支持，并可以将“停止支持民族自治行政当局”作为土耳其入盟的前提要求。这一表现是“欧洲化”概念中的“国家投射”（national projection）现象，即欧盟身份已经成为成员国在相应政策领域的保护伞，并使其能够有更强的能力影响别国的外交政策。①虽然欧盟科索沃法治行动对塞浦路斯民族问题的解决具有潜在的消极影响，但是该行动的实施对于共同外交与安全政策的行动能力提升与国际形象塑造具有重要意义。塞浦路斯若否决该行动不仅将使欧盟共同外交与安全政策的具体实施遭遇挫折，还将可能引致其他成员国对其的报复，影响其利用欧盟身份在外交政策中获得更强的议价能力和解决本国民族问题的需要。如此，能够同时满足双方合作意愿的建设性弃权成为其最好的选择。可以认为，在建设性弃权的形成过程中，塞浦路斯从共同外交与安全政策中的获益是影响其选择差异性一体化方式的主要诱因之一。

如果说，塞浦路斯受其欧盟成员国身份影响选择差异性一体化，也可能是基于其小国身份的特殊性，那么，2017年欧盟启动永久结构性合作的过程则可以证明，共同政策对成员国的差异性一体化决策具有明显的影响。比照逻辑推论，该合作的启动原因与决策过程均出现了明显的偏差。首先，成员国启动永久结构性合作的根本原因混合了能力差异与意愿差异。自2016年欧盟《全球战略》出台后，强化战略自主成为成员国间的重要共识，而灵活、有效的防务行动能力是实现战略自主的必备物质保障。但对于欧盟成员国而言，不同的地理位置与战略定位影响了其对具体防务关切的重要性排序，不同的国家体量影响了其对集体防务行动的参与能力。在欧盟周边多个地区均处于不稳定状态的背景下，欧盟及成员国目前所面对的，是整体性的成员国防务合作能力差异与具

① 张骥：《欧洲化的双向运动：一个新的研究框架》，《欧洲研究》，2011年第6期，第129页。

体防务合作中的成员合作意愿差异。虽然这两项根本动因仍主要是源于国内政治的需求，但是它们的产生背景与共同政策的发展联系紧密。其次，就永久结构性合作的启动过程而言，“倾向于一体化”的组织文化和组织认同，对于成员国启动该合作产生了明显影响。自2014年起，欧盟的周边环境出现迅速恶化，欧盟的内部安全受到挑战，欧盟存在的合法性受到质疑与动摇。但此时，欧盟成员国却表现出积极强化外交与安全合作的意愿。这证明，经过数年的共同外交与安全政策建设，欧盟已成为其成员国安全政策中不可缺少的组成部分。利用“欧洲化”理论解释，这是一种“认同重构”（Identity Reconstruction）现象，即超国家性的观念、规范、利益已经成为国家身份的一部分。[①] 成员国防务合作整体意愿的提升，促使成员国在短时间内就合作的一般性承诺达成统一，最终得以利用差异性一体化措施解决在发展防务合作所面临的能力与意愿差异。总体而言，在共同外交与安全政策差异性一体化的发展过程中，成员国的共同政策参与者身份对其决策施加的影响越来越明显。虽然，此领域的合作以明显的合作意愿差异为起点，但随着共同政策的实施，成员国逐渐从其身份中获益，并实现对认同的重构，成员国在该领域的整体合作意愿出现了明显提升，由此在面对异质性矛盾时，更有可能选择以差异性一体化的方式解决问题。

二、差异性一体化：从适应意愿差异转为适应能力差异?

根据共同政策对差异性一体化决策影响逐渐增强的趋势，是否可以认为未来合作的意愿差异将逐渐缩小，能力差异将成为该领域利用差异性一体化的主要动因？本书也认为，相较于过去成员国对于外交与安全政策，特别是安全与防务政策的主权敏感与利益多元，目前成员国在该领域进行合作的意愿确实得到了明显增强，多数成员国希望在外交与安全领域出现更多“欧洲化”的行动。[②] 这意味着，成员国在未来面对异质性矛盾时，受整体合作意愿增强的影响，将更有可能选择利用差异性

① Reuben Wong, *The Europeanization of French Foreign Policy: France and the EU in East Asia*, Palgrave Macmillan, 2006, p. 10.

② Nathalie Tocci, *Framing The EU Global Strategy: A Stronger Europe in a Fragile World*, p. 92.

一体化方式应对矛盾、解决问题。

但值得注意的是，欧盟成员国目前增长的合作意愿仍属于宏观层面的合作意愿，并且其在一定程度上是成员国面对切实安全挑战所做出的现实选择。类似于危机促进欧盟一体化发展的观点，防务合作的意愿增强也是一个出现挑战与回应挑战的过程。① 面对欧盟周边地区动荡不断和美国单边主义倾向日趋明显这两大当前挑战，欧盟内任何一个成员国都无法凭借其单一的力量，在已实现四大流通的欧盟中解决上述问题。② 此时，欧洲联合成为欧盟及成员国回应挑战的最佳方式。但是，这种以应对当前迫切挑战为主的合作意愿增强，其解决的问题在于是否合作，而非如何合作。而一直以来，欧盟成员在共同外交与安全政策领域中的合作意愿差异主要集中于成员国对合作方式选择的分歧，尤其是合作未来发展方向的分歧。因此，当前的合作意愿增加并不能完全解决以落实合作方式分歧为主的合作意愿差异。在欧盟针对具体行动的决策过程中，此类差异仍是制约欧盟共同决定形成的主要原因之一。据此，该领域的差异性一体化仍将以适应合作意愿差异为主。

具体就最新出现的永久结构性合作而言，如前所述，合作意愿差异与合作能力差异均为该合作启动的根本原因。但需要说明的是，上述两种差异所影响的是有关合作的两个不同的问题：合作能力差异是当前针对是否合作问题的主要影响因素，合作意愿差异则是针对如何合作问题的主要影响因素。在过往欧盟内外环境较为稳定的背景下，欧盟防务合作的程度有限，主要是由于成员国间在如何合作问题上的意愿差异制约了具体防务合作的开展，进而导致防务合作在宏观上出现了明显的合作能力差异，由此阻碍了防务合作的整体进程。然而当前，在欧盟内外均处于不稳定状态的背景下，成员国达成合作的强烈意愿弱化了其对于具体合作方式分歧的影响力。而永久结构性合作兼具发展性和包容性的特征，使其既可以在宏观上满足适应能力差异的需要，又可以在具体实施中适应意愿差异的需要。如此，该合作成为欧盟整体防务合作需求上升

---

① 参见鲁德格·昆哈特：《危机是欧洲一体化的发动机》，曹德明编：《文化视角下的欧盟研究》，上海：上海外语教育出版社，2009 年版。

② Daniel Fiott, *EUISS Yearbook on European Security* 2019, European Union Institute for Security Studies, 2019, pp. 9 – 10; Nathalie Tocci, *Framing The EU Global Strategy: A Stronger Europe in a Fragile World*, p. 93.

过程中更为恰当的合作实施办法。但值得注意的是，根据目前该合作的具体项目集中于联合训练和技术研发可以判断，永久结构性合作仍以能力建设为主。而将防务能力转化为切实可利用的欧盟对外行动力，还需成员国在以“何时、何处、怎样使用防务能力”为中心的战略文化上形成更多的共识。[①] 这对永久结构性合作的未来实施提出了更高的要求，即在促进能力发展的基础上，促进共同战略文化的形成。为完成此任务，未来的差异性一体化措施仍将以适应合作意愿差异为主，并尝试在合作的过程中将差异逐渐塑造为共识。

第二节 差异性一体化对欧盟共同外交与安全政策的影响及其前景

在欧盟关于是否应将差异性一体化思想纳入欧盟法律框架的讨论中，差异性一体化将对欧盟共同政策起何种作用，是影响成员国立场确定的重要问题。前文曾提到，根据差异性一体化形成逻辑的判断，差异性一体化有助于缓和成员国之间针对合作的异质性矛盾，可以避免决策僵局的出现，有益于欧盟在整体意义上的一体化水平提升。据此，多数学者判断差异性一体化具有促进欧盟一体化发展的作用。[②] 但是，由于共同外交与安全政策下的差异性一体化主要用于适应成员国间的合作意愿差异，因此在该领域采用差异性一体化措施，将难以保证成员国间对于一体化目标的认识保持一致性，甚至还可能产生差异固化的风险。上述情况意味着，共同外交与安全政策领域的差异性一体化，在理论上并不能保证对一体化的促进作用。然而，通过回顾该领域差异性一体化的发展进程可以发现，差异性一体化措施对欧盟共同外交与安全政策领域一体化的作用仍以促进为主。

① Laura Chappell and Petar Petrov, “The European Defense Agency and Permanent Structured Cooperation: Are We Heading Towards Another Missed Opportunity?”, *Defence Studies*, Vol. 12, No. 1, 2012, p. 49.

② Frank Schimmelfennig and Thmoas Winzen, *Ever Looser Union? Differentiated European Integration*, p. 4.

一、差异性一体化对欧盟共同外交与安全政策的积极意义

具体而言，差异性一体化对欧盟共同外交与安全政策的积极意义主要表现为，虽然从条约规范设计的角度，共同外交与安全政策领域的差异性一体化条款均存在潜在的分化合作风险，但在具体应用过程中，差异性一体化措施对一体化的积极意义仍大于其潜在威胁。并且，这种积极意义的表现方式在逐渐直接化。下面将结合外交与安全政策领域差异性一体化的发展进程，对此影响予以说明。

作为欧盟共同外交与安全政策对差异性一体化思想的初次立法规范尝试，“例外选择权”对一体化的作用是复杂的。在内含上，该条款对于一体化的作用与逻辑推论的预期一致，既包含促进合作达成的作用，也包含分化合作的风险，并且二者的影响力强弱难以区分。具体而言，“例外选择权”通过免除丹麦参与一切带有军事意义的欧盟共同外交与安全政策合作的义务，增强了该国批准《马约》通过的可能性，清除了《马约》生效的障碍。但与此同时，该条款对丹麦参与共同政策义务的免除也降低了该政策领域合作的一致性。并且，由于“例外选择权”所确定的合作义务免除无时间限制，因此它所造成的成员国间区分将可能是长期的、固定性的，会对共同体法律的效力与权威性形成一定的冲击。此外，值得注意的是，丹麦的“例外选择权”是在修订欧盟基本法律的谈判过程中获得的。由于该类谈判使用全体一致的决策方式，单个成员国对于欧共体政策具有较强的议价能力，因此丹麦获得“例外选择权”的方式将有可能引起其他主权意识敏感国家的效仿，成为该条款出现后的另一主要隐患。但在实践过程中，受丹麦自身在冷战后外交与安全政策更为积极主动的影响，“例外选择权”并未对共同政策的实施造成较明显的消极影响，虽然其造成了丹麦在共同防务合作方面的缺失，在一定程度上影响了共同安全与防务政策的权威性，但其确保了《马约》的生效，并使共同外交与安全政策得以落实。二者相比而言，虽然潜在隐患明显，但其对欧盟的促进意义更为突出。然而需要说明的是，丹麦“例外选择权”在实践中对欧共体一体化建设的消极影响较小，主要是受丹麦自身的控制，并非受欧盟法律的约束。“例外选择权”为丹麦预

留的政策调整法律空间是双向的，这也是2022年丹麦能够通过全民公投结束防务领域长达30年的例外权的部分原因。

“建设性弃权”是《阿约》对于共同外交与安全政策领域决策过程灵活性的探索。就条款设计而言，该形式的差异性一体化仍具有促进与分化两方面的作用；但就相应作用的影响力而言，“建设性弃权”对于共同政策的积极意义，相比于“例外选择权”的积极意义有所增强。首先，在条款设计上，“建设性弃权”虽然也是对特定成员国参与共同政策合作义务的免除，但是此措施是被用于针对具体合作的共同决定决策过程中。这意味着其影响的是具体的特定共同政策合作，而非带有某一特征的系列合作，对于欧盟政策一致性的冲击较小。通过对塞浦路斯利用该措施的影响观察也可以发现，塞浦路斯的“建设性弃权”仅针对其放弃参与决策的欧盟科索沃法治行动有效，并未影响其对其他共同外交与安全政策合作的参与。并且，“建设性弃权”尽管免除了弃权国的行动实施义务，但行动仍是以欧盟的名义进行，对欧盟对外政策统一形象的冲击较小。综上，“建设性弃权”对于共同政策落实的促进作用明显，并在法律层面对其分化合作的风险进行了抑制，使该措施在整体上促进合作的影响力大于分化合作的威胁。

与上述两项差异性一体化措施相比，“永久结构性合作”对一体化的促进作用在法律规范与具体实践中均表现得更为直接且确定。就法律设计而言，该措施通过允许部分有能力有意愿的成员国强化彼此之间的防务合作承诺，以实现欧盟对于更具挑战性的防务任务的实施。与此前的差异性一体化措施相比，该措施在目标定位上表现出更强的发展性。此前措施的主要功能，是在大多数成员国就一体化合作达成一致的情况下，清除个别影响其决策通过的障碍。而“永久结构性合作”则是鼓励部分成员国在现有一体化合作的基础上，增强合作的约束力、提高合作的预期目标。不可否认，“永久结构性合作”也存在分化合作的可能性。但由于“永久结构性合作”是在成员国普遍希望强化合作的背景下进行，因此随着项目的实施，成员国间对合作程度的不同预期将具有较大的可能性实现协调统一。在具体实践中，目前开展的永久结构性合作，通过允许有能力有意愿强化合作的成员国选择具体能力建设项目的方式，促进了欧盟整体防务能力建设的加速。同时，部分或持观望态度的成员国，或起初对特定防务合作项目意愿较弱的成员国，也随着合作的实施，积极地加入了既有合作。[①] 总体而言，在共同外交与安全政策领域差异性一体化的发展进程中，差异性措施对共同外交与安全政策的促进作用逐渐成为其对一体化政策的最主要影响。相关措施可能带来的分化合作风险，也在逐步得到条款设计本身的控制。同时，随着共同政策的发展，差异性一体化措施的分化合作风险也在实践中得到了相应成员国的主动管控。

虽然本书认为差异性一体化措施在既往实践中对发展共同外交与安全政策的积极意义更为明显，但受差异性一体化措施自身特性以及其需要解决的矛盾性质的影响，这些措施仍存在将共同政策碎片化的潜在威胁。就措施自身特性而言，无论是消极灵活性措施还是积极灵活性措施，它们都会导致欧盟成员国在实施特定合作时出现内部分化。这种分化将对欧盟成员的团结形成直接的冲击，并在不同程度上制约欧盟集体行动的效力和影响欧盟作为一个整体在对外行动方面的形象。同时，欧盟条约中的相关灵活性条款均未对灵活性措施的实施时限进行规定。因此，这种成员国分化将持续多久，主要取决于相关成员国的自身意愿。差异性一体化措施在时间上的不可控性，对于欧盟共同外交与安全政策的影响深远，将可能造成特定共同政策领域的固定性分化。而从措施所解决问题的性质角度出发，上文曾多次指出欧盟外交与安全政策领域的差异性一体化主要面对的是成员国间的合作意愿差异。差异性一体化措施主要通过尽可能满足各方需求的方式实现对决策困境的破解，因而该措施在实质上并未对成员国间的合作意愿差异进行弥合。对于共同政策发展而言，其所面临的合作意愿差异依旧存在。这一方式的存在将可能降低成员国间在面对合作意愿差异时进行妥协的意愿。而这种情况的发生将会使差异性一体化从一体化发展的“最后手段”（the last resort）变为一体化发展的“制动器”（brake），威胁共同政策的持续发展。值得注意的是，虽然上述差异性一体化措施对共同政策的潜在威胁不能被忽视，应受到政策制定者与研究者的重视，但是差异性一体化措施对共同外交与安全政策的影响主要表现为积极促进作用，是不可否认和值得肯定的。

---

① 如比利时、波兰在第三批具体合作项目公布时，加入了第一批建设项目中的“欧盟医疗指挥中心”项目。

二、差异性一体化：从短期应对措施转为长期发展方案?

差异性一体化对共同外交与安全政策的促进意义逐渐直接化、明显化，是否可能使欧盟在未来将该措施由旨在应对成员间合作异质性矛盾的短期应对措施，转变为旨在适应成员间合作异质性客观现实的长期发展方案？2017 年欧盟发布的《欧盟未来白皮书》将“望多得者，多劳”(Those who wants more do more) 作为欧盟发展的一种可能性似乎印证了这一猜想。①

从欧盟机构在差异性措施应用过程中的参与程度可以发现，欧盟的确正在将差异性一体化从暂时性的应对措施转变为长期性的解决方案。“例外选择权”的提出过程中，欧共体机构并未与丹麦有明显的互动。它是欧共体为确保《马约》得以批准生效，对丹麦差异化意愿的直接满足，是一种应激性反应。在建设性弃权的应用过程中，欧盟虽未直接与塞浦路斯互动，但其做出了多项有明确指向性的措施以引导塞浦路斯在科索沃法治行动决策过程中应用建设性弃权而非否决。在永久结构性合作的启动过程中，欧盟扮演了重要的角色。欧盟共同外交与安全政策高级代表首先提出了利用该措施的可能性，并向成员国提供了相应的启动建议。在德、法表明启动该合作的意愿后，欧盟委员会、欧盟对外行动署以及欧洲防务局出台了多项具体的财政和行动评估措施与永久结构性合作相配套，以增强其可行性。这一过程显示出，欧盟越来越需要差异性一体化措施来实现发展。特别是永久结构性合作的出现，在一定程度上意味着差异性一体化对于欧盟的意义正在发生变化，其已然成为发展共同政策的一种工具。②

然而正如前文对差异性一体化措施潜在威胁的分析，虽然欧盟基于差异性一体化对共同政策的积极意义，具有将其作为欧盟长期建设方案的倾向，但从本质上看，该措施并未能够解决成员国间出现的针对合作的异质性矛盾。该措施始终都是在适应成员国在合作中所体现出的异质

① European Commission, *White Paper on the Future of Europe*, pp. 20 – 21.

② Filippa Chatzistavrou, "Is Flexible Integration Harming the Prospect of a Common Acquis?", *The International Spectator*, Vol. 49, No. 1, 2014, p. 99.

性，未有能力对其进行解决。差异性一体化只是完成了促进共同政策的第一步，通过缓和成员国间的异质性矛盾，让合作得以先行展开。而先行展开合作的目的，是为了培养成员国间对于共同政策的认同，以及塑造共同的战略文化，最终利用政策认同与共同的战略文化所带来的一体化向心力，以协调与弥合成员间异质性矛盾。因此，对差异性一体化措施的使用，仍需注重对固化差异风险的防范，否则对该措施的常态化使用，将可能产生对欧盟合作的离心力，并从本质上对欧盟法律规范的效力造成消极影响，对欧盟规范体系形成威胁。

具体就永久结构性合作的未来发展而言，该措施虽然以发展防务能力为主要目标，但其中对军队协同作战能力的发展，对于培育成员国间的共同战略文化与政策认同具有明显促进作用。[①] 然而，观察永久结构性合作目前所开展的具体合作项目可以发现，针对成员国行动能力协调的具体合作项目（如欧盟部队危机应对中心、基地共享等）仍旧较少，多数项目集中在技术开发、联合训练与信息共享等领域。因此，欧盟若在未来将该合作机制视为解决欧盟合作异质性矛盾的长期发展方案，还需增加具体合作项目中对于实际行动能力协同应用的具体合作项目，以促进该领域成员国战略文化共识的树立，释放该合作机制对于促进一体化发展的潜能。

本章小结

回顾欧盟共同外交与安全政策差异性一体化的发展历程可以发现，该领域差异性一体化的最初措施与应用，与本书提出的逻辑推论相一致，以适应合作意愿差异为目的，成员国在决策过程中受一体化因素影响的程度较低，灵活性措施对于一体化的作用具有两面性，且难以明确判断二者影响力的相对强弱程度。但随着共同外交与安全政策的发展和差异性一体化的发展，该领域的差异性一体化发展逐渐与逻辑推论产生了偏差，呈现出两种明显的发展趋势：共同外交与安全政策逐渐成为该领域

---

① 参见 Sven Biscop, “European Defense: Give PESCO a Chance,” pp. 168 – 169.

差异性一体化决策过程中的主要影响因素；同时，差异性一体化措施对共同外交与安全政策的促进作用也在逐渐成为其对共同政策影响的最主要方面。

上述两种趋势将影响该领域差异性一体化的未来发展。随着共同外交与安全政策在该领域差异性一体化决策中越来越受重视，欧盟及其成员国在未来的合作中面对异质性矛盾时，将越来越有可能选择以差异性一体化的方式进行应对。但值得注意的是，共同政策影响力的上升只是意味着成员国整体合作意愿的上升，并不意味着成员国间因就如何合作问题出现的分歧得到了解决。因此，该领域未来的差异性一体化仍以应对合作意愿差异为主。而随着差异性一体化对于共同外交与安全政策的积极意义逐渐明显，欧盟现已表现出将差异性一体化措施的定位由短期应对措施转变为长期发展方案的倾向。但值得注意的是，该措施自始至终的主要功能是对异质性矛盾的适应，而非对异质性矛盾的解决。因此，欧盟未来对该措施的常态化使用，仍需防范该措施本身所具有的分化合作和固化差异的风险。

对于最新出现的永久结构性合作而言，它在成员国强化防务合作意愿普遍增强的背景下出现，被视为实现欧盟共同安全与防务联盟建设的重要措施，被学界与政界寄予厚望。与该领域此前的差异性一体化措施相比，永久结构性合作对于一体化的积极意义更明显。但是该措施为促进欧盟防务合作所主要应对的矛盾仍是成员国间就合作方式选择的合作意愿差异。然而，值得注意的是，该合作机制中的部分具体能力发展计划，具有培育成员间共同战略文化与政策认同的功能。由此，为释放该合作对共同外交与安全政策促进作用的潜能，欧盟在未来应增加永久结构性合作中有关协调成员国防务行动能力发展项目的比重。

结　论

受欧盟在共同外交与安全政策领域差异性一体化具体实践有限的影响，在过去的较长一段时间内，学界针对此问题的研究，或集中于对特定差异性一体化措施的案例分析，或集中于对欧盟条约中相关灵活性条款的内容介绍。上述研究成果存在的明显不足是，缺乏对欧盟在共同外交与安全政策领域差异性一体化现实表现的整体性认识。因此，本书在既有研究的基础上，以时间为线索，通过综合利用对于欧盟灵活性条款的内容分析与实践分析，希望能够构建对欧盟共同外交与安全政策领域差异性一体化现状、发展过程以及影响的整体性认识，并理解该领域差异性一体化的特殊性。经过梳理与分析欧盟共同外交与安全政策领域差异性一体化措施的提出与应用过程，本书得到以下三点主要结论。

首先，就差异性一体化的现状而言，虽然欧盟条约为共同外交与安全政策的差异性一体化提供了相应的政策工具，但是，欧盟在该领域的差异性一体化具体实践有限，活跃度较低，且主要形式以退出合作为主。相较于欧盟其他两大政策领域，欧盟在外交与安全政策领域的差异性一体化发展有限。

具体而言，欧盟条约在共同外交与安全政策领域设置了 4 种灵活性条款：例外选择权、建设性弃权、增强合作机制、永久结构性合作。其中，3 种灵活性条款得到了成员国的具体应用：丹麦动用例外选择权、塞浦路斯动用建设性弃权、欧盟 25 国启动永久结构性合作。在上述 3 种得到应用的灵活性条款中，例外选择权与建设性弃权在形式上表现为允许个别成员国退出共同体合作，永久结构性合作则表现为允许部分成员国对共同政策合作进行先行探索。在《马约》中，欧盟三大政策支柱的主要差异性一体化形式均为例外选择权。但在《阿约》中，欧盟外交与安全政策下的差异性一体化发展明显滞后于其余两大政策支柱。欧盟共同外交与安全政策从《阿约》中获得的差异性一体化新措施，并非会议期间讨论最为集中的旨在促进成员国增强合作的更紧密合作，而是仍以成员国退出为表现形式的建设性弃权。虽然经过《尼斯条约》与《里斯本条约》的调整，增强合作机制的适用范围被拓展至共同外交与安全政策领域，但是该措施目前并没有在共同外交与安全政策领域得到具体应用。在《里斯本条约》中，欧盟提出了专用于促进成员国深化防务合作的永久结构性合作。它的提出，对欧盟外交与安全政策领域差异性一体化的发展程度，产生了一定的弥补作用。但是，该条款并未在颁布之初立即被使用，而是在2017年才得以正式启动。这意味着，在2017年之前，欧盟在共同外交与安全政策领域仅拥有例外权和建设性弃权。且值得注意的是，建设性弃权是针对具体共同决定的暂时性灵活性措施，截至目前仅被塞浦路斯于2008年使用过一次。由此可知，在2017年之前，在欧盟共同外交与安全政策领域长期存在的差异性一体化措施仅有丹麦的例外权。

其次，就差异性一体化的形成过程而言，受欧盟共同外交与安全政策合作性质与合作基础的影响，最初该领域差异性一体化形成的主要动因是合作意愿差异，差异性一体化决策进程中的利益平衡过程较少受到一体化因素的左右。这两项特征与欧盟传统的差异性一体化形成逻辑区别明显。此后，随着共同外交与安全政策的发展，一体化因素对欧盟外交与安全政策差异性一体化决策的影响逐渐增强。但是，该领域差异性一体化的主要动因依旧是合作意愿差异。此特征导致了欧盟在外交与安全政策领域差异性一体化发展的特殊性。

本书认为，欧盟传统的差异性一体化形成逻辑在20世纪80年代末已基本成型。它表现为，欧共体成员在推动一体化的过程中，面对逐渐凸显的异质性矛盾，利用欧盟法律框架内的差异性安排应对矛盾，从而使合作得以推进。此后，欧盟条约在接纳与机制化差异性一体化的过程中，也将差异性一体化扩散至了欧盟的新兴共同政策领域。而新兴的共同外交与安全政策与此前的一体化合作相比，具有两大明显特征。第一，该领域合作的性质是政府间主义。由此，成员国在该领域合作中的谈判议价能力较高。第二，该领域合作启动之初已表现出明显的差异性，尤其是合作意愿的差异。受此影响，欧盟共同外交与安全政策领域的差异性一体化在形成逻辑上出现了两个新特点：差异性一体化的主要动因是合作意愿差异；差异性一体化的决策过程受一体化因素的影响较小。上述特征在丹麦从《马约》谈判中获得“例外选择权”的过程中，得到了充分印证。但是，随着欧盟共同外交与安全政策的实施，欧盟在该领域随后出现的差异性一体化措施，其决策过程受一体化因素的影响在逐渐增强。塞浦路斯之所以选择建设性弃权，是由于其充分考虑了自身欧盟成员国身份为其政策实施所带来的收益。欧盟25国启动永久结构性合作的直接原因之一，是成员国防务合作意愿的普遍性增强。尽管此领域差异性一体化决策过程显示出了“欧洲化”的趋势，但成员国选择差异性一体化措施的根本动因仍主要集中于合作意愿差异。塞浦路斯的建设性弃权根本动因是塞浦路斯担忧参与合作将对其国内民族问题的解决造成负面影响，启动永久结构性合作的根本动因是成员国间就具体防务合作项目的参与意愿差异。

最后，就差异性一体化的影响而言，共同外交与安全政策领域的差异性一体化，在理论上既存在促进一体化的积极作用，也存在分化一体化整体合作的潜在风险。并且，该领域差异性一体化措施的分化合作风险，相对高于其余两个主要政策领域的差异性一体化措施。但是，在实践中，欧盟外交与安全政策领域差异性一体化措施促进一体化的作用表现得更为明显。

从差异性一体化的内含来看，作为以保证一体化整体进程不被迫停滞为目的而针对成员国权利与义务所做出的差异化安排，该措施不可避免地带有促进一体化和分化一体化的双重作用。然而，由于欧盟共同外交与安全政策的存在时间较短，自身一体化水平有限，且成员国之间“倾向于一体化”的战略文化尚未巩固，所以该领域的差异性一体化措施在对目标的重要性排序时，可能会出现将满足各方合作差异置于促进一体化发展之上的情况。此外，共同外交与安全政策领域的差异性一体化措施以适应成员国合作意愿差异为主，而该政策领域涉及国家核心主权与利益，因此成员国合作意愿的转变难度较大。综合上述因素可以认为，欧盟共同外交与安全政策领域差异性一体化措施的分化合作风险相对高于其他两个领域的差异性一体化措施。但是，通过观察该领域差异性一体化措施的具体实践可以发现，差异性一体化措施对共同政策的积极意义是其影响的主要表现。对于丹麦的“例外选择权”而言，虽然欧盟给予丹麦“例外选择权”将导致共同外交与安全政策中含有防务意义合作的一致性被削弱，但是该措施确保了《马约》得以批准通过，帮助欧盟解除了影响其合法性的条约批准危机。对于塞浦路斯的建设性弃权而言，该措施本身对共同政策的负面影响已相对有限，塞浦路斯借用这一措施既实现了对其本身参与共同行动义务的免除，又未妨碍欧盟发挥其民事危机管理能力，保证了欧盟对外政策的行动效力。对于永久结构性合作的启动而言，该措施不论从表现形式上还是最终目标上都显示出明显的积极促进合作意图，因而对一体化的促进意义更为明显。在欧盟成员国整体对于强化防务合作意识提升的背景下，永久结构性合作对于一体化发展的积极意义，将可能为其带来更多的实践机会。可以预期，随着防务在欧盟议程中地位的提升，欧盟与成员国将会更加需要利用永久结构性合作实现对不同具体发展意愿的有效整合。

虽然依据上述结论可以认为，欧盟共同外交与安全政策领域的差异性一体化，作为应对成员国间合作意愿差异的措施之一，为欧盟在本领域的一体化发展做出了积极的贡献，但是这并不意味着欧盟在共同外交与安全政策领域的差异性一体化将不会对一体化发展形成潜在威胁。差异性一体化，作为亲欧主义者与疑欧主义者之间观点的交集，其实施影响的两面性是理解差异性一体化作用时所不可忽视的重点之一。尽管在目前的实践中，欧盟外交与安全政策领域差异性一体化的影响主要表现为对一体化整体进程的推进，但同样值得注意的是，当前此领域的差异性一体化也并未完全释放上述政策工具在设计时所预期的促进一体化的示范作用，例外选择权仍在制约着丹麦对共同外交与安全政策的参与，永久结构性合作的具体合作项目仍缺乏对集体行动能力协调的深入探索。因此，在未来共同外交与安全政策领域差异性一体化使用需求增长的背景下，欧盟及成员国对该措施的使用仍需保持谨慎。在使用过程中，欧盟及成员国仍需注重预防其分化合作的潜在威胁。

参考文献

一、中文文献

（一）著作（含译著）

1. 曹德明主编：《文化视角下的欧盟研究》，上海：上海外语教育出版社，2009 年版。

2. 陈志敏、［比］古斯塔夫·盖拉茨：《欧洲联盟对外政策一体化——不可能的使命?》，北京：时事出版社，2003 年版。

3. 程卫东、李靖堃译：《欧洲联盟基础条约：经〈里斯本条约〉修订》，北京：社会科学文献出版社，2010 年版。

4. ［法］法布里斯·拉哈著，彭姝祎等译：《欧洲一体化史（1945—2004）》，北京：中国社会科学出版社，2005 年版。

5. 方连庆、王炳元、刘金质编：《国际关系史》（战后卷）（下册），北京：北京大学出版社，2006 年版。

6. 金玲：《欧盟对外政策转型：务实应对挑战》，北京：世界知识出版社，2015 年版。

7. ［意］福尔维奥·阿蒂纳等著，刘绯等译：《全球政治体系中的欧洲联盟》，北京：中国社会科学出版社，2009 年版。

8. ［挪］盖尔·伦德斯塔特著，张云雷译：《战后国际关系史》（第六版），北京：中国人民大学出版社，2014 年版。

9. 古莉亚：《欧洲一体化的悖论》，长春：吉林大学出版社，2010 年版。

10. 李世安、刘丽云等：《欧洲一体化史（第二版）》，石家庄：河北人民出版社，2006 年版。

11. ［比］斯蒂芬·科克莱勒、汤姆·德尔鲁著，刘宏松等译：《欧盟外交政策》（第二版），上海：上海人民出版社，2017 年版。

12. 王磊：《欧盟对外行动署的制度研究》，上海：上海人民出版社，2015 年版。

13. 赵怀普：《英国与欧洲一体化》，北京：世界知识出版社，2004 年版。

14. 赵怀普：《当代美欧关系史》，北京：世界知识出版社，2011 年版。

15. 朱立群、肖月主编：《简明国际关系史（1945—2002）》，北京：世界知识出版社，2003 年版。

16. 朱明权：《欧盟共同外交与安全政策与欧美协调》，上海：文汇出版社，2002 年版。

（二）期刊论文（含学位论文）

1. ［罗］Bac Dorin Paul、任云飞译：《中欧大背景下的罗马尼亚转型研究》，《广州社会主义学院学报》，2012 年第 3 期。

2. 班静轩：《欧洲联盟的力量特性》，《国际关系学院学报》，2011 年第 4 期。

3. 陈洁：《欧盟增强合作机制的产生、运作及影响》，《德国研究》，2013 年第 2 期。

4. 陈洁：《从欧债危机看欧盟弹性一体化发展》，《国际论坛》，2013 年第 6 期。

5. 陈洁：《欧盟差异性一体化：现状、动因及影响》，《德国研究》，2014 年第 1 期。

6. 陈洁、袁建军：《德法与欧盟差异性一体化》，《德国研究》，2015 年第 2 期。

7. 陈洁、袁建军：《永久结构性合作：欧盟差异性一体化的新进展》，《德国研究》，2019 年第 3 期。

8. 陈玉刚：《〈里斯本条约〉后的欧盟政治发展》，《国际观察》，2011 年第 1 期。

9. 陈志敏：《欧洲联盟的军事化：从民事力量到军事力量的变形?》，《欧洲研究》，2004 年第 5 期。

10. 陈志敏、朱菊华：《〈申根协定〉及欧盟共同签证政策的发展：

一体化进程中的差异化机制》，《国际观察》，2010 年第 2 期。

11. 陈志瑞：《试论欧盟共同外交与安全政策的“布鲁塞尔化”》，《欧洲》，2001 年第 6 期。

12. 戴炳然：《评欧盟〈阿姆斯特丹条约〉》，《欧洲》，1998 年第 1 期。

13. 丁纯、张铭心、杨嘉威：《“多速欧洲”的政治经济学分析——基于欧盟成员国发展趋同性的实证分析》，《欧洲研究》，2017 年第 4 期。

14. 房乐宪：《欧债危机的中长期战略观察——未来五年中欧关系与欧盟一体化进程前瞻》，《人民论坛 · 学术前沿》，2013 年第 7 期。

15. 房乐宪、狄重光：《欧盟安全防务建设新进展：永久结构性合作及其含义》，《当代世界与社会主义》，2018 年第 3 期。

16. 高华：《欧盟独立防务：开端、问题与前景》，《世界经济与政治》，2002 年第 7 期。

17. 高继文：《东欧国家向多党议会制转型中的政治态势》，《当代世界社会主义问题》，1995 年第 1 期。

18. 郭洁：《东欧的政治变迁——从剧变到转型》，《国际政治研究》，2010 年第 1 期。

19. 何奇松：《冷战结束以来欧盟防务一体化的成就》，《德国研究》，2005 年第 4 期。

20. 贺之杲：《欧盟的合法性及其合法化策略》，《世界经济与政治》，2016 年第 2 期。

21. 黄亮：《国际危机——欧盟共同外交与安全政策的推进器》，《武汉大学学报》（哲学社会科学版），2009 年第 2 期。

22. 回颖：《欧盟法的辅助性原则及其两面性》，《中外法学》，2015 年第 6 期。

23. 姜琍：《捷克与斯洛伐克政治、经济和外交转型比较研究》，《欧洲研究》，2010 年第 1 期。

24. 姜琍：《试论转型进程对捷克斯洛伐克联邦解体的影响》，《俄罗斯东欧中亚研究》，2013 年第 5 期。

25. 孔凡伟：《欧盟的国际行为体权力结构分析》，《国际论坛》，2008 年第 6 期。

26. 孔刚：《欧洲联盟共同防务：当代定位与基本逻辑》，《欧洲研究》，2017 年第 5 期。

27. 孔刚：《常设有组织合作：欧盟防务再出发》，《世界知识》，2018 年第 6 期。

28. 李明明、徐燕：《欧盟内部疑欧主义问题初探》，《国际论坛》，2011 年第 4 期。

29. 李尧：《试析欧盟成员国对北约和 CSDP 态度的变化》，《欧洲研究》，2013 年第 4 期。

30. 龙静：《“多速欧洲”的发展及其对中欧关系的影响》，《和平与发展》，2017 年第 4 期。

31. 陆巍：《防务一体化的“多速欧洲”实践——永久结构性合作框架评析》，《德国研究》，2018 年第 4 期。

32. 彭姝祎：《欧盟战略自主的状况及发展趋势》，《人民论坛》，2023 年第 5 期。

33. 王展鹏：《英国脱欧公投与“多速欧洲”的前景》，《欧洲研究》，2016 年第 4 期。

34. 吴江：《〈里斯本条约〉的出台、解析和展望》，《欧洲研究》，2008 年第 1 期。

35. 姚椿玲：《挪威、丹麦、冰岛加入北约的缘由和经过》，《欧洲》，2000 年第 3 期。

36. 殷翔、叶江：《后冷战时期欧盟——北约关系演变探析》，《国际观察》，2010 年第 1 期。

37. 吴志成、王霞：《欧洲化及其对成员国政治的影响》，《欧洲研究》，2007 年第 4 期。

38. 吴志成、王霞：《欧洲化：研究背景、界定及其与欧洲一体化的关系》，《教学与研究》，2007 年第 6 期。

39. 解楠楠：《“地缘政治欧洲”：欧盟力量的地缘政治转向?》，《欧洲研究》，2020 年第 2 期。

40. 叶江：《欧债危机对欧洲联盟深层次影响探析》，《国际展望》，2014 年第 4 期。

41. 王玏：《多重危机下欧盟差异性一体化理论研究》，《国外理论动态》，2019 年第 5 期。

42. 赵晨：《欧盟政治研究：政治理论史的视角》，《国际政治研究》，2016 年第 6 期。

43. 赵怀普：《〈欧盟宪法条约〉与欧洲一体化进程》，《国际观察》，2005 年第 5 期。

44. 赵彩燕：《保加利亚的政治转型和民族和解》，《当代世界社会主义问题》，2016 年第 1 期。

45. 张东升：《丹麦对欧盟共同外交与安全政策的参与》，《欧洲》，2001 年第 3 期。

46. 张骥：《欧洲化的双向运动：一个新的研究框架》，《欧洲研究》，2011 年第 6 期。

47. 张骥：《“欧洲化”与政治社会学——欧盟安全与防务政策理论研究的新视角》，《欧洲研究》，2009 年第 4 期。

48. 张林初：《试析曲折发展中的欧洲防务联合》，《欧洲研究》，2006 年第 3 期。

49. 张茗：《“战略性伙伴关系”往何处去？——欧盟—北约关系剖析》，《欧洲研究》，2009 年第 3 期。

50. 王湘穗：《欧盟的独立防务：行动与趋向》，《欧洲研究》，2007 年第 1 期。

51. 张业亮：《当前欧盟防务联合的进展与前景》，《欧洲》，2001 年第 1 期。

52. 郑春荣、范一洋：《重塑欧美安全关系？——对欧盟“永久结构性合作”机制的解析》，《欧洲研究》，2018 年第 6 期。

53. 中国现代国际关系研究院欧洲所课题组：《主权债务危机对欧盟外交的影响》，《现代国际关系》，2012 年第 5 期。

54. 朱乃新：《欧洲联盟建设：同步化还是双速化?》，《世界经济与政治论坛》，1993 年第 1 期。

二、英文文献

（一）著作（含论文集）

1. Alex Warleigh, *Flexible Integration: Which Model for the European Union?* New York: Sheffield Academic Press, 2002.

2. AlexanderStubb, *Negotiating Flexibility in the European Union: Amsterdam, Nice and beyond*, Basingstoke: Palgrave, 2002.

3. Alkuin Kölliker, *Flexibility and European Unification: The Logic of Differentiated Integration*, Maryland: Rowman & Littlefield Publishers, 2006.

4. Alyson J. K. Bailes et al eds. , *The Nordic Countries and the European Security and Defence Policy*, Oxford: Oxford University Press, 2006.

5. Angelos Sepos, *The Europeanization of Cyprus: Polity, Policies and Politics*, Basingstoke: Palgrave Macmillan, 2008.

6. BenjaminLerth et al. eds, *The Routledge Handbook of Differentiation in the European Union*, Routledge, 2022.

7. Bruno De Wittle et al eds. , *Between Flexibility and Disintegration: The Trajectory of Differentiation in EU Law*, Surrey: Edward Elgar Publishing, 2017.

8. CarstenHolbraad, *Danish Neutrality: A Study in the Foreign Policy of a Small State*, Oxford: Clarendon Press, 1991.

9. Christopher Hill ed. , *The Actor in Europe's Foreign Policy*, London: Routledge, 1996.

10. Christopher S. Chivvis, *EU Civilian Crisis Management: The Record So Far*, Santa Monica: RAND Corporation, 2010.

11. Daniel Fiott, *EUISS Yearbook of European Security* 2019, Paris: European Union Institute of Security Studies, 2019.

12. DavidPhinnemore, *The Treaty of Lisbon: Origins and Negotiation*, Basingstoke: Palgrave Macmillan, 2013.

13. DirkLeuffen et al. , *Differentiated Integration: Explaining Variation in the European Union*, Basingstoke: Palgrave Macmillan, 2013.

14. FinnLaursen and Sophie Vanhoonacker eds. , *The Intergovernmental Conference on Political Union: Institutional Reforms, New Policies and International Identity of the European Community*, Dordrecht: Martinus Nijhoff Publisher, 1992.

15. Frank Schimmelfennig and Thomas Winzen, *Ever Looser Union? Differentiated European Integraiton*, Oxford: Oxford Univeristy Press, 2020 (Forthcoming).

16. George Christou, *The European Union and Enlargement: The Case of*

Cyprus, Basingstoke: Palgrave Macmillan, 2004.

17. Giovanni Grevi et al eds. , *European Security and Defense Policy: The First Ten Years* (1999—2009), Paris: European Union Institute of Security Studies, 2009.

18. Hans Branner and MortenKelstrup eds. , *Denmark's Policy Towards Europe After* 1945: *History, Theory and Options*, Odense: Odense University Press, 2000.

19. Heiko Biehl et al eds. , *Strategic Cultures in Europe: Security and Defense Policies Across the Continent*, Heidelberg: Springer - VS, 2013.

20. Henrik Larsen, *Analysing the Foreign Policy of Small States in the EU: The Case of Denmark*, Basingstoke: Palgrave Macmillan, 2005.

21. Hermann - Josef Blanke and Stelio Mangiameli eds. , *The Treaty on European Union* (*TEU*): *A Commentary*, New York: Springer, 2013.

22. Hazel Smith, *European Union Foreign Policy: What It Is and What It Does*, London: Pluto Press, 2002.

23. Hylke Dijkstra, *Policy - making in EU Security and Defense: An Institutional Perspective*, Basingstoke: Palgrave Macmillan, 2013.

24. James Lindsay et al eds. , *An Island In Europe: The EU and the Transformation of Cyprus*, London: I. B. Tauris Publishing, 2011.

25. Jean - Claudi Piris, *The Lisbon Treaty: A Legal and Political Analysis*, Cambridge: Cambridge University Press, 2010.

26. John W. Young and John Kent, *International Relations Since* 1945: *A Global History*, Oxford: Oxford University Press, 2013.

27. Jonathan B. Slapin, *Veto Power: Institutional Design in the European Union*, Ann Arbor: University of Michigan Press, 2011.

28. Jose MariaBeneyto ed. , *Unity and Flexibility in the Future of the European Union: The Challenge of Enhanced Cooperation*, Madrid: CEU Ediciones, 2009.

29. Jolyon Howorth and Ananed Menon eds. , *The European Union and National Defense Policy*, London: Routledge, 1997.

30. Kenneth Dyson and AngelosSepos, *Which Europe? The Politics of Differentiated Integration*, Basingstoke: Palgrave Macmillan, 2010.

31. Kenneth Hanf and Ben Soetendorp, *Adapting to European Integration: Small States and the European Union*, London: Routledge, 1997.

32. Knud J. V. Jespersen, *A History of Denmark*, Basingstoke: Palgrave Macmillan, 2011.

33. Lee Miles and AndersWivel, *Denmark and the European Union*, New York: Routledge, 2014.

34. LeeMiles ed. , *The European Union and Nordic Countries*, London: Routledge, 1996.

35. Malin Stegmann McCallion and Alex Brianson eds. , *Nordic States and European Integration: Awkward Partners and in the North?*, Basingstoke: Palgrave Macmillan, 2018.

36. MartinaSpernbauer, *EU Peacebuilding in Kosovo and Afghanistan: Legality and Accountability*, Dordrecht: Marinus Nijhoff, 2014.

37. MichaelJ. Baun, *An Imperfect Union: The Maastricht Treaty and the New Politics of European Integration*, Boulder: Westview Press, 1996.

38. Nathalie Tocci, *Framing the EU Global Strategy: A Stronger Europe in a Fragile World*, Basingstoke: Palgrave Macmillan, 2017.

39. Stephanie Hofmann, *European Security in NATO's Shadow*, Cambridge: Cambridge University Press, 2013.

40. Stephanie Laulhe Shaelou, *The EU and Cyprus: Principles and Strategies of Full Integration*, Dordrecht: Martinus Nijhoff, 2010.

41. Thomas Dyson and Theodore Konstadindes, *European Defence Cooperation in EU Law and IR Theory*, Basingstoke: Palgrave Macmillan, 2013.

42. WanyeSandoltz and Alee Stone Sweet eds. , *European Integration and Supranational Governance*, Oxford: Oxford University Press, 1998.

43. Wilfried Loth and Nocolae Paun eds. , *Disintegration and Integration in East - Central Europe (1919 - Post - 1989)*, Baden - Baden: Nomos, 2014.

（二）期刊文章

1. Adler - Nissen, Rebecca, "Opting out of an Ever Closer Union," *West European Politics*, Vol. 34, No. 5, 2011.

2. AlexanderStubb, "A Categorization of Differentiated Integration," *Jour-*

nal of Common Market Studies, Vol. 34, No. 2, 1996.

3. Alkuin Kolliker, "Bringing Together or Driving Apart the Union? Towards a Theory of Differentiated Integration," *West European Politics*, Vol. 24, No. 4, 2001.

4. AndrewMoravcsik and Kalypso Nicolaidis, "Explaining the Treaty of Amsterdam: Interests, Influence, Institutions," *Journal of Common Market Studies*, Vol. 37, No. 1, 1999.

5. Asya Zhelyazkova, "From Selective Integration into Selective Implementation: The Link Between Differentiated Integration and Conformity with EU Laws," *European Journal of Political Research*, Vol. 53, No. 4, 2014.

6. Boglarka Koller, "The Takeoff after Lisbon: The Practical and Theoretical Implications of Differentiated Integration in the EU," *World Political Science Reviews*, Vol. 8, No. 1, 2012.

7. Christopher Hill, "The Capability – Expectations Gap, or Conceptualizing Europe's International Role," *Journal of Common Market Studies*, Vol. 31, No. 3, 1993.

8. DenizMutluer and Dimitris Tsarouhas, "EU foreign policy and 'perceived coherence': the case of Kosovo," *Southeast European and Black Sea Studies*, Vo. 18, No. 3, 2018.

9. FilippaChatzistavrou, "Is the Flexible Integration Harming the Prospect of a Common Acquis?," *The International Spectator*, Vol. 49, No. 1, 2014.

10. FrankSchimmelfennig, "EU Enlargement and Differentiated Integration: Discrimination or Equal Treatment?," *Journal of European Public Policy*, Vol. 21, No. 5, 2014.

11. Frank Schimmelfennig and Thomas Winzen, "Instrumental and Constitutional Differentiation in the European Union," *Journal of Common Market*, Vol. 52, No. 2, 2014.

12. Frank Schimmelfennig and Thomas Winzen, "Grand Theories, Differentiated Integration," *Journal of European Public Policy*, Vol. 26, No. 8, 2019.

13. FrederikNaert, "European Security and Defense in the EU Constitution Treaty," *Journal of Conflict and Security Law*, Vol. 10, No. 2, 2005.

14. GeorgianaCiceo, "The Common Foreign and Security Policy and the In-

exhaustible Quest for Its Institutional Consistency," *Studia Ubb Europaea*, Vol. 57, No. 1, 2012.

15. GianniBonvicini, "Proposal for a Revival of Permanent Structured Cooperation," *The Polish Quarterly of International Affairs*, Vol. 22, No. 3, 2013.

16. Gorm Rye Olsen, "How Strong Is Europeanisation, Really? The Danish Defense Administration and the Opt – out from the European Security and Defense Policy," *Perspectives on European Politics and Society*, Vol. 12, No. 1, 2011.

17. Gorm Rye Olsen and Jess Pilegaard, "The Cost of Non – Europe? Denmark and the Common Security and Defense Policy," *European Security*, Vol. 14, No. 3, 2005.

18. Hedley Bull, "Civilian Power Europe: A Contradiction in Terms?", *Journal of Common Market*, Vol. 21, No. 2, 1982.

19. Helle Krunke, "People's Vengeance—From Maastricht to Edinburgh: The Danish Solution," *European Constitutional Law Reviews*, Vol. 1, No. 3, 2005.

20. Jan – Emmanuel de Neve, "The European Onion? How Differentiated Integration is Reshaping the EU," *Journal of European Integration*, Vol. 29, No. 4, 2007.

21. JolyonHoworth, "Differentiation in Security and Defense Policy," *Comparative European Politics*, Vol. 17, No. 2, 2019.

22. Ian Manners: "Normative Power Europe: a Contradiction in Terms," *Journal of Common Market Studies*, Vol. 40, No. 2, 2002.

23. KatharinaHolzinger and Frank Schimmelfennig, "Differentiated Integration in the European Union: Many Concepts, Sparse Theory, Few Data," *Journal of European Public Policy*, Vol. 19, No. 2, 2012.

24. Labinot Greicevci, "EU Actorness in International Affairs: The Case of EULEX Mission in Kosovo," *Perspectives on European Politics and Society*, Vol. 12, No. 3, 2011.

25. Laura Chappell and Petar Petrov, "The European Defense Agency and Permanent Structured Cooperation: Are We Heading Towards Another Missed Opportunity?," *Defence Studies*, Vol. 12, No. 1, 2012.

26. Maya Sion, "The Politics of Opt – Out in the European Union: Volunta-

ry or Involuntary Defection?," *Thinking Together: Proceedings of the IWM Junior Fellow's Conference*, Vol. 16, 2003.

27. MatejAvbelj, "Differentiated Integration—Farewell to the EU - 27?," *German Law Journal*, Vol. 14, No. 1, 2013.

28. Neil Walker, "Sovereignty and Differentiated Integration in the European Union," *European Law Journal*, Vol. 4, No. 4, 1998.

29. Nick Witney, "European Defense: Old Wine in the New Bottles?," *The Progress Post*, Winter 2018.

30. NicolettaPirozzi, "PESCO: A Misunderstood Tool for EU Integration?," *The Progress Post*, Winter 2018.

31. Palle Svensson, "The Danish Yes to Maastricht and Edinburgh: The EC Referendum of May 1993," *Scandinavian Political Sciences*, Vol. 17, No. 1, 1994.

32. Robert Dover, "The EU and Bosnian Civil War 1992 - 1995: The Capabilities - Expectations Gap at the Heart of EU Foreign Policy," *European Security*, Vol. 14, No. 3, 2005.

33. RobertoBelloni, "European Integration and the Western Balkans: Lessons, Prospects and Obstacles," *Journal of Balkan and Near Eastern Studies*, Vol. 11, No. 3, 2009.

34. Rok Zupancic et al., "The European Union Rule of Law Mission in Kosovo: An Effective Conflict Prevention and Peace - building Mission?," *Journal of Balkan and Near East Studies*, Vol. 20, No. 6, 2018.

35. SvenBiscop, "European Defense: Give PESCO a Chance," *Survival*, Vol. 60, No. 3, 2018.

36. Sven Biscop and Jo Coelmont, "CSDP and 'Ghent Framework': The Indirect Approach to Permanent Structured Cooperation?," *European Foreign Affairs Reviews*, Vol. 16, No. 2, 2011.

37. ThomasWinzen, "From Capacity to Sovereignty: Legislative Politics and Differentiated Integration in the European Union," *European Journal of Political Research*, Vol. 55, No. 1, 2016.

38. Thomas Winzen and Frank Schimmelfennig, "Explaining Differentiation in European Union Treaties," *European Union Politics*, Vol. 17, No. 4, 2016.

39. TorbenWorre, "First No, Then Yes: The Danish Referendums on the Maastricht Treaty 1992 and 1993," *Journal of Common Market Studies*, Vol. 33, No. 2, 1995.

40. Udo Diedrichs and Mathias Jopp, "Flexible Modes of Governance: Making CFSP and ESDP Work," *The International Spectator*, Vol. 38, No. 3, 2003.

（三）学位论文

1. Hanna K. S. Holt, *The Danish Defence 25 Years After Maastricht: Europeanization as Intervening Mechanism?*, Master Thesis of Aalborg University, 2017.

2. Johanna Karlsson, *Denmark, Sweden and the CFSP: Two Similar Countries Facing Different Political Reality*, Master Thesis of Lunds University, 2006.

3. Lorena S. Schmidt, *Integrated or Out: A Comparison of Denmark and the United Kingdom as the EU's Two Major Opt – out States*, Master Thesis of University of North Carolina at Chapel Hill, 2018.

4. Thomas Schaubli, *Differentiated Integration in the European Union*, Doctoral Thesis of ETH Zurich, 2016.

（四）研究报告

1. Agata Gostynska – Jakubowska and Christian Odendahl, *A Flexible EU: A New Beginning or the Beginning of the End?*, Centre for European Reform Policy Paper, 2018.

2. AlessandroMarrone et al., *Permanent Structured Cooperation: An Institutional Pathway for European Defense*, Istituto Affari Internazionali (IAI) Commentaries, No. 26, November 2017.

3. Alice Billon – Galland and Yvonni – Stefania Efstathiou, *Are PESCO Projects Fit the Purpose?*, European Leadership Network and IISS European Defense Policy Brief, February 2019.

4. AntonioMissiroli, *CFSP, Defence and Flexibility*, EU Institute for Security Studies (EUISS) Chaillot Papers, No. 38, 2000.

5. BenjaminLeruth et al., *Differentiated Integration and Disintegration in*

the European Union: *State – of – the – Art and Ways for Future Research*, University of Agder ISL Working Paper, No. 1, 2017.

6. Daniel Fiott et al., *Permanent Structured Cooperation*: *What's in a Name*?, EUISS Chaillot Papers, No. 142, 2017.

7. David Kral, *Multi – speed Europe and the Lisbon Treaty – Threat or Opportunity*?, EUROPEUM Institute for European Policy Policy Paper, November 2008.

8. Dick Zandee, *PESCO Implementation*: *The Next Challenge*, Netherlands Institute of International Relations (Clingendael) Policy Report, September 2018.

9. Danish Institute for International Studies (DIIS), *The Danish Opt Outs From the European Union*: *Developments Since* 2000, DIIS Executive Summary, 2008.

10. DIIS, *European Defense Cooperation After The Lisbon Treaty*, DIIS Report, No. 6, 2015.

11. FrankSchimmelfennig et al., *The European Union as a System of Differentiated Integration*: *Interdependence*, *Politicization and Differentiation*, the Institute for Advanced Studies (IHS) Working Paper, No. 137, 2014.

12. FundaTekin and Wolfgang Wessels, *Flexibility with the Lisbon Treaty*: *Trademark or Empty Promise*?, EIPA SCOPE, No. 1, 2008.

13. Hartmut Marhold, *Differentiated Integration*, *Reconsidered*, Centre International de Formation Europeenne (CIFE) Policy Paper, No. 50, 2017.

14. IakovosIakovidis and Ioannis Galariotis, *Permanent Structured Cooperation*: *a Game Changer*?, EUI Working Paper, Max Weber Programme (MWP) 2018/07, 2018.

15. Janis A. Emmanouilidis, *Conceptualizing a Differentiated Europe*, Hellenic Foundation for European and Foreign Policy (ELIAMEP) Policy Paper, No. 10, 2008.

16. Jo Shaw, *Flexibility in a "Reorganized" and "Simplified" Treaty*, The Federal Trust for Education and Research Online Paper, January 2003.

17. Johan P. Olsen, *The Political Organization of Europe*: *Differentiation and Unification*, The Stein Rokkan Memorial Lecture Working Paper, 2005.

18. Juha Jokela, *Multi – speed Europe? Differentiated Integration in the External Relations of the European Union*, Finnish Institute of International Affairs (FIIA) Report, Vol. 38, 2014.

19. Laura Maria Wolfstadter and Valentin Kreilinger, *European Integration Via Flexibility Tools: The Cases of EPPO and PESCO*, Jaques Delors Institut Policy Paper, No. 209, November 2017.

20. Marise Cremona, *Enhanced Cooperation and the Common Foreign and Security and Defence Policies in the EU*, EUI Working Paper, Department of Law (LAW) 2009/21, 2009.

21. MartinaSpernbauer, *EULEX Kosovo—Mandate, Structure and Implementation: Essential Clarifications for an Unprecedented EU Mission*, CLEER Working Papers, No. 5, 2010.

22. Mikkel Runge Olesen, *Two Danish Activist Foreign Policy?*, DIIS Report, No. 16, 2012.

23. Nicolai vonOndarza, *Strengthening the Core or Splitting Europe?*, SWP Research Paper, March 2013.

24. Nicole Koenig, *A Differentiated View of Differentiated Integration*, Jacques Delors Institut – Berlin Policy Brief, 2015.

25. Nicole Koenig, *PESCO and the EI2: Similar Aims, Different Paths*, Jacques Delors Institut – Berlin Policy Brief, 2018.

26. Stefan Telle et al., *Differentiated Integration in the EU – What do the member states 'think' about it?*, EUI Working Papers, RSC 2021/50, 2021.

27. StevenBlockmans ed., *Differentiated Integration in the EU: From the Inside Looking Out*, Center for European Policy Studies, 2014.

28. Svein S. Andersen and Nick Sitter, *Differentiated Integration*, Working Paper of The Norwegian School of Management, 2006.

29. Sven Biscop, *Permanent Structured Cooperation and the Future of ESDP*, Egmont Paper, No. 20, 2008.

30. SvenBiscop and Jo Coelmont, *Permanent Structured Cooperation in Defense: Building Effective European Armed Force*, Bruges Political Research Papers, No. 15, 2010.

31. SvenBiscop, *Oratio Pro PESCO*, Egmont Paper, No. 91, January

2017.

32. Sven Biscop, *Differentiated Integration in Defence: A Plea for PESCO*, IAI Policy Paper, February 2017.

33. Sven Biscop, *European Defence: What's in the CARDs for PESCO?*, Egmont Security Policy Brief, No. 91, October 2017.

34. Steven Blockmans, *Differentiation in CFSP: Potential and Limits*, IAI Policy Paper, March 2017.

35. Thierry Chopin, *Defending Europe: To Defend Real Sovereignty*, Jacques Delors Institut and Foundation Robert Schuman Policy Paper, No. 194, April 2017.

（五）政府文件与报告

1. Claire Mills, *EU Defence: The Realisation of Permanent Structured Cooperation (PESCO)*, The House of Commons (UK) Library Briefing Paper, No. 8149, 2018.

2. Council of European Union, *Council Conclusions*, 16003/3/07 REV 3 COWEB 284 COSDP 1009 PESC1446, 7 December 2007.

3. Council of European Union, *Council Conclusions*, 5511/3/08 REV 3 COWEB 26 COSDP 49 PESC68, 28 January 2008.

4. Council of European Union, *Communication*, CM448/08 LIMITE PESC PROCED, 4 February 2008.

5. Council of European Union, "Council Joint Action 2008/124/CFSP of 4 February 2008," *Official Journal of European Union*, 16 February 2008.

6. Council of the European Union, *Presidency Conclusions*, 10633/1/06, REV 1 CONCL 1, July 2006.

7. Council of the European Union, *Report form the Presidency to the European Council: Pursuing the Treaty Reform Process*, 10659/07, POLGEN 67, June 2007.

8. Council of the European Union, *Implementation Plan on Security and Defense*, 14392/16, 14 November 2016.

9. Council of the European Union, *Draft Council Conclusion on Implementing the EU Global Strategy in the Area of Security and Defense*, 14009/16, 14

November 2016.

10. Council of European Union, *Draft Council Conclusion on Progress in Implementing the EU Global Strategy in the Area of Security and Defense*, 6715/17, 6 March 2017.

11. Council of European Union, *Draft Council Conclusion on Security and Defense in the Context of the EU Global Strategy*, 8784/17, 15 May 2017.

12. CVCE, *European Parliament Resolution of* 17 *May* 1995 *on the Operation of the Treaty on European Union with a View to the* 1996 *Intergovernmental Conference*, Published online in 2013.

13. CVCE, *Report by the Reflection Group*: *A Strategy for Europe* (*Brussels*, 5 *December* 1995), Published online in 2013.

14. CVCE, *European Commission Communication*, *Plan – D for Democracy*, *Dialogue and Debate* (13 *October* 2005), Published online in 2013.

15. European Commission, *Report on the Operation of the Treaty on European Union*, SEC (95) 731 Final, May 1995.

16. European Commission, *European* 2020: *A Strategy for Smart*, *Sustainable and Inclusive Growth*, COM (2010) 2020, March 2010.

17. European Commission, *White Paper on the Future Europe*, COM (2017) 2025, March 2017.

18. European Commission, *Reflection Paper on the Future of European Defence*, COM (2017) 315, June 2017.

19. European Commission, *Shaping & Securing the EU's Open Strategic Autonomy*: *By* 2040 *and Beyond*, JRC125994, September 2021.

20. European Communities, *Single European Act*, Bulletin of the European Communities, Supplement 2/86, 1986.

21. European Council, *A New Strategic Agenda* 2019 – 2024, Brussel, June 2019.

22. European Council, *The Versailles Declaration*, Versailles, March 2022.

23. European Parliament, *Implementation of the Lisbon Treaty Improving Functioning of the EU*: *Foreign Affairs*, STUDY for the AFCO Committee, PE571. 373, June 2016.

24. European Parliament, *The Implementation of Enhanced Cooperation in*

the European Union, STUDY Request by the AFCO Committee, PE604. 987, October 2018.

25. European Parliament, *Report on Differentiated Integration*, Committee on Constitutional Affairs, A8 –0402/2018, PE626. 719, November 2018.

26. European Parliament, *EU Strategic Autonomy* 2013 –2023: *From Concept to Capacity*, BRIEFING EU Strategic Autonomy Monitor, PE733. 589, July 2022.

27. European Union, *A Security Europe in a Better World*, December 2003.

28. EEAS, *Shared Vision*, *Common Action*: *A Stronger Europe*, June 2016.

29. EEAS, *From Shared Vision to Common Action*: *Implementing the EU Global Strategy – Year* 1, June 2017.

30. EEAS, *Implementing the EU Global Strategy Year 2*, June 2018.

31. EEAS, *The European Union's Global Strategy*: *Three Years On*, *Looking Forward*, June 2019.

32. EEAS, *EU CSDP Missions & Operations for Human Security*, May 2019.

33. EU Member States, *Notification on Permanent Structured Cooperation to the Council and to the High Representative of the Union for Foreign Affairs and Security Policy*, 13 November 2017.

34. German Council Presidency, *Questionnaire in View of the Bilateral Meeting with Focal Points to be held between 23 April and 4 May*, April 2007.

35. Irish Presidency, *The European Union Today and Tomorrow*: *Dublin II*, CONF 2500, 5 December 1996.

36. IGC Secretariat, *IGC 2003 – Editorial and Legal Comments on the Draft Treaty Establishing a Constitution for Europe – Basic Document*, CIG 4/03, October 2003.

37. JochenRehrl and Hans – Bernhard Weisserth eds. , *Handbook on CSDP*, Federal Ministry of Defense and Sports of the Republic of Austria, 2010.

38. Josep Borrel, *European Foreign Policy in Times of Covid – 19*, EEAS, April 2021.

39. LeoTindermans, *European Union*, Bulletin of the European Communities, Supplement 1/76, 1975.

40. Presidency, *IGC 2003 – Naples Ministerial Conclave: Presidency Proposal*, *CIG* 52/03 ADD 1, PRESID 10, November 2003.

41. Presidency, *IGC 2003 – Defense*, CIG 57/1/03 REV1, PRESID 13, December 2003.

42. Presidency, *IGC 2003 – Presidency Proposals Following the Meeting of "Focal Points" on 4 May 2004*, CIG76/04, PRESID 18, May 2004.

43. Presidency, *IGC 2003 – Presidency Proposal Following the Ministerial Meeting on 24 May 2004*, CIG79/04, PRESID 21, June 2004.

44. Presidency of the IGC, *IGC 2007 – Draft Treaty Amending the Treaty of European Union and the Treaty of Establishing the European Community*, CIG 1/07, July 2007.

三、主要网络资料来源

1. 欧盟：https：//europa. eu/european – union/index_en.

2. 欧盟对外行动署：https：//eeas. europa. eu/headquarters/headquarters – homepage_en.

3. 欧洲防务局：https：//www. eda. europa. eu/.

4. 永久结构性合作项目官网：https：//pesco. europa. eu/.

图书在版编目（CIP）数据

欧盟共同外交与安全政策下的差异性一体化研究 / 赵健哲著. -- 北京 : 时事出版社，2025. 9. -- ISBN 978-7-5195-0666-7

Ⅰ. D814. 1

中国国家版本馆 CIP 数据核字第 2025P144G4 号

出版发行：时事出版社
地　　址：北京市海淀区彰化路 138 号西荣阁 B 座 G2 层
邮　　编：100097
发行热线：（010） 88869831　88869832
传　　真：（010） 88869875
电子邮箱：shishichubanshe@sina. com
印　　刷：北京良义印刷科技有限公司

开本：787×1092　1/16　印张：15. 5　字数：242 千字
2025 年 9 月第 1 版　2025 年 9 月第 1 次印刷
定价：138. 00 元
（如有印装质量问题，请与本社发行部联系调换）